300만 독자가 선택한

가장 쉬운
독학 일본어 첫걸음
14,000원

가장 쉬운
독학 중국어 첫걸음
14,000원

가장 쉬운
프랑스어 첫걸음의 모든 것
17,000원

가장 쉬운
독일어 첫걸음의 모든 것
18,000원

가장 쉬운
스페인어 첫걸음의 모든 것
14,500원

버전업! 가장 쉬운
베트남어 첫걸음
16,000원

버전업! 가장 쉬운
태국어 첫걸음
16,800원

가장 쉬운
러시아어 첫걸음의 모든 것
16,000원

가장 쉬운
이탈리아어 첫걸음의 모든 것
17,500원

첫걸음 베스트 1위!

가장 쉬운
포르투갈어 첫걸음의 모든 것
18,000원

가장 쉬운
터키어 첫걸음의 모든 것
16,500원

버전업! 가장 쉬운
아랍어 첫걸음
18,500원

가장 쉬운
인도네시아어 첫걸음의 모든 것
18,500원

가장 쉬운
영어 첫걸음의 모든 것
16,500원

버전업! 굿모닝
독학 일본어 첫걸음
14,500원

가장 쉬운
중국어 첫걸음의 모든 것
14,500원

15일 공략 4급 마스터플랜!

新 HSK 한 권이면 끝

한선영 지음

동양북스

초판 3쇄 | 2016년 8월 20일

지은이 | 한선영
발행인 | 김태웅
총 괄 | 권혁주
편집장 | 이경숙
편 집 | 연윤영
디자인 | 차경숙
마케팅 총괄 | 나재승
마케팅 | 서재욱, 김귀찬, 왕성석, 이종민, 조경현
온라인 마케팅 | 김철영, 양윤모, 탁수지
제 작 | 현대순
총 무 | 한경숙, 안서현, 최여진, 강아담
관 리 | 김훈희, 이국희, 김승훈, 이규재

발행처 | 동양북스
등 록 | 제 10-806호(1993년 4월 3일)
주 소 | 서울시 마포구 동교로22길 12 (04030)
전 화 | (02)337-1737
팩 스 | (02)334-6624

http://www.dongyangbooks.com
http://www.dongyangTV.com

ISBN 978-89-8300-818-3 14720
      978-89-8300-820-6 (세트)

新HSK 4급을 쉽고 재미있게 공부할 수 있는 책 좀 추천해주세요!

학생들에게 자주 듣는 말이다. 그러나 지금까지 나와 있는 책은 대부분 모의고사 문제집으로, 유형별로 공부할 수 있는 교재가 부족했고, 그래서 HSK 강의 12년의 노하우와 급변하는 출제 경향의 변화를 밤낮으로 연구 · 분석한 결실을 바탕으로 〈新HSK 한 권이면 끝 - 4급〉이 완성되었다.

나에게 있는 달란트!

신은 모든 이에게 달란트를 주셨다. 하지만 나는 '왜 나에게는 특별한 달란트가 없을까?'라는 생각으로 힘들어한 적이 있다. 그때 JRC 김효정 원장 선생님의 격려 한마디가 나의 가슴을 벅차게 했다. "너에게는 다른 사람이 갖지 못한 열정이 있어. 가진 것의 120%를 발휘할 수 있는 네가 자랑스럽다." 그렇다! 나는 분명 다른 사람이 갖지 못한 것을 가졌다. 학생을 사랑하는 마음, 학생들의 눈높이에서 더 쉽게 가르치려는 열정, 그리고 문제를 분석하고 비법을 정리해내는 능력이 바로 그것이다. 그래서 나는 신이 주신 나의 달란트를 이 책의 집필에 최대한 발휘하였다.

오아시스를 만나다!

'풍요 속의 빈곤'이라는 말처럼, 수많은 교재의 홍수 속에서도 마음에 드는 교재를 찾기란 쉽지 않다. 학생들은 마치 사막에서 헤매는 것처럼 '비법서'에 목말라하고 있다. 新HSK 4급 문제는 원리만 알면 풀 수 있는 '비법이 통하는' 유형이다. 이 책은 학습자들이 좀 더 빠른 시간 내에 급수를 획득할 수 있도록 많은 비법과 공부 방법을 소개함으로써 사막의 길잡이 역할을 해준다. 이 책을 펼치는 순간 여러분은 오아시스를 만날 것이며, 오랜 갈증이 속 시원히 해소될 것이다.

분권을 결정하다!

〈新HSK 한 권이면 끝 - 4급〉 책이 출간된 후, 수험생들의 반응은 뜨거웠다. 新HSK 수험서 중 국내 최초로 선보인 올 컬러 편집이 보기에도 시원하고, 내용까지도 만족스럽다는 평이 나왔다. 가장 큰 이유는 〈듣기〉, 〈독해〉, 〈쓰기〉 각 영역마다 기출문제 분석을 통해 얻은 비법이 녹아 있고, 꼼꼼한 설명으로 누구나 쉽게 공부할 수 있도록 되어 있기 때문이다. 또한 출간되자마자 3월 시험에서 쓰기 제2부분 문제를 100% 적중시킨 것은 이 책의 저력을 입증해주었다. 우리는 또다시 수험생들에게 더 필요한 것은 무엇인지 고민하기 시작했다. 그 결과 더 많은 수험생들이 부담 없이 이 책을 선택하여 학습할 수 있도록 영역별로 분권을 결정하게 되었다.

마지막으로 이 책이 나오기까지 옆에서 묵묵히 도와준 김하령 학생, 송근호 선생님, 朴香兰 선생님께 진심으로 감사하다는 말씀을 전하고 싶다. 그리고 나의 인생에 터닝 포인트를 만들어주신 권혁주 부사장님, 좋은 교재를 만들기 위해 애써주신 동양북스 편집부의 노고에도 머리 숙여 감사의 마음을 전한다.

한 선 영

만점 노하우

1. 어휘력이 관건이다

중국어에 입문한 지 얼마 되지 않은 어르신의 독해 점수가 높은 이유는 알고 있는 한자가 많기 때문입니다. 독해 문제를 아무리 많이 풀어본다 한들 독해 실력은 쉽게 늘지 않습니다. 독해 점수를 올리고 싶다면 조금 더딘 거 같고 귀찮게 생각되더라도 지금부터 단어 암기를 시작하세요.

2. 단어 암기에 부담을 갖지 말자

4급 필수단어 1200개를 암기하는 일은 하루아침에 이룰 수 없습니다. 제일 중요한 건 단어 암기가 어렵지 않고 만만하다고 느낄 수 있어야 합니다. 무작정 한 단어씩 외우려 하지 말고 처음에는 가벼운 마음으로 쭉 훑어보세요. 하루에 100개씩 중국어 단어를 보고 뜻을 떠올려보다가 자신감이 생기면 점점 병음과 성조, 간체자까지 확장해서 외웁니다.

3. 시간과의 싸움이다

40문제를 40분 안에 풀어야 하므로, 1문제당 주어진 시간은 1분입니다. 독해 시험은 촉박한 시간 내에 속독하여 내용을 제대로 이해하였는지를 테스트하는 것입니다. 평소에 시간을 재면서 푸는 연습을 해야 합니다.

4. 아는 문제부터 풀어라

만약 40분 안에 도저히 40문제를 풀 자신이 없다면, 문제 순서에 구애받지 말고 자신 있는 문제부터 풀어나가는 것이 좋습니다. 모르는 문제를 계속 잡고 있으면 애꿎은 시간만 낭비됩니다. 시험장에서 당황하지 않으려면 미리미리 속독하는 연습을 해야 합니다.

제1부분

문제 형식	제시된 6개의 어휘를 보고, 문장 속에 들어갈 정답을 고르는 문제
출제 문항	10문제
점수 배점	2.5점
문제 풀이 시간	❶ 문제 읽고 ❷ 정답 선택하고 ❸ 답안지에 체크하는 시간까지 총 1분
정답 체크	정답 체크 시간 따로 없음 제시된 [A] [B] [C] [D] [E] [F] 6개의 보기 중 정답을 골라 체크한다.

1. 먼저 제시된 보기를 분석합니다. 어휘의 뜻과 품사를 살짝 메모해놓는 것도 좋은 방법입니다.
2. 예제에는 정답이 제시되어 있으므로, 보기의 어휘 중에서 미리 슬래시(/) 표시로 제거해주어야 문제 풀 때 헷갈리지 않습니다.
3. 괄호가 비어 있는 지문을 읽고 대략적 내용을 파악하는 능력이 필요합니다.
4. 막연히 정답을 고르려고 보기 어휘를 일일이 넣어보는 것보다는 동사와 목적어의 호응관계나 문맥을 통해 힌트를 찾아내고, 논리적으로 생각해서 정답을 선택해야 합니다.

제2부분

문제 형식	제시된 ＡＢＣ 3개의 문장을 순서대로 배열하는 문제
출제 문항	10문제
점수 배점	2.5점
문제 풀이 시간	❶ 문제 읽고 ❷ 순서대로 나열하고 ❸ 답안지에 체크하는 시간까지 총 1분
정답 체크	정답 체크 시간 따로 없음 ___ ___ ___ 3개의 작은 밑줄 위에 ＡＢＣ 순서를 주관식으로 써넣는다

1. 제시된 3개의 문장 중 첫 번째 문장만 잘 찾아내도 정답률은 50%가 됩니다.
2. 첫 번째 문장 찾기: 사람을 나타내는 명사나 대사 이외에 사람이 아닌 사물(非사람)도 주어가 될 수 있다는 점을 명심해야 합니다.
3. 접속사가 제시되었다면 서로 호응하는 구조 既然…那么 / 虽然…但是 / 不但…而且등을 찾아내야, 문장을 흐름을 쉽게 이해할 수 있습니다.
4. 이야기의 흐름, 시제의 순서를 고려하고, 논리적인 판단으로 문장을 나열하면 됩니다.

제3부분

문제 형식	제시된 2〜3줄의 단문을 읽고, 1개의 질문에 답하는 문제 (14문제) 제시된 4〜5줄의 단문을 읽고, 2개의 질문에 답하는 문제 (6문제)
출제 문항	20문제
점수 배점	2.5점
문제 풀이 시간	❶ 지문을 읽고 ❷ 문제를 풀고 ❸ 답안지에 체크하는 시간까지 총 1분
정답 체크	정답 마킹 시간 따로 없음 주어진 [A] [B] [C] [D] 중 정답에 체크하면 된다.

1. 독해는 먼저 지문이 나오고, ★ 표시가 있는 문제가 나중에 제시됩니다. 하지만, 절대로 지문부터 읽으면 안 됩니다. 반드시 문제에서 요구하는 바가 무엇인지를 먼저 파악한 후 지문을 읽어야 시간도 절약되고, 정답률도 높아집니다.
2. 정답이 지문에 직접 제시되는 경우도 많으므로 '스캔 뜨기' 비법을 이용합니다.
3. 지문을 읽을 때는 대략적인 내용의 흐름을 파악할 수 있도록 속독을 하고, 문제에서 요구하는 내용이 나오면 꼼꼼히 읽는 정독을 해야 합니다.

이 책의 구성

★맞춤형 4급 독해 공략 프로젝트

新HSK 시험 형식에 맞춰 1~3부분으로 나누어져 있고, 총 15개 장으로 구성되어 있습니다. 학습 환경에 따라 15일, 30일 완성 프로젝트로 활용할 수 있습니다.

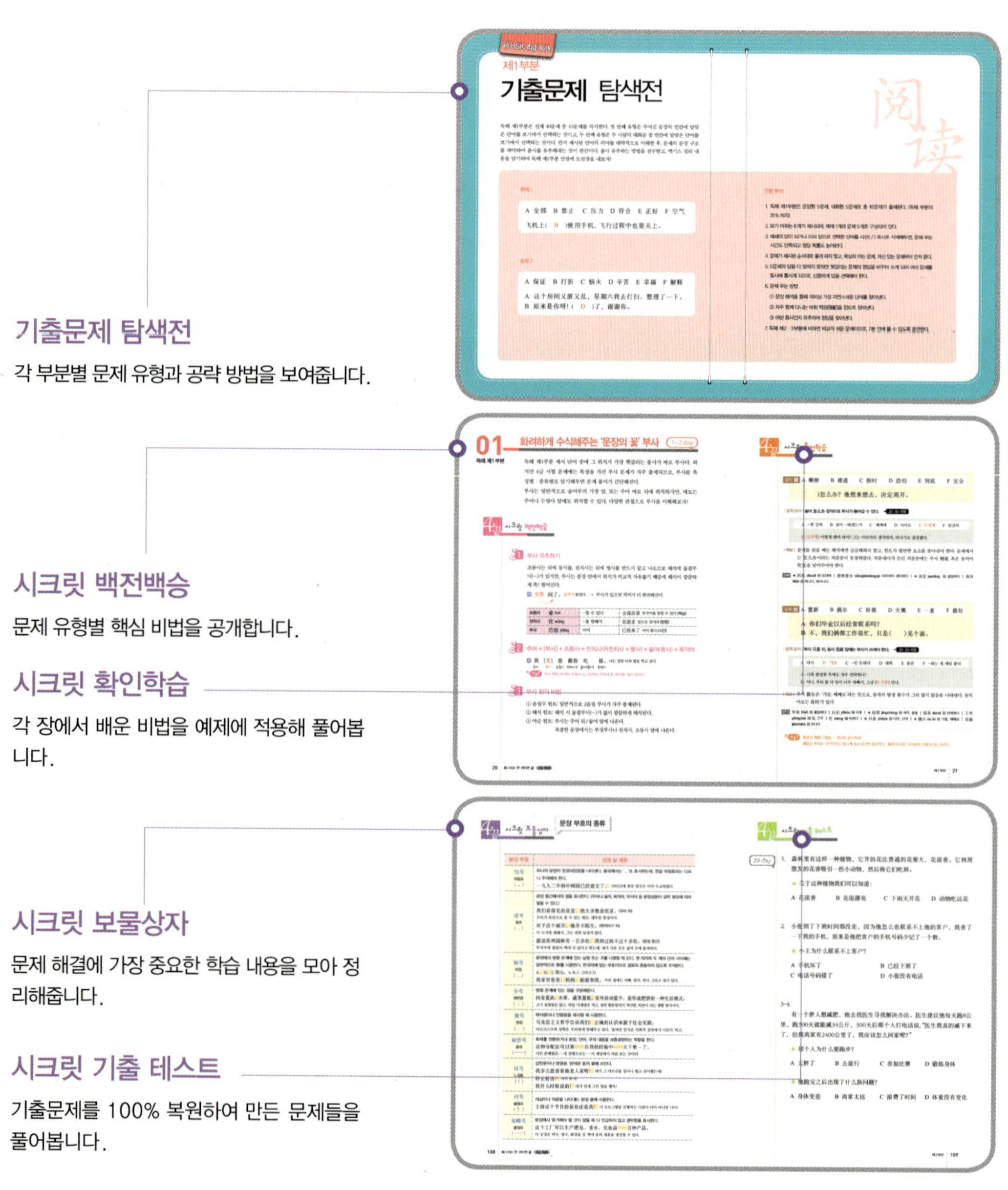

기출문제 탐색전

각 부분별 문제 유형과 공략 방법을 보여줍니다.

시크릿 백전백승

문제 유형별 핵심 비법을 공개합니다.

시크릿 확인학습

각 장에서 배운 비법을 예제에 적용해 풀어봅니다.

시크릿 보물상자

문제 해결에 가장 중요한 학습 내용을 모아 정리해줍니다.

시크릿 기출 테스트

기출문제를 100% 복원하여 만든 문제들을 풀어봅니다.

감동일기

그날 공부한 내용을 정리하고 틀린 문제를 메모하여 자신의 단점을 극복하고 보완해 나갑니다.

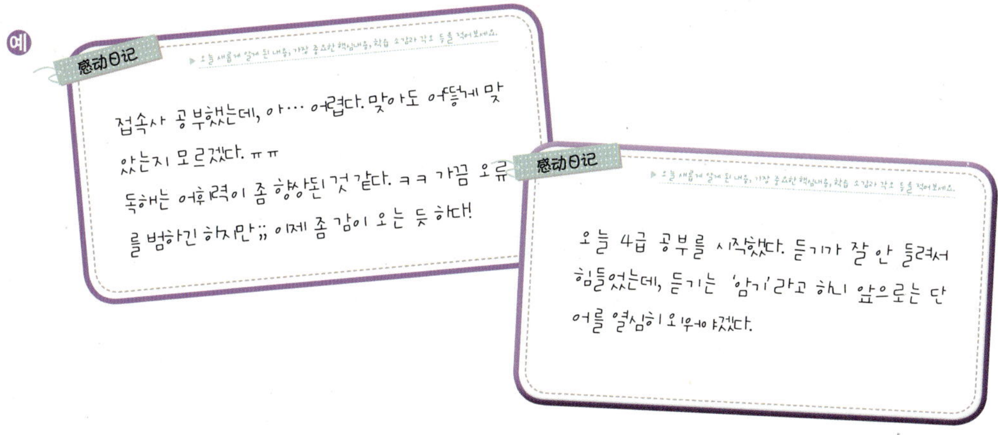

실전 모의고사

독해 부분별 학습이 끝나면 실전 모의고사를 풀어보면서 그동안 갈고 닦은 실력을 체크할 수 있습니다.

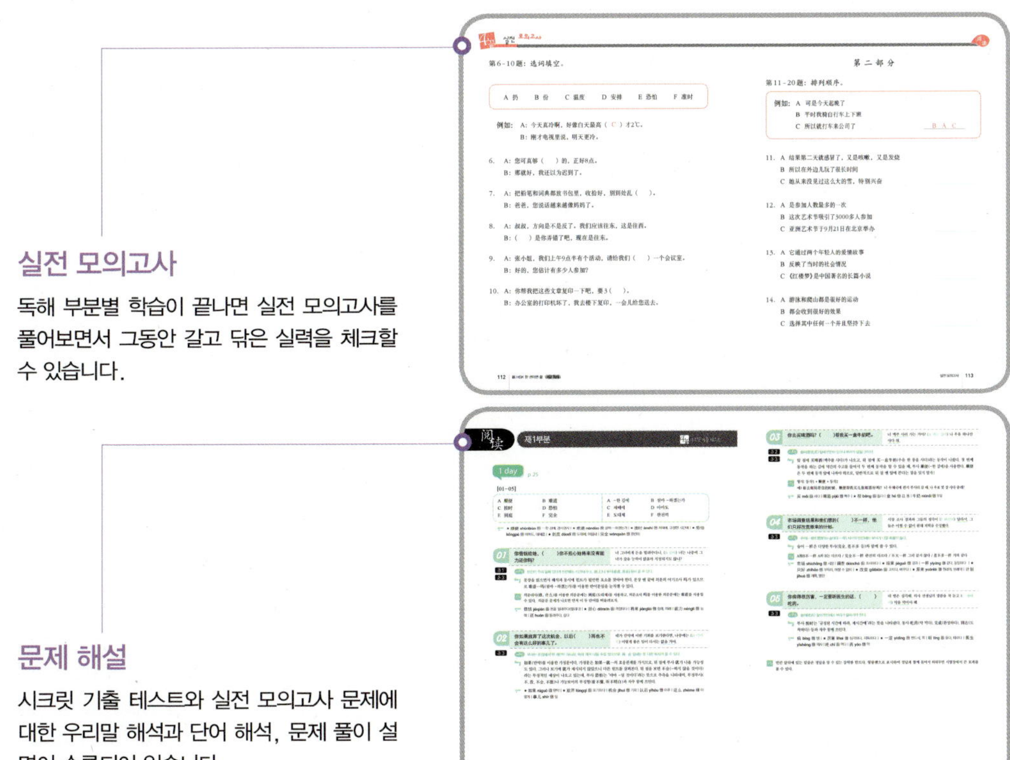

문제 해설

시크릿 기출 테스트와 실전 모의고사 문제에 대한 우리말 해석과 단어 해석, 문제 풀이 설명이 수록되어 있습니다.

맞춤형 학습 플랜

이 책은 총 15개 장으로 구성되어 있고, 장마다 기출 테스트 약 10문제가 들어 있습니다. 기출 테스트가 2day로 나뉘어 있으므로 학습자의 상황에 따라 15일, 30일 학습 전략을 세울 수 있습니다.

15일 플랜 (대학 강의용)

대학교 수업 일수에 적절한 학습 플랜으로, 한 학기 15회에 걸쳐 완성할 수 있습니다.
하루에 독해 1장씩 공부합니다. 홀수 day에 해당하는 문제는 수업 시간에 풀고, 짝수 day에 해당하는 문제는 과제로 풀 수 있습니다.

학습일		학습 내용	
1day	제1부분	01. 화려하게 수식해주는 '문장의 꽃' 부사	비법 학습 + 테스트 1day (과제: 테스트 2day)
2day	제2부분	01. 첫 번째 문장 – 사람 주어와 非사람 주어 찾기	비법 학습 + 테스트 11day (과제: 테스트 12day)
3day	제3부분	01. 정답만 쏙~! 스캔 뜨기	비법 학습 + 테스트 21day (과제: 테스트 22day)
4day	제1부분	02. 한자와 싱크로율 100%인 명사	비법 학습 + 테스트 3day (과제: 테스트 4day)
5day	제2부분	02. 첫 번째 문장 – 숨은 주어 찾기	비법 학습 + 테스트 13day (과제: 테스트 14day)
6day	제3부분	02. 병렬 문제 '대조 작업'하기	비법 학습 + 테스트 23day (과제: 테스트 24day)
7day	제1부분	03. 很을 좋아하고 목적어를 싫어하는 형용사	비법 학습 + 테스트 5day (과제: 테스트 6day)
8day	제2부분	03. 두세 번째 문장 찾기와 접속사 활용법	비법 학습 + 테스트 15day (과제: 테스트 16day)
9day	제3부분	03. 접속사 분석하기	비법 학습 + 테스트 25day (과제: 테스트 26day)
10day	제1부분	04. 문장의 中心! 능력 있는 동사	비법 학습 + 테스트 7day (과제: 테스트 8day)
11day	제2부분	04. 이야기 흐름 찾기	비법 학습 + 테스트 17day (과제: 테스트 18day)
12day	제3부분	04. 중요 단어 뽑아내기	비법 학습 + 테스트 27day (과제: 테스트 28day)
13day	제1부분	05. 약방의 감초 '조전접'	비법 학습 + 테스트 9day (과제: 테스트 10day)
14day	제2부분	05. 각종 유형별 대처법	비법 학습 + 테스트 19day (과제: 테스트 20day)
15day	제3부분	05. 의미 파악하기	비법 학습 + 테스트 29day (과제: 테스트 30day)

혼자서 학습하기에 부담스럽지도 않고 적지도 않은 학습량입니다.
꾸준히 공부한다면 누구나 '30일의 기적'을 이룰 수 있습니다.
첫째 날: 1장씩 공부한 다음, 홀수 day에 해당하는 문제를 풉니다.
다음 날: 전날 공부한 내용을 복습한 다음, 짝수 day에 해당하는 문제를 풉니다.

학습일	학습 내용	
1day	제1부분 01. 화려하게 수식해주는 '문장의 꽃' 부사	비법 학습 + 테스트 1day
2day		복습 + 테스트 2day
3day	제2부분 01. 첫 번째 문장 – 사람 주어와 非사람 주어 찾기	비법 학습 + 테스트 11day
4day		복습 + 테스트 12day
5day	제3부분 01. 정답만 쏙~! 스캔 뜨기	비법 학습 + 테스트 21day
6day		복습 + 테스트 22day
7day	제1부분 02. 한자와 싱크로율 100%인 명사	비법 학습 + 테스트 3day
8day		복습 + 테스트 4day
9day	제2부분 02. 첫 번째 문장 – 숨은 주어 찾기	비법 학습 + 테스트 13day
10day		복습 + 테스트 14day
11day	제3부분 02. 병렬 문제 '대조 작업'하기	비법 학습 + 테스트 23day
12day		복습 + 테스트 24day
13day	제1부분 03. 很을 좋아하고 목적어를 싫어하는 형용사	비법 학습 + 테스트 5day
14day		복습 + 테스트 6day
15day	제2부분 03. 두세 번째 문장 찾기와 접속사 활용법	비법 학습 + 테스트 15day
16day		복습 + 테스트 16day
17day	제3부분 03. 접속사 분석하기	비법 학습 + 테스트 25day
18day		복습 + 테스트 26day
19day	제1부분 04. 문장의 中心! 능력 있는 동사	비법 학습 + 테스트 7day
20day		복습 + 테스트 8day
21day	제2부분 04. 이야기 흐름 찾기	비법 학습 + 테스트 17day
22day		복습 + 테스트 18day
23day	제3부분 04. 중요 단어 뽑아내기	비법 학습 + 테스트 27day
24day		복습 + 테스트 28day
25day	제1부분 05. 약방의 감초 '조전접'	비법 학습 + 테스트 9day
26day		복습 + 테스트 10day
27day	제2부분 05. 각종 유형별 대처법	비법 학습 + 테스트 19day
28day		복습 + 테스트 20day
29day	제3부분 05. 의미 파악하기	비법 학습 + 테스트 29day
30day		복습 + 테스트 30day

여러분에게 딱 맞는 학습 플랜을 짜보세요.

학습일	학습 내용
1day	
2day	
3day	
4day	
5day	
6day	
7day	
8day	
9day	
10day	
11day	
12day	
13day	
14day	
15day	
16day	
17day	
18day	
19day	
20day	
21day	
22day	
23day	
24day	
25day	
26day	
27day	
28day	
29day	
30day	

나에게 꼭 맞는 수험서 선택 비법

▶ 출제 경향을 얼마나 반영했는가?

가장 신뢰할만한 HSK 문제는 기출문제입니다. 이 책은 근간에 실시된 모든 기출문제를 철저히 분석하여 출제 경향을 최대한 완벽하게 반영했습니다.

▶ 설명은 얼마나 친절하고 명쾌한가?

이 책은 급수의 당락을 판가름하는 난이도 최상의 문제부터 너무 쉬워서 답이 뻔히 보이는 문제까지, 하나도 소홀히 하지 않고 학습자의 눈높이에서 알기 쉽게 설명했습니다.

▶ 단어는 충분히 정리되어 있는가?

시험은 한 달밖에 남지 않았는데 책을 보자니 모르는 단어가 너무 많고, 단어부터 외우자니 막막하다면? 이 책은 4급에 처음 입문하는 초보자들도 쉽게 공부할 수 있도록 실제 문제에서 다뤄진 모든 단어를 총망라하여 사전이 필요 없을 정도로 친절하게 정리했습니다. 또한, 新HSK 4급에서 자주 출제되는 중요 단어를 ★ 표로 표시하여 학습자들이 시험에 신속히 적용할 수 있습니다.

▶ 학습량은 적절한가?

학습자가 소화할 수 없을 정도로 많은 양의 정보를 주입식으로 쏟아붓는 것은 정보를 주지 않느니만 못합니다. 이 책은 부분별로 가장 적절한 학습량을 구성하여 4급에서 꼭 필요한 수준으로 엑기스를 뽑아 정리했습니다.

▶ 비법은 얼마나 들어 있는가?

수험서를 사서 공부하는 이유는 시험에서 가장 좋은 성적을 얻기 위해서입니다. 빠른 시간 안에, 좀 더 쉽고 재미있게 공부하기 위해서는 저자의 비법이 소개되어야 합니다. 이 책에서는 십수 년 베테랑 HSK 강사의 노하우와 비법을 숨김없이 공개했습니다.

▶ 좋은 책, 좋은 저자, 좋은 출판사인가?

보기 좋은 책이 공부하기도 좋습니다. 이 책은 학습 의욕을 높여주고 효과를 극대화할 수 있도록 일목요연하게 디자인 및 구성되었을 뿐만 아니라, 오랜 강의 경력을 갖춘 열정적이고 실력 있는 저자와 좋은 책에 아낌없이 투자하는 역사와 전통을 갖춘 어학 전문 출판사의 경험을 통해 학습자에게 최적화될 수 있도록 만들어졌습니다.

▶ 본인에게 맞는 책인가?

인터넷의 판매 순위나 정보에만 의존하여 책을 고르기보다는 서점에서 직접 펼쳐 보고 확인해보는 것이 중요합니다. 다른 사람의 평가보다는 자신의 기준으로, 자신의 수준에 잘 맞는 책인지, 공부하고 싶어지는 책인지, 그 첫 설렘을 느껴보세요.

목차   C o n t e n t s

공략편

제1부분

제2부분

新HSK 4급 이것이 궁금하다!

Q 4급의 구성과 시험 시간은 어떻게 되나요?

A 新HSK 4급은 총 100문제로 듣기·독해·쓰기 3부분으로 나뉘며, 100문항을 약 100분 동안 풀게 됩니다. 듣기 시험을 마치고 나면 답안 작성 시간이 5분 주어집니다.

시험구성		문항 수		배점	시험 시간
개인정보 작성 시간					5분
듣기	제1부분	10	45문항	100점	약 30분
	제2부분	15			
	제3부분	20			
듣기 답안지 작성 시간					5분
독해	제1부분	10	40문항	100점	40분
	제2부분	10			
	제3부분	20			
쓰기	제1부분	10	15문항	100점	25분
	제2부분	5			
총계		100문항		300점	약 105분

Q 몇 점이면 합격인가요?

A 총점 180점 이상이면 합격입니다. 영역별 과락 없이 총점만 180점을 넘으면 되지만, 성적표에 영역별 성적이 모두 표기되기 때문에 점수가 현저히 낮은 영역이 있는 것은 좋지 않습니다.

Q 新HSK 4급은 구HSK의 몇 급에 해당하나요?

A 新HSK 4급은 구HSK의 3~5급을 의미합니다. 따라서 4급을 180점으로 합격했다고 바로 新HSK 5급을 준비하는 것보다는, 210점 이상의 점수를 받은 후에 도전하는 것이 바람직합니다.

新HSK 4급	180점 이상	구HSK 3급에 해당
	195점 이상	구HSK 4급에 해당
	210점 이상	구HSK 5급에 해당

Q 영역별 배점은 어떻게 되나요?

A 중국 汉办에 직접 문의한 결과 영역별 배점은 아래와 같습니다. 쓰기 제2부분은 어법 오류나 틀린 글자가 있으면 감점되고, 간단하게 쓰는 것보다 길게 쓰면 점수가 높아집니다.

영역		문항 수	배점	총점	
듣기		45문항	2.2점	100점	
독해		40문항	2.5점	100점	
쓰기	제1부분	10문항	6점	60점	100점
	제2부분	5문항	8점	40점	

Q 얼마나 공부하면 4급을 받을 수 있나요?

A 사람마다 실력이나 투자할 수 있는 시간이 다르기 때문에 정해진 답은 없습니다. 하지만 〈新 HSK 한 권이면 끝 - 4급〉을 보고 '아! 공부하면 할 수 있겠다!'라는 생각이 드는 수준이라면 이 책으로 30일간 집중 학습하고, 다시 한 달 동안 모의고사 문제집을 풀면서 복습하는 방식으로, 2달에 2권 정도의 교재를 마스터하면 4급을 충분히 받을 수 있습니다.

Q 기출문제가 중요한가요?

A 기출문제가 시험에 다시 나오든 나오지 않든, 기출문제는 실제 시험문제의 유형과 난이도를 직접 느낄 수 있는 최적의 문제입니다. 이 책은 기출문제를 토대로 실제 시험문제와 가장 유사하게 만든 문제들로 구성하여 실전 감각을 익힐 수 있습니다.

Q 기출문제는 반복 출제되나요?

A 기출문제의 반복 출제는 지금까지 학계에서 논란이 되어왔습니다. 중국 汉办에서는 기출문제를 꾸준히 교재로 출간하고, 향후 기출문제의 재사용을 자제할 예정이라고 합니다. 그렇기 때문에 기출문제의 답만 무조건 외우는 것이 아니라, 문제를 충분히 이해하고 소화하여 자신의 실력을 높이는 수단으로 사용하는 것이 효과적입니다.

Q 시험 난이도는 계속해서 높아질까요?

A 新 HSK의 개정은 중국어의 세계적인 보급을 목적으로 하기 때문에 학생들의 성적이 좋다고 해서 난이도를 끝없이 상향 조정할 수는 없습니다. 현재의 형식을 유지하는 선에서, 매회 난이도의 차이가 조금씩 있을 수는 있지만, 큰 변동은 없을 것이라 예상됩니다.

Q 정기시험 일자는 어떻게 되나요?

A 新 HSK 시험은 연간 8회 정도 실시되며, 실시 지역과 시행 급수가 매회 다르므로, HSK 한국사무국 홈페이지(www.hsk.or.kr)에서 확인하는 것이 좋습니다.

Q 시험 성적은 언제 나오며 언제까지 유효한가요?

A 시험 1개월 후부터 HSK 한국사무국 홈페이지를 통해 성적 조회가 가능하며, 시험일로부터 40일경에 성적표를 등기우편으로 받아볼 수 있습니다. 시험 성적은 시험일로부터 2년간 유효합니다.

新HSK4급 시험 보는 날 !

1. 준비물 챙기기

수험표 ☐　　신분증 ☐　　2B연필 ☐　　지우개 ☐　　손목시계 (분침이 있는 아날로그 시계) ☐

(※ 시험 당일 유효 신분증이나 수험표가 없으면 시험에 응시할 수 없으니 반드시 미리 준비해둡니다.)

2. 고시장 확인하기

자신이 시험 보는 고시장 약도를 HSK 한국사무국 홈페이지에서 출력한 후, 교통편과 소요 시간을 넉넉히 예상해둡니다.

3. 컨디션 조절하기

신체적으로나 감정적으로 평온한 상태가 유지될 수 있도록 합니다.

3禁
① 자극적인 음식이나 과식은 금물!
② 과도한 외부 활동이나 힘든 일은 금물!
③ 친구나 가족과 싸우는 일은 금물!

★ 집에서 할 일

1. **기상** : 지각하지 않도록 일찍 일어나 준비합니다.
2. **식사** : 두뇌활동이 활발해지도록 반드시 식사를 하되, 국물 종류를 너무 많이 마시면 자주 화장실에 가게 되므로 자제합니다.
3. **의상** : 활동이 편한 복장으로 너무 덥거나 춥지 않게 입습니다. 얇은 옷을 여러 개 입는 것도 체온 조절에 도움이 됩니다.
4. **준비물** : 전날 미리 챙겨둔 준비물을 다시 한 번 확인합니다.
5. **복습자료** : 이동 중에 복습할 교재와 MP3도 가방에 챙겨둡니다.

★ 이동 중에 할 일

1. **듣기** : 첫 시험 영역이 듣기이므로, 워밍업하듯이 그 동안 공부했던 내용을 MP3로 들으면서, 머릿속으로 답을 떠올려봅니다.
2. **쓰기** : 자주 잊어버렸던 단어나 획수가 많은 단어를 다시 써봅니다.

※ 단, 복습에 너무 열중하다가 내릴 정거장을 지나치지 않도록 유의합니다.

★ 시험장에서 할 일

1. **좌석 찾기** : 자신이 시험 볼 고시장(교실)과 책상을 확인합니다.
2. **시험용품 정리** : 수험표, 신분증, 연필, 지우개, 손목시계를 책상 위에 정리해둡니다.
3. **가방 정리** : 시험 30분 전에 감독관이 들어오면, 학습자료와 기타 소지품을 가방에 정리하여 고시장 맨 앞이나 뒤에 가져다 놓습니다.
4. **화장실 다녀오기** : 시험 중에 고시장을 나갈 수 없으므로, 적어도 시험 시작 15분 전까지는 화장실에 한 번 다녀오는 것이 좋습니다.
5. **심신 안정하기** : 간단한 스트레칭으로 몸을 풀어주고, 명상하는 마음으로 마음의 평정을 유지합니다.

제1부분

기출문제 탐색전

독해 제1부분은 전체 40문제 중 10문제를 차지한다. 첫 번째 유형은 주어진 문장의 빈칸에 알맞은 단어를 보기에서 선택하는 것이고, 두 번째 유형은 두 사람의 대화문 중 빈칸에 알맞은 단어를 보기에서 선택하는 것이다. 먼저 제시된 단어의 의미를 대략적으로 이해한 후, 문제의 문장 구조를 파악하여 품사를 유추해내는 것이 관건이다. 품사 유추하는 방법을 전수받고, 엑기스 정리 내용을 암기하여 독해 제1부분 만점에 도전장을 내보자!

문제 1

A 全部　B 禁止　C 压力　D 符合　E 正好　F 空气

飞机上（　B　）使用手机，飞行过程中也要关上。

문제 2

A 保证　B 打折　C 恼火　D 辛苦　E 幸福　F 解释

A: 这个房间又脏又乱，星期六我去打扫、整理了一下。
B: 原来是你呀！（　D　）了，谢谢你。

유형 분석

1. 독해 제1부분은 문장형 5문제, 대화형 5문제로 총 10문제가 출제된다. (독해 부분의 25% 차지)

2. 보기 어휘는 6개가 제시되며, 예제 1개와 문제 5개로 구성되어 있다.

3. 예제의 답이 되거나 이미 답으로 선택한 단어를 사선(/) 표시로 삭제해두면, 문제 푸는 시간도 단축되고 정답 확률도 높아진다.

4. 문제가 제시된 순서대로 풀려 하지 말고, 확실히 아는 문제, 자신 있는 문제부터 먼저 푼다.

5. 5문제의 답을 다 맞히지 못하면 헷갈리는 문제의 정답을 바꾸어 쓰게 되어 여러 문제를 동시에 틀리게 되므로, 신중하게 답을 선택해야 한다.

6. 문제 푸는 방법

   ① 문장 해석을 통해 의미상 가장 자연스러운 단어를 찾아낸다.

   ② 자주 함께 다니는 어휘 짝꿍(搭配)을 힌트로 찾아낸다.

   ③ 어떤 품사인지 유추하여 정답을 찾아낸다.

7. 독해 제2·3부분에 비하면 비교적 쉬운 문제이므로, 7분 안에 풀 수 있도록 훈련한다.

01 화려하게 수식해주는 '문장의 꽃' 부사 1~2 day

독해 제1부분

독해 제1부분 제시 단어 중에 그 위치가 가장 헷갈리는 품사가 바로 부사다. 하지만 4급 시험 문제에는 특징을 가진 부사 문제가 자주 출제되므로, 부사를 특징별·종류별로 암기해두면 문제 풀이가 간단해진다.

부사는 일반적으로 술어부의 가장 앞, 또는 주어 바로 뒤에 위치하지만, 때로는 주어나 수량사 앞에도 위치할 수 있다. 다양한 관점으로 부사를 이해해보자!

 시크릿 백전백승

1 부사 유추하기

조동사는 뒤에 동사를, 전치사는 뒤에 명사를 반드시 끌고 나오므로 해석에 물결무늬(~)가 있지만, 부사는 문장 안에서 위치가 비교적 자유롭기 때문에 해석이 깔끔하게 똑! 떨어진다.

 예 **突然** 问了。 갑자기 물었다. → 부사가 있으면 의미가 더 완전해진다.

조동사	会 huì	~할 수 있다	会说汉语 중국어를 말할 수 있다 (학습)
전치사	往 wǎng	~를 향해서	往前走 앞으로 걸어라 (방향)
부사	已经 yǐjing	이미	已经来了 이미 왔다 (시간)

2 주어 + [부사] + 조동사 + 전치사구(전치사 + 명사) + 술어(동사) + 목적어

예 我 [很] 想 跟你 吃 饭。 나는 정말 너와 밥을 먹고 싶다.
　주어　부사　조동사　전치사구　술어(동사)　목적어

Tip⁺ 부사 위치 1순위는 조동사 앞, 2순위는 전치사 앞, 3순위는 술어 앞이다.

3 부사 찾기 비법

① 음절수 힌트: 일반적으로 2음절 부사가 자주 출제된다.
② 해석 힌트: 해석 시 물결무늬(~)가 없이 깔끔하게 해석된다.
③ 어순 힌트: 부사는 주어 뒤/술어 앞에 나온다.
　　　　복잡한 문장에서는 부정부사나 전치사, 조동사 앞에 나온다.

문제 1 A 顺便　　B 难道　　C 按时　　D 恐怕　　E 到底　　F 完全

（　　）怎么办？他想来想去，决定离开。

| 문제 분석 | 술어 怎么办 앞이므로 부사가 들어갈 수 있다. ◀ S1, S2 적용

A ~한 김에　　B 설마 ~하겠는가　　C 제때에　　D 아마도　　E 도대체　　F 완전히

(E 도대체) 어떻게 해야 하지? 그는 이리저리 생각하다, 떠나기로 결정했다.

| 해설 | 문제를 읽을 때는 해석에만 급급해하지 말고, 힌트가 될만한 요소를 찾아내야 한다. 문제에서는 怎么办이라는 의문문이 등장하였다. 의문대사가 쓰인 의문문에는 부사 到底 혹은 동의어 究竟을 넣어주어야 한다.

| 단어 | ★ 到底 dàodǐ 튀 도대체 | 想来想去 xiǎngláixiǎngqù 이리저리 생각하다 | ★ 决定 juédìng 통 결정하다 | 离开 líkāi 통 떠나다, 벗어나다

문제 2 A 重新　　B 偶尔　　C 好像　　D 大概　　E 一直　　F 最好

A: 你们毕业以后经常联系吗？
B: 不，我们俩都工作很忙，只是（　　）见个面。

| 문제 분석 | 부사 只是 뒤, 동사 见面 앞에는 부사가 쓰여야 한다. ◀ S1, S2 적용

A 다시　　B 가끔　　C ~인 듯하다　　D 대략　　E 줄곧　　F ~하는 게 제일 좋다

A: 너희 졸업한 후에도 자주 연락하니?
B: 아니. 우리 둘 다 일이 너무 바빠서, 그냥 (B 가끔) 만나.

| 해설 | 부사 偶尔은 '가끔, 때때로'라는 뜻으로, 동작의 발생 횟수가 그리 많지 않음을 나타낸다. 동의어로는 有时가 있다.

| 단어 | 毕业 bìyè 통 졸업하다 | 以后 yǐhòu 명 이후 | ★ 经常 jīngcháng 튀 자주, 종종 | 联系 liánxì 통 연락하다 | 工作 gōngzuò 명 일, 근무 | 忙 máng 형 바쁘다 | ★ 只是 zhǐshì 튀 다만, 단지 | ★ 偶尔 ǒu'ěr 튀 가끔, 때때로 | 见面 jiànmiàn 통 만나다

Tip⁺ 偶尔과 偶然 구분법 — 한자로 음독하라!
偶然은 한자로 '우연'이라고 읽는데 뜻과 완전히 일치한다. 偶尔(우이)은 '이따금씩, 가끔'이라는 뜻이다.

엑기스 부사 모음

1 의문문에 자주 쓰이는 부사

到底　　难道	**공통점** 의문문에 쓰이는 부사인 만큼 문장 맨 끝에 물음표(?)가 따라 나온다.	
1	到底 dàodǐ (= 究竟 jiūjìng)	도대체, 대관절	这到底是怎么回事? 이게 도대체 어떻게 된 일이야? ＊의문대사 什么, 怎么, 什么时候 등과 함께 쓰인다.
2	难道 nándào	설마 ~인가?	难道你没听说过这件事吗? 너 설마 이 일을 못 들은 것은 아니겠지? ＊문장 맨 끝에 吗, 不成 등이 나온다.

2 부정적인 표현과 함께 쓰이는 부사

从来　　恐怕　　千万	**공통점** 뒤에 부정부사 不, 没, 别, 不要 등이 자주 함께 쓰인다.	
1	从来 cónglái	여태껏	他从来不喝酒。 그는 여태껏 술을 안 마신다.
2	恐怕 kǒngpà	아마도	恐怕来不及了。 아마도 시간이 안 될듯해. ＊뒤에 不会, 听不懂 등의 표현이 자주 나온다.
3	千万 qiānwàn	제발, 절대로	千万别告诉她。 제발 그녀에게 알리지 마. ＊뒤에 别, 不要 등과 호응한다.

3 수량사와 자주 쓰이는 부사

至少　　大约　　一共　　几乎　　差不多　　大概 **공통점** 뒤에 수량을 나타내는 말이 나올 수 있다.		
1	至少 zhìshǎo (= 起码 qǐmǎ)	최소한	全世界至少有二十亿观众。 전 세계에 최소한 20억 명의 관중이 있다.
2	大约 dàyuē	대략	我妈大约能拿到2000块钱。 우리 엄마는 대략 2000위안을 받을 수 있다.
3	一共 yígòng	모두	这些东西一共300块钱。 이 물건들은 모두 300위안이에요.
4	几乎 jīhū	거의	我几乎三天没睡。 나는 거의 3일 동안 잠을 못 잤다. 几乎所有的人都… 거의 모든 사람들이 다 ~ 几乎每天都… 거의 매일 ~ ＊뒤에 都를 자주 끌고 나온다.
5	差不多 chàbuduō	거의	差不多等了两个小时。 거의 두 시간을 기다렸다.

| 6 | 大概 dàgài | 대략 | 学校的留学生大概有300多个人。
학교의 유학생은 대략 300명이 넘는다. |

4 뒤 절에 잘 나오는 부사

然后　终于　其实　甚至　尤其是　顺便　果然
공통점 2개의 절이 있을 경우, 뒤 절에 위치한다.

1	然后 ránhòu	그런 후에	先去吃饭，然后去听课吧。 먼저 밥을 먹은 후에 수업을 들으러 가자. * 동작의 선후를 나타내며, 앞 절의 (首)先 등과 호응한다.
2	终于 zhōngyú	결국	经过努力，终于成功了。 노력을 거쳐 결국 성공했다. * 앞 절이 생략되면 终于가 앞 절에 나올 수도 있다.
3	其实 qíshí	사실은	看起来简单，其实并不容易。 보기에는 쉬워 보이지만, 사실 결코 쉽지 않다. * 앞 절의 내용을 보충·수정하는 역할을 한다.
4	甚至 shènzhì	심지어, ~조차	他很伤心，甚至饭也不吃。 그는 매우 슬퍼서 밥조차 먹지 못한다.
5	尤其是 yóuqíshì	특히, 더욱이	我喜欢吃中国菜，尤其是饺子。 나는 중국요리를 좋아하는데 특히 만두를 좋아한다. * 전체 중에서 일부를 강조한다.
6	顺便 shùnbiàn	~하는 김에	出去时，顺便把门关上吧。 나가는 김에 문 좀 닫아줘. * 첫 번째 동사 하는 김에 두 번째 동사를 한다.
7	果然 guǒrán	과연	天气预报说今天有雨，果然下雨了。 일기예보에서 오늘 비가 온다고 했는데 과연 비가 왔다. * 예측하거나 알고 있던 내용과 사실이 일치할 때 쓰인다.

5 특징 있는 부사

稍微　原来　最好　多么　往往
공통점 각각 서로 호응하는 짝꿍이 있거나 특징이 있다.

1	稍微 shāowēi	조금, 약간	你稍微等一下。 조금만 기다려. * 술어 뒤의 一下, 一点儿, 一会儿 등과 호응한다.
2	原来 yuánlái	알고 보니	怪不得汉语说得好，原来是中国人。 어쩐지 중국어를 잘하더라니, 알고 보니 중국인이었어. * 종종 怪不得, 难怪와 호응한다.
3	最好 zuìhǎo	제일 좋은 것은	你最好跟妈妈商量吧。 제일 좋은 것은 엄마와 상의하는 거야. * 문장 끝의 吧와 자주 호응한다. [最好…吧]

| 4 | 多么 duōme | 얼마나 | 这里的风景多么美啊！
이곳의 풍경이 얼마나 아름다운지!
＊ 문장 끝의 啊와 자주 호응한다. [多么…啊] |
| 5 | 往往 wǎngwǎng | 종종 | 下雨天，他往往迟到。
비 오는 날에 그는 종종 지각을 한다.
＊ 어떤 조건 안에서 규칙적인 행동을 보일 때 사용된다. |

6 기타 부사

1	按时 ànshí	정해진 시간에	按时到达 정해진 시간에 도착하다 按时吃药 정해진 시간에 약을 먹다
2	及时 jíshí	제시간에, 즉시	及时去医院 제때에 병원에 간다 及时解决 제때에 해결한다
3	重新 chóngxīn	새로이, 다시	重新开始 다시 시작하다 重新打印 다시 출력하다
4	故意 gùyì	고의로, 일부러	故意装出不知道的样子。 일부러 모르는 척한다.
5	好像 hǎoxiàng	마치 ~인 것 같다	他好像有心事。 그는 걱정거리가 있는 것 같다.
6	忽然 hūrán	갑자기	她忽然哭起来了。 그녀는 갑자기 울기 시작했다.
7	偶尔 ǒu'ěr	가끔씩	我们偶尔见面。 우리는 가끔 만난다.
8	仍然 réngrán	여전히	他性格仍然没有改变。 그의 성격은 여전히 변화가 없다.
9	逐渐 zhújiàn	점차	天气逐渐热了起来。 날씨가 점차 더워지기 시작했다.
10	完全 wánquán	완전히	两个人的性格完全不同。 두 사람의 성격은 완전히 다르다.
11	一直 yìzhí	줄곧, 계속	大雪一直下了两天两夜。 폭설은 이틀 밤낮으로 줄곧 내렸다.

한샘의 러브레터

독해 제1부분의 보기에 제시된 어휘를 잘 몰라서 문제 풀기가 힘들다면, 별책 해설집의 어휘 뜻을 먼저 숙지하고 문제를 푼다. 지금 여러분이 공부하는 목적은 몇 점을 받을 수 있는지 실력을 테스트하는 것이 아니라, 오늘 얼마나 배워서 다음에 얼마나 더 잘 풀 수 있는가 하는 것이기 때문이다.

A 顺便　　B 难道　　C 按时　　D 恐怕　　E 到底　　F 完全

例如：（ E ）怎么办？　他想来想去，决定离开。

1. 你借钱给她，（　　　　）你不担心她将来没有能力还你吗？

2. 你如果放弃了这次机会，以后（　　　　）再也不会有这么好的事儿了。

3. 你去买啤酒吗？（　　　　）帮我买一盒牛奶吧。

4. 市场调查结果和他们想的（　　　　）不一样，他们只好改变原来的计划。

5. 你病得很厉害，一定要听医生的话，（　　　　）吃药。

A 重新　　B 偶尔　　C 好像　　D 大概　　E 一直　　F 最好

例如：A：你们毕业以后经常联系吗？

　　　　B：不，我们俩都工作很忙，只是（ B ）见个面。

---

1. A：你们学校的硕士和博士研究生有多少人？

   B：准确数字不太清楚，（　　　　）有三四十个人。

2. A：咱俩把沙发往窗户那儿抬一下，这样看电视更舒适些。

   B：别开玩笑了，咱们根本抬不动，（　　　　）等你爸回来再弄吧。

3. A：你来看看，这些表格的顺序不对吧？

   B：对不起，是我粗心，我（　　　　）打印一份给你。

4. A：你的英语怎么那么好？

   B：我以前（　　　　）住在美国，去年刚回来的。

5. A：小英，你看看我昨天新买的衣服怎么样？

   B：这种款式的衣服（　　　　）很流行，有很多人穿。

02 — 한자와 싱크로율 100%인 명사

모든 사물은 각각의 고유한 이름을 가지고 있으며, 우리는 이것을 '명사'라고 부른다. 명사는 문장 속에서 크게 3가지 성분, 즉 주어 · 목적어 · 전치사구(전치사 + 명사)로 쓰인다. 이 3개의 위치만 잘 익혀두면 명사 문제를 푸는 데 큰 도움이 될 것이다.

끝 시크릿 백전백승

1 명사 유추하기

아래 단어들을 한자로 음독해보자!

报道 bàodào	보도	发展 fāzhǎn	발전	方法 fāngfǎ	방법
程度 chéngdù	정도	关键 guānjiàn	관건	附近 fùjìn	부근

우리말의 70% 이상이 한자어다. 특히 중국어 명사를 한자로 읽었을 때, 우리말과 일치하는 확률이 아주 높다. 의외로 간단히 익힐 수 있는 한자들이 많으니, 겁내지 말고 명사 익히기에 도전하자!

2 주어[명사] + 부사 + 조동사 + 전치사구 + 술어 + 보어

예 最近的[女孩儿]　　　都　　　想　　　把自己　　　打扮　　　得漂亮。
　　주어(관형어+명사)　　　부사　　　조동사　전치사구(전치사+대사)　술어(동사)　　　보어

요즘 여자애들은 모두 자신을 예쁘게 꾸미고 싶어한다.

주어 + 부사 + 조동사 + 전치사 + [명사] + 술어(동사) + 목적어[명사]

예 我　　　不　　　想　　　给[老师]　　　打　　　[电话]。
　　주어　　부사　　조동사　전치사구(전치사+명사)　술어(동사)　목적어(명사)

나는 선생님께 전화하고 싶지 않다.

3 명사 찾기 비법

① 음절수 힌트: 일반적으로 2음절 명사 문제가 자주 출제된다.
② 해석 힌트: 한자 독음으로 읽어보면 우리말과 일치할 확률이 높다.
③ 어순 힌트: 주어(문장 맨 앞부분), 목적어(맨 끝부분), 전치사구(문장 중간 부분) 위치에 나온다.
④ 문장구조 힌트: 구조조사 的 이하 부분 (관형어(的) + 명사)
　　　　　　　　　동사 술어 뒷자리 (동사 + 명사)
　　　　　　　　　수량사 뒷자리 (지시대사 + 수사 + 양사 + 명사)

| 문제 1 | A 过程 | B 食品 | C 味道 | D 个子 | E 距离 | F 礼貌 |

> 别以为张师傅（　　）没你高，力气也没你大，其实他可是个大力神。

| 문제 분석 | 张师傅의 '무엇'이 高와 어울릴 수 있는지 적당한 명사를 찾는다. **S2 적용**

| A 과정 | B 식품 | C 맛 | D 키 | E 거리 | F 예의 |

장 선생님이 너보다 (D 키)가 크지 않다고, 힘도 세지 않다고 여기지 마. 사실 그는 헤라클레스야.

| 해설 | 보기 중에서 높이(高)와 어울리는 명사는 个子(키)밖에 없다.
　　예 个子高 키가 크다 / 个子矮 키가 작다

| 단어 | ★ 以为 yǐwéi 통 여기다, 간주하다 | 师傅 shīfu 명 선생님 | 个子 gèzi 명 키 | 高 gāo 형 높다, (키가) 크다 |
★ 其实 qíshí 부 사실 | 可是 kěshì 부 정말 | 大力神 dàlìshén 명 헤라클레스

| 문제 2 | A 重点 | B 一切 | C 工具 | D 作者 | E 节目 | F 周围 |

> A: 你的报告怎么还没写完？
> B: 我家（　　）太不安静，没法儿写。

| 문제 분석 | 我家의 수식을 받는 명사가 필요하다. **S2, S3 적용**

| A 중점 | B 전부 | C 수단 | D 작가 | E 프로그램 | F 주변 |

A: 네 보고서는 왜 아직까지 완성이 안 됐어?
B: 저희 집 (F 주변)이 너무 시끄러워서 쓸 수가 없었어요.

| 해설 | 安静은 어떤 장소나 상황이 '조용하다'는 의미로 쓰인다. 따라서 주어에는 장소가 나올 가능성이 높아진다. 제시된 단어들 중에서는 F의 周围(주위, 주변)가 가장 타당하다.

| 단어 | 报告 bàogào 명 보고서 | 怎么 zěnme 대 어째서, 왜 | 还 hái 부 아직 | 写 xiě 통 쓰다 | 完 wán 통 완성하다 |
周围 zhōuwéi 명 주위 | ★ 安静 ānjìng 형 조용하다 | ★ 没法儿 méifǎr 통 어찌할 수 없다, 방법이 없다

엑기스 명사 모음

1 한자와 싱크로율 100%인 명사

아래에 제시된 단어를 한자로 음독하면 뜻을 알 수 있다. 한자로 못 읽겠다면 옆에 제시된 병음을 큰소리로 읽어보거나, 그 다음 칸에 제시된 문장과 뜻을 보면서 차례대로 유추해본다.

	문제 단어	병음 힌트	문장 힌트	해석 힌트	정답
1	温度	wēndù	温度很低	온도가 매우 낮다	온도
2	气候	qìhòu	气候差异很大	기후 차이가 매우 크다	기후
3	结果	jiéguǒ	结果还没出来	결과는 아직 나오지 않았다	결과
4	竞争	jìngzhēng	竞争非常激烈	경쟁이 매우 격렬하다	경쟁
5	经验	jīngyàn	经验很丰富	경험이 매우 풍부하다	경험
6	态度	tàidu	他的态度真让人生气	그의 태도는 사람을 화나게 한다	태도
7	周围	zhōuwéi	我家周围都是酒吧	우리 집 주변은 전부 술집이다	주위(주변)
8	理想	lǐxiǎng	我的理想是当老师	나의 꿈은 선생님이 되는 것이다	이상(꿈)
9	一切	yíqiè	这里一切都很好	이곳의 모든 것이 다 좋다	일체(모든 것)
10	批评	pīpíng	受到批评	꾸지람을 듣다	비평(꾸지람)
11	礼物	lǐwù	收到礼物	선물을 받다	예물(선물)
12	环境	huánjìng	污染环境	환경을 오염시키다	환경
13	文章	wénzhāng	写一篇文章	글 한 편을 쓰다	문장(글)
14	准备	zhǔnbèi	请你做好准备	준비를 잘 하세요	준비
15	计划	jìhuà	不要改变计划	계획을 바꾸지 마세요	계획
16	距离	jùlí	我和他有一段距离	나와 그는 약간의 거리가 있다	거리
17	印象	yìnxiàng	给我留下深刻的印象	나에게 깊은 인상을 남겼다	인상
18	过程	guòchéng	在研究过程中发现	연구 과정 중에 발견하다	과정

다음 단어들은 한자로 음독했을 때, 우리말과 100% 일치하지는 않지만 뜻은 어느 정도 유추할 수 있는 것들이다. 정답에 제시된 한자 독음과 중국어의 뜻을 연결하여 기억해 두자.

문제 단어	병음 힌트	문장 힌트	해석 힌트	정답
1 作者	zuòzhě	作者在签名	작가가 사인을 하고 있다	작자 → 작가
2 质量	zhìliàng	质量很不错	품질이 아주 좋다	질량 → 품질
3 邀请	yāoqǐng	应邀请	초대에 응하다	요청 → 초대
4 专业	zhuānyè	选择专业	전공을 선택하다	전업 → 전공
5 工具	gōngjù	交流工具	교류하는 수단	공구 → 수단
6 重点	zhòngdiǎn	抓住重点	핵심을 잡다	중점 → 핵심
7 礼貌	lǐmào	他不懂礼貌	그는 예의를 모른다	예모 → 예의
8 主意	zhǔyi	那是个好主意	그것은 아주 좋은 생각이다	주의 → 생각, 아이디어
9 翻译	fānyì	请了一名翻译	통역사를 한 분 모셨다	번역 → 번역가, 통역사
10 信心	xìnxīn	大家对他有信心	모두 그에게 믿음을 갖고 있다	신심 → 믿음
11 专家	zhuānjiā	教育方面的专家	교육 분야의 전문가	전가 → 전문가
12 好处	hǎochu	抽烟对你没有好处	담배는 너에게 좋은 점이 없다	호처 → 좋은 점
13 表扬	biǎoyáng	得到了老师的表扬	선생님의 칭찬을 받다	표양 → 칭찬
14 当地	dāngdì	去当地学比较好	현지에 가서 배우는 것이 비교적 좋다	당지 → 현지, 본고장
15 眼前	yǎnqián	他在我眼前	그가 내 눈앞에 있다	안전 → 눈앞
16 改天	gǎitiān	改天再说吧	다음에 다시 얘기하자	개천 → 다음, 다른 날
17 将来	jiānglái	将来能当模特儿	미래에 모델이 될 수 있다	장래 → 미래

3 day

A 过程　　B 食品　　C 味道　　D 个子　　E 距离　　F 礼貌

例如：别以为张师傅（ D ）没你高，力气也没你大，其实他可是个
　　　大力神。

1. 他弟弟不但聪明，而且很懂（　　　　），给客人们留下了非常好的印象。

2. 这儿离故宫还有一段（　　　　），你还是打的去吧。

3. 在春节，最受欢迎的（　　　　）是饺子，尤其是在北方。

4. 有人说，友谊就像一瓶酒，时间越久，（　　　　）越好。

5. 成功或者失败并不重要，重要的是在这个（　　　　）中你的能力得到了
   锻炼。

A 重点　　B 一切　　C 工具　　D 作者　　E 节目　　F 周围

例如：A：你的报告怎么还没写完？

B：我家（ F ）太不安静，没法儿写。

1.　A：那篇文章的（　　　）是谁？

　　B：我忘了他叫什么名字，只记得他姓李。

2.　A：经理，这是我新做好的报告，您确认一下。

　　B：内容太单调，不够详细，缺少（　　　），明天我们得再开个会，
　　　继续讨论。

3.　A：明天就要去北京上大学了，（　　　）都准备好了吗？

　　B：还没有，心里也挺紧张呢。

4.　A：语言是交流的（　　　），只记词典的字、词是不够的，要多听多说。

　　B：对，那才是真正学汉语的好方法。

5.　A：每年春节联欢晚会的（　　　）都特别精彩，不知今年怎么样？

　　B：应该不错吧。电视上早就打出了广告。

03 很을 좋아하고 목적어를 싫어하는 형용사 (5~6 day)

형용사는 동사처럼 구체적인 동작이 아니라, 사물이나 사람의 상태를 묘사하는 성격이 강하다. 형용사의 가장 큰 특징은 很과 같은 정도부사와는 아주 잘 다니지만, 목적어를 끌고 나올 수는 없다는 것이다. 또한 형용사는 술어 앞에서 地를 수반하거나 地가 없는 형태로 부사어가 되기도 하며, 술어 뒤에서 보어 역할을 할 수도 있다. 술어, 부사어, 보어로 쓰이는 형용사를 완벽하게 마스터해보자!

S1 형용사 유추하기

형용사는 상태를 묘사하는 말로, 대개 '~ㄴ다'라고 동사형으로 해석할 수 없다. 아래 단어들을 해석해보자.

凉快 liángkuai	서늘하다 (○), 서늘한다 (×)	流利 liúlì	유창하다 (○), 유창한다 (×)
吵 chǎo	시끄럽다 (○), 시끄런다 (×)	浪漫 làngmàn	낭만적이다 (○), 낭만적인다 (×)
精彩 jīngcǎi	훌륭하다 (○), 훌륭한다 (×)	无聊 wúliáo	무료하다 (○), 무료한다 (×)

S2 주어 + 부사 + 술어[형용사] + ~~목적어~~

 他的身体　　终于　　[健康]　　了。 그의 몸은 드디어 건강해졌다.
　　　주어　　　　부사　　술어 (형용사)

주어 + 전치사구(전치사 + 명사) + 정도부사 + 술어[형용사] + ~~목적어~~

예 老师　对学生的要求　很　[严格]。 선생님은 학생에 대한 요구가 매우 엄격하시다.
　　주어　　전치사+명사　정도부사　형용사

S3 형용사 찾기 비법

① 부사 힌트: 형용사는 很, 非常, 十分, 特别, 太 등과 같은 '정도부사'와 자주 함께 나온다. 他非常努力。 그는 매우 노력한다.

② 목적어 힌트: 형용사 뒤에는 목적어가 없다.
　　　漂亮她。(×) → 她很漂亮。(○) 그녀는 매우 예쁘다.

③ 해석 힌트: '~한다 / ㄴ다'로 해석할 수 없는 경우가 많다.

④ 문장구조 힌트: 구조조사 地와 함께 쓰일 수도 있다. (형용사 + 地 + 술어)

Tip⁺ 동작 묘사를 강조하고 싶을 때는 地를 사용하고, 강조하지 않을 때는 생략할 수 있다. 이때 형용사를 부사로 착각하지 않도록 주의한다. 仔细(地)看 자세히 보다

| 문제 **1** | A 难过   B 流行   C 耐心   D 复杂   E 严重   F 粗心 |

这条裙子最近很（　　　），我也想去买一条。

| 문제 분석 | 정도부사 很 다음에는 형용사가 나와야 한다.　**S2, S3 적용**

A 괴롭다　B 유행하다　C 인내심 있다　D 복잡하다　E 심각하다　F 세심하지 못하다

이 치마는 요새 무척 (B 유행하는) 거야, 나도 하나 사고 싶다.

| 해설 | 형용사 술어의 힌트는 주어를 살펴보면 된다. 주어 这条裙子는 요즘 어떻다는 걸까? 특정 시기에 사람들의 인기를 얻어 널리 입혀지는 것을 流行(유행하다)이라고 하므로, 답은 B다.

| 단어 | 裙子 qúnzi 명 치마 | ★ 最近 zuìjìn 명 최근 | 流行 liúxíng 형 유행하다 | ★ 想 xiǎng 조동 ~하고 싶다 | ★ 买 mǎi 동 사다

| 문제 **2** | A 严格   B 热闹   C 激动   D 直接   E 主动   F 正式 |

A: 张经理，这份会议材料要打印几份？
B: 先印8份，打印好以后，（　　　）送到会议室吧。

| 문제 분석 | 술어 送到 앞에 들어갈 부사어를 고른다. 동사나 형용사가 부사어가 될 수 있다.　**S2, S3 적용**

A 엄격하다　B 떠들썩하다　C 감격하다　D 직접적인　E 주동적인　F 정식의

A: 장 사장님, 이 회의 자료는 몇 부 출력할까요?
B: 우선 8부 출력해서, (D 직접) 회의실로 갖다 줘요.

| 해설 | 사장님과 직원의 대화다. 회의 자료를 출력해서 그냥 보관하고 있거나 다시 검토받는 것이 아니라, 지금 회의할 때 필요한 것이니 회의실로 직접 가져다 달라는 의미여야 하므로, 답은 D다.

| 단어 | 经理 jīnglǐ 명 사장 | 会议 huìyì 명 회의 | 材料 cáiliào 명 자료 | 打印 dǎyìn 동 출력하다, 프린트하다 | ★ 以后 yǐhòu 명 이후 | ★ 直接 zhíjiē 형 직접적인 | 送 sòng 동 보내다, 전달하다

형용사는 술어 이외에 관형어, 부사어, 보어로도 쓰일 수 있다.

1 관형어

형용사는 구조조사 的의 도움을 받아 명사를 수식하는 관형어 역할을 할 수 있다.

형식	형용사 + 的 + 명사 관형어
예시	漂亮的女孩子 예쁜 여자아이　　优秀的学生 우수한 학생 丰富的知识 풍부한 지식　　高兴的样子 즐거워하는 모습

단, 1음절 형용사는 的의 도움을 받지 않고도 명사를 수식할 수 있다.

예 好老师 좋은 선생님　　老朋友 오랜 친구　　大房间 큰 방　　新书 새 책

2 부사어

형용사는 구조조사 地의 도움을 받아 술어를 수식하는 부사어 역할을 할 수 있다.

형식	형용사 + 地 + 술어 부사어
예시	积极(地)回答 적극적으로 대답하다　　认真(地)学习 열심히 공부하다 慢慢(地)拿起 천천히 들어올리다

3 단독 수식어

일부 형용사는 술어보다 관형어나 부사어의 성격이 강해서, 구조조사의 도움 없이도 바로 명사나 술어를 수식할 수 있다.

★ 直接 직접적인	直接告诉 직접 알려주다	直接送到办公室 바로 사무실로 보내다
★ 具体 구체적인, 특정한	具体时间 특정 시간	具体说明 구체적으로 설명하다
★ 绝对 절대적인, 절대로	绝对优势 절대적인 우세	绝对安全 절대적으로 안전하다
★ 单独 단독으로, 홀로	单独房间 단독으로 된 방	单独跟你谈 단독으로 너와 상의하다
★ 个别 개별적인, 일부의	个别现象 일부 현상	个别处理 개별적으로 처리하다
★ 共同 공통의, 함께	共同爱好 공통의 취미	共同努力 함께 노력하다

정도부사는 말 그대로 형용사의 정도가 얼마나 심한지를 나타내주는 역할을 한다.

예 很 hěn (매우)　　　非常 fēicháng (대단히)　太 tài (너무)　　挺 tǐng (꽤)
　够 gòu (충분히)　　　十分 shífēn (아주)　　怪 guài (몹시)　最 zuì (가장)
　比较 bǐjiào (비교적)　稍微 shāowēi (약간)　有点儿 yǒudiǎnr (조금)

1	方便 fāngbiàn	편리하다	交通很方便 교통이 매우 편리하다
2	难过 nánguò	괴롭다	心里很难过 마음이 매우 괴롭다
3	健康 jiànkāng	건강하다	身体很健康 몸이 매우 건강하다
4	孤单 gūdān	외롭다	觉得很孤单 매우 외롭다고 느낀다
5	丰富 fēngfù	풍부하다	营养很丰富 영양이 매우 풍부하다
6	流行 liúxíng	유행하다	最近很流行 최근에 매우 유행이다
7	热闹 rènao	시끌벅적하다	春节很热闹 설날은 매우 시끌벅적하다
8	顺利 shùnlì	순조롭다	一切都很顺利 모든 게 다 순조롭다
9	复杂 fùzá	복잡하다	这个问题很复杂 이 문제는 매우 복잡하다
10	轻松 qīngsōng	홀가분하다	考完试了，很轻松 시험이 끝나니, 매우 홀가분하다
11	简单 jiǎndān	간단하다	看起来，很简单 보기에, 아주 간단하다
12	舒服 shūfu	편안하다	身体很不舒服 몸이 매우 불편하다
13	活泼 huópo	활발하다	这孩子非常活泼 이 아이는 대단히 활발하다
14	精彩 jīngcǎi	훌륭하다	这场比赛非常精彩 이 시합은 대단히 훌륭하다
15	认真 rènzhēn	진지하다, 성실하다	他做事挺认真 그는 일하는 게 꽤 성실하다
16	遗憾 yíhàn	유감스럽다	我觉得挺遗憾的 나는 꽤 유감스럽게 느낀다
17	麻烦 máfan	성가시다, 번거롭다	这件事很麻烦 이 일은 매우 번거롭다
18	辛苦 xīnkǔ	고생하다	您太辛苦了 당신 너무 고생하셨어요
19	无聊 wúliáo	무료하다, 재미없다	这部电影太无聊了 이 영화는 너무 재미없다
20	理想 lǐxiǎng	이상적이다	成绩不太理想 성적이 그다지 이상적이지 못하다
21	紧张 jǐnzhāng	긴장하다	心里有点儿紧张 마음이 조금 긴장된다
22	可惜 kěxī	애석하다, 안타깝다	你不能来，真可惜 못 온다니, 정말 안타깝다

형용사는 문장 안에서 서술어의 역할을 할 뿐만 아니라, 술어 앞에서 부사어, 술어 뒤에서 보어 역할도 한다. 문장 속에서 다양하게 쓰이는 형용사를 알아보자.

1	受不了 shòubuliǎo	견딜 수 없다	实在受不了 정말로 견딜 수가 없다
2	安静 ānjìng	조용하다	教室里安静极了 교실이 매우 조용하다
3	合适 héshì	적합하다, 어울리다	对你合适 너에게 어울린다
4	满意 mǎnyì	만족하다	对成绩不满意 성적에 불만족하다
5	熟悉 shúxī	익숙하다	对这里不太熟悉 이곳에 대해 별로 익숙하지 않다
6	严格 yángé	엄격하다	老师对我们很严格 선생님은 우리에게 엄격하시다
7	兴奋 xīngfèn	흥분하다	他兴奋得不得了 그는 흥분해서 어쩔 줄 몰라 했다
8	激动 jīdòng	흥분하다	激动地说 흥분하여 말하다
9	详细 xiángxì	상세하다	详细地介绍 상세하게 소개하다
10	耐心 nàixīn	참을성 있다, 인내심 있다	耐心地解释 인내심 있게 설명하다
11	辛苦 xīnkǔ	고생하다, 힘들다	辛辛苦苦地工作 힘들게 일하다
12	幸福 xìngfú	행복하다	妈妈很幸福地笑了 엄마는 행복하게 웃으셨다
13	随便 suíbiàn	제멋대로 하다	他穿得很随便 그는 옷을 자유롭고 편하게 입었다
14	主动 zhǔdòng	자발적이다	主动提出离婚 자발적으로 이혼 얘기를 꺼내다
15	直接 zhíjiē	직접적이다	直接到电影院门口 직접 영화관 입구로 오다
16	热情 rèqíng	열정적이다, 친절하다	感谢你的热情招待 친절한 접대에 감사합니다
17	严重 yánzhòng	심각하다	病得很严重 병이 매우 심각하다
18	正式 zhèngshì	정식이다, 격식 있다	穿得很正式 격식 있게 차려입었다
19	流利 liúlì	유창하다	说得很流利 유창하게 말하다
20	马虎 mǎhu 粗心 cūxīn	세심하지 못하다	做得马虎 처리가 세심하지 못하다

5 day

A 难过　　B 流行　　C 耐心　　D 复杂　　E 严重　　F 粗心

例如：这条裙子最近很（ B ）， 我也想去买一条。

1. 我的感冒更（　　　）了，明天我想请一天假。

2. 不管做什么事情，都要认真、仔细，不要太马虎、太（　　　）。

3. 人在伤心（　　　）的时候，大哭一场也许是不错的方法。

4. 本来很简单的事，现在变得（　　　）起来了。

5. 这个问题有点儿难，你（　　　）听，我给你解释一下，好吗？

A 严格　　B 热闹　　C 激动　　D 直接　　E 主动　　F 正式

例如：A:张经理，这份会议材料要打印几份？

　　　　B:先印8份，打印好以后，（ D ）送到会议室吧。

1. A: 你穿这种衣服太随便了，今天开会得穿（　　　）点儿。

   B: 怕什么，除了你，那儿没人认识我。

2. A: 外面有很多人，停着很多辆车，特别（　　　）。

   B: 今天老王的女儿结婚，我们也去祝贺一下吧。

3. A: 简直受不了，这么简单的动作让我们练二三十遍。

   B: 老师对你们（　　　）些好，都是为了帮你们打好基础。

4. A: 机会是不会自己跑到你面前的，要（　　　）点儿。

   B: 放心吧，我会再试一次的，就算是被拒绝了，我也不后悔。

5. A: 你告诉他以后他怎么说?

   B: 他（　　　）地说："我的天! 我终于找到知音了!"

04 문장의 中心! 능력 있는 동사

독해 제1부분에서 출제 빈도 1순위인 품사는 동사다. 독해에서 높은 점수를 얻으려면 동사를 잘 알아야 한다는 뜻이다. 동사는 문장 속에서 가장 중요한 술어 역할을 한다. 앞으로는 부사, 조동사, 전치사구를 내보내고, 뒤로는 보어, 목적어를 끌고 나올 수 있는 아주 능력 있는 품사다. 이 장에서는 동사를 완벽하게 마스터 해본다!

S1 동사 유추하기

동사는 움직임을 나타내는 말이므로, '~ㄴ다'라고 해석하는 것이 자연스럽다.

说话 shuōhuà	말한다	学习 xuéxí	공부한다
开车 kāichē	운전한다	散步 sànbù	산책한다
做饭 zuòfàn	밥을 짓는다	打字 dǎzì	타자를 친다

S2 주어 + 부사 + 조동사 + 전치사구(전치사 + 명사) + 술어[동사] + 목적어

S3 동사 찾기 비법

① 동사는 정도부사의 수식을 받지 않는다. (단, 심리동사는 예외)

　예 很吃饭(×) → 吃饭(○) 밥을 먹다

② 목적어 힌트: 동사 뒤에는 목적어가 올 수 있다.

　예 练习听力 듣기를 연습하다

③ 해석 힌트: '~한다 / ㄴ다'로 해석이 가능하다.

　예 学习 공부한다 / 睡觉 잠잔다 / 打扫 청소한다

④ 문장구조 힌트: 앞에 조동사(想, 要, 肯, 敢, 能, 会, 可以, 应该 등)가 올 수 있고, 뒤에 동태조사(了, 着, 过) 또는 보어 형태가 올 수 있다.

⑤ 부수 힌트: 讠, 口, 辶, 扌, 礻, 足 등의 부수가 나오면 동사일 가능성이 높다.

　예 讨论 토론하다 / 允许 허락하다 / 吃 먹다 / 喝 마시다 / 进 들어가다 / 追 쫓다 / 选择 선택하다 / 打扫 청소하다 / 踢 (발로) 차다

문제 1 　A 放弃　　　B 举办　　　C 表示　　　D 失望　　　E 推迟　　　F 符合

他的腿受伤了，只好（　　　）了比赛。

| 문제 분석 | 빈칸 뒤에 동태조사 了가 있고, 그 뒤에 명사 목적어(比赛)가 있으므로, 빈칸 안에는 동사가 필요하다.

　　　S2, S3 적용

A 포기하다　　B 개최하다　　C 나타내다　　D 실망하다　　E 연기하다　　F 부합하다

그는 다리에 부상을 입어서 어쩔 수 없이 경기를 (A 포기했다).

| 해설 | 동사의 힌트는 목적어다. 따라서 목적어(比赛)와 어울리는 동사를 찾아야 한다. 参加比赛(시합에 참가하다)라고도 할 수 있지만 앞 절에 그가 다리를 다쳤다고 했으므로, 어쩔 수 없이 시합을 포기하다(放弃)라는 표현이 가장 적당하다.

| 단어 | 腿 tuǐ 몡 다리 | 受伤 shòushāng 동 부상당하다 | ★ 只好 zhǐhǎo 튄 어쩔 수 없이 | ★ 放弃 fàngqì 동 포기하다 | 比赛 bǐsài 몡 경기

문제 2 　A 商量　　B 超过　　　C 来不及　　　D 继续　　　E 后悔　　　F 提醒

A: 最近我老咳嗽，吃点儿什么药好？
B: 别再抽烟了，快点戒掉，等身体出现问题，（　　　）就来不及了。

| 문제 분석 | 동사는 문장에서 술어로 쓰이는 경우가 많지만, 때로는 관형어 · 부사어 · 보어 혹은 주어가 될 수도 있다.

　　　S2, S3 적용

A 상의하다　　　　B 초과하다　　　　C (시간상) ~하지 못하다
D 계속하다　　　　E 후회하다　　　　F 일깨우다

A: 요즘 계속 기침을 하는데, 무슨 약을 먹는 게 좋을까?
B: 더는 담배 피우지 말고 빨리 끊어. 건강에 문제가 생기고 나서 (E 후회하면) 늦으니까.

| 해설 | 내용을 다시 곱씹어 생각해보자. 건강에 문제가 생기면 뒤늦게 후회(后悔)해도 소용이 없다는 내용이므로, 답은 E다.

| 단어 | 最近 zuìjìn 몡 요즘 | ★ 老 lǎo 튄 계속 | 咳嗽 késou 동 기침하다 | 什么 shénme 떼 무슨, 무엇 | 药 yào 몡 약 | 抽烟 chōuyān 동 담배를 피우다 | 戒 jiè 동 끊다, 중단하다 | 身体 shēntǐ 몡 건강, 몸 | ★ 出现 chūxiàn 동 나타나다 | 问题 wèntí 몡 문제 | ★ 后悔 hòuhuǐ 동 후회하다 | ★ 来不及 láibují 동 (시간상) ~하지 못하다

엑기스 동사 모음

1 동사와 짝꿍 목적어

동사의 가장 큰 특징은 목적어를 끌고 나올 수 있다는 점이다. 어떤 동사가 어떤 형태의 목적어와 자주 함께 쓰이는지 익혀보자.

1	离开 líkāi	떠나다	离开北京 베이징을 떠나다
2	了解 liǎojiě	이해하다	了解情况 상황을 이해하다
3	通知 tōngzhī	통지하다, 알리다	通知大家 모두에게 통지하다
4	超过 chāoguò	초과하다, 넘다	超过费用 비용을 초과하다
5	收拾 shōushi	정리하다	收拾房间 방을 정리하다
6	赶上 gǎnshàng	시간에 대다, 따라잡다	赶上火车 기차를 시간 맞춰 타다
7	利用 lìyòng	이용하다	利用机会 기회를 이용하다
8	举行 jǔxíng	거행하다	举行婚礼 결혼식을 거행하다
9	符合 fúhé	부합하다, 일치하다	符合要求 요구에 부합하다
10	提高 tígāo	향상시키다, 높이다	提高水平 수준을 향상시키다
11	表示 biǎoshì	나타내다, 표시하다	表示感谢 감사를 표하다
12	小心 xiǎoxīn	조심하다	小心感冒 감기 조심하다
13	回忆 huíyì	회상하다	回忆往事 지난 일을 회상하다
14	安排 ānpái	(시간 등을) 안배하다	安排日程 일정을 짜다
15	坚持 jiānchí	견지하다, 유지하다	坚持减肥 다이어트를 계속하다
16	保持 bǎochí	유지하다	保持习惯 습관을 유지하다
17	注意 zhùyì	주의하다	注意身体 건강에 유의하다
18	引起 yǐnqǐ	(주의를) 끌다, 야기하다	引起注意 주의를 끌다
19	吸引 xīyǐn	매료시키다, 사로잡다	吸引了我 나를 매료시켰다
20	修改 xiūgǎi	수정하다	修改文章 글을 수정하다
21	处理 chǔlǐ	처리하다	处理问题 문제를 처리하다
22	整理 zhěnglǐ	정리하다	整理房间 방을 정리하다
23	保护 bǎohù	보호하다	保护环境 환경을 보호하다
24	参加 cānjiā	참가하다	参加活动 활동에 참가하다

동사는 대개 하나의 목적어를 취하지만 목적어를 취할 수 없는 자동사와 이합동사도 있고, 목적어를 2개 취할 수 있는 수여동사도 있다. 특히 목적어를 갖지 못하는 동사는 전치사구를 이끈다는 점에 주목하여, 다음 동사들을 공부해보자.

1	提醒 tíxǐng	일깨우다	再三提醒我 재삼 나를 일깨워주다
2	包括 bāokuò	포함하다	包括三个部分 3개 부분을 포함하다
3	接受 jiēshòu	받아들이다	接受他的意见 그의 의견을 받아들이다
4	表达 biǎodá	나타내다, 표현하다	表达反对意见 반대 의견을 표현하다
5	理解 lǐjiě	이해하다	理解你的想法 당신의 생각을 이해하다
6	保证 bǎozhèng	보장하다	保证商品的质量 상품의 품질을 보장하다
7	受到 shòudào	받다	受到很大的欢迎 매우 큰 환영을 받다 (= 아주 인기가 많다)
8	觉得 juéde	~라고 느끼다	觉得很难受 매우 괴롭다고 느끼다
9	适合 shìhé	적합하다	适合出去散步 나가서 산책하기에 적합하다
10	坚持 jiānchí	견지하다, 유지하다	坚持走路上班 걸어서 출근하는 것을 지속하다
11	增加 zēngjiā	증가하다	增加了2倍 2배 증가했다
12	反映 fǎnyìng	반영하다	反映了这一情况 이 상황을 반영했다
13	误会 wùhuì	오해하다	误会了我的意思 나의 뜻을 오해했다
14	适应 shìyìng	적응하다	适应了这里的生活 이곳의 생활에 적응했다
15	试 shì	시험 삼아 ~해보다	试一下衣服 옷을 한 번 입어보다
16	找 zhǎo	거슬러주다	找你30块钱 30위안을 너에게 거슬러주다
17	告诉 gàosu	알리다	告诉他一件事 그에게 한 가지 일을 알려주다
18	鼓掌 gǔzhǎng	손뼉을 치다, 박수 치다	为他鼓掌 그에게 박수를 보내다
19	解释 jiěshì	설명하다	向学生解释 학생에게 설명하다
20	商量 shāngliang	상의하다	跟她商量 그녀와 상의하다
21	打招呼 dǎ zhāohu	인사하다	跟我打招呼 나와 인사하다
22	介绍 jièshào	소개하다	向大家介绍 모두에게 소개하다
23	道歉 dàoqiàn	사과하다	向客人道歉 손님에게 사과하다
24	负责 fùzé	책임지다	由我来负责 내가 책임지다

A 放弃　　B 举办　　C 表示　　D 失望　　E 推迟　　F 符合

例如：他的腿受伤了，只好（ A ）了比赛。

1. 你这么做不（　　　）公司的规定，会破坏公司的管理。

2. 我刚才听广播说明天可能会下大雨，足球比赛恐怕要（　　　）了。

3. 我代表全体工作人员向您（　　　）最真诚的谢意。

4. 这次演出活动（　　　）得非常成功，吸引了很多当地的观众。

5. 他知道自己很让父母（　　　），可是他觉得自己已经没有信心再考了。

A 商量　　B 超过　　C 来不及　　D 继续　　E 后悔　　F 提醒

例如： A：最近我老咳嗽，吃点儿什么药好？

B：别再抽烟了，快点戒掉，等身体出现问题，（ E ）就来不及了。

1.　A：周末的演出时间换到晚上7点了，你告诉小王了没？

B：还没呢，忙了一上午，你不（　　　）我的话，我还真给忘了。

2.　A：这个地方真大啊，我们再去那儿逛逛吧。

B：估计（　　　）了，集合时间马上就到了。

3.　A：任何困难都是暂时的，要有信心，我相信你会成功的。

B：感谢您的支持和鼓励，我会（　　　）努力的。

4.　A：你和她（　　　）了吗？

B：还没，她最近在忙公司的事，我怕打扰她。

5.　A：这药不能吃了，已经（　　　）有效期三个月了。

B：哟，还是你细心，不然麻烦大了。

05 약방의 감초 '조전접'

독해 제1부분

우리는 앞장에서 독해 제1부분에서 가장 자주 출제되는 동사, 형용사, 부사, 명사를 배웠다. 이번 장에서 배울 약방의 감초 '조전접'은 조동사와 전치사, 접속사를 말한다. 이 품사는 매회 1~2문제 정도 출제되어 출제 빈도가 그리 높은 편은 아니지만, 4급 고득점과 5급 입문의 탄탄한 기초를 다지기 위해서는 꼭 공부해야 할 과정이다.

부사 뒤, 전치사구 앞에 있는 빈칸은 조동사 자리고, 술어 앞에 명사 덩어리가 있다면, 그 앞에는 전치사를 넣어주면 된다. 접속사는 각 절의 맨 앞자리, 즉 주어보다도 앞에 나온다는 점을 명심한다면 쉽게 문제를 풀 수 있다. 이제부터 '조전접'을 정복해보자!

 시크릿 백전백승

S1 '조전접' 유추하기

조동사	可以 kěyǐ	~해도 된다	可以抽烟 담배를 피워도 된다 (허가)
전치사	对 duì	~에게 ~	对妈妈说 엄마에게 말하다 (대상)
접속사	因为…, 所以… yīnwèi…, suǒyǐ…	왜냐하면 ~, 그래서 ~	因为生病, 所以没去 병이 나서 못 갔다 (원인)

① 조동사: 조동사는 뒤에 나오는 동사를 보조하므로, 술어 부분이 물결무늬(~)로 표시된다.

② 전치사: 전치사는 뒤에 '명사 + 술어'를 끌고 나와야 하므로, 명사와 술어 부분이 물결무늬(~)로 표시된다.

③ 접속사: 두 개의 절을 연결해주는 접속사는 절의 맨 앞(혹은 주어 앞)에 사용된다.

한눈에 파악하는 '조전접' 핵심 어순

부사 + [조동사] + 전치사구 + 술어

[전치사] + 명사 + 술어

[접속사] + 주어 + 술어

② [접속사] + 주어 + 부사 + [조동사] + [전치사] + 명사 + 술어(동사) + 목적어

예 [所以] 我们 都 [应该] [向]老师 承认 错误。
접속사　주어　부사　조동사　전치사구(전치사+명사)　술어(동사)　목적어

그래서 우리는 모두 선생님에게 잘못을 인정해야 한다.

③ '조전접' 찾기 비법

① 조동사는 술어 앞, 전치사구가 있으면 전치사구(전치사 + 명사) 앞에 놓인다.

你们 可以 在这儿 看电视。 너희는 여기서 TV를 봐도 된다.
조동사　전치사+명사　술어

② 전치사는 술어 앞이나, 술어 앞에 명사가 있으면 명사 앞에 놓인다.

明天 给 我 打电话。 내일 나에게 전화 걸어줘.
전치사　명사　술어

③ 접속사는 일반적으로 각 절 맨 앞에 위치한다.

虽然很贵, 但是我很想买。 비록 비싸긴 하지만, 나는 무척 사고 싶다.
접속사　　접속사

내가 생각하는 HSK란? – HSK는 ☐☐☐☐다.

- HSK는 양파다. 벗겨도 벗겨도 공부할 새로운 내용이 또 생긴다. – 최은실
- HSK는 신상 가방이다. HSK 증서를 너무 갖고 싶다. – 김정
- HSK는 취업의 징검다리다. – 장태수
- HSK는 잇몸 약이다. 씹고 뜯고 맛보고 즐겨야 하니까. – 최화실
- HSK는 용돈이다. 용돈을 많이 받으면 행복하듯이, 점수를 높게 받으면 기분이 좋으니까. – 방혜지
- HSK는 경쟁력이다. 중국어는 앞으로 영어 못지 않게 많이 쓰일 언어니까. – 신영롱

(계명대 특강 中)

문제 1 A 可是　　B 把　　C 如果　　D 在　　E 听说　　F 光

父母给他的学费他不到一个月就花（　　　）了。

|문제 분석| 동사 花 뒤에 나올 수 있는 것은 보어다. 동사나 형용사는 술어뿐만 아니라 보어도 될 수 있다.

A 그러나　　B ~을　　C 만약　　D ~에　　E 듣자하니　　F 조금도 남지 않다

부모님이 그에게 준 학비를 그는 한 달도 안 되어 다 (F 써버렸다).

|해설| 돈을 다 써버렸다는 의미를 나타내기 위해서는 동사 花 뒤에, 형용사 光을 써서 결과보어를 만들어주면 된다.

예 花光了 써버리다 / 吃光了 먹어버리다 / 喝光了 마셔버리다 / 用光了 사용해버리다

|단어| 父母 fùmǔ 명 부모 | 学费 xuéfèi 명 학비 | 花 huā 동 쓰다, 소비하다 | ★光 guāng 형 조금도 남지 않다(주로 보어로 쓰임)

문제 2 A 离　　B 遍　　C 什么的　　D 会　　E 篇　　F 可以

A: 你们怎么考虑的？什么时候开始那个计划啊？
B: 别急，我们还没想好呢，决定好了（　　　）告诉你的。

|문제 분석| 동사 告诉 앞에는 조동사가 나와야 한다.　 S1, S2, S3 적용

A ~로부터　　B 번　　C ~같은 것　　D ~할 것이다　　E 편　　F ~할 수 있다

A: 너희 어떻게 생각해? 언제 그 계획을 시작해야겠니?
B: 조급해하지 마, 우린 아직 충분히 생각하지 못했어. 결정되면 너에게 알려 (D 줄 거야).

|해설| 조동사 会에는 '배워서 할 수 있다(학습을 통한 습득을 강조)'와 '~일 것이다(추측)'의 두 가지 의미가 있다. 决定好了(결정하다)에서 了는 미래완료로 아직 발생하지 않은 동작이며, 뒤의 동사 告诉도 마찬가지다. 아직 발생하지 않은 동작은 '~할 것'이라는 추측의 조동사 会를 써야 한다.

Tip⁺ 추측의 조동사 会는 뒤에 的와 자주 호응하므로, 이를 힌트로 삼을 수도 있다.

|단어| 怎么 zěnme 대 어떻게 | ★考虑 kǎolǜ 동 생각하다 | ★开始 kāishǐ 동 시작하다 | ★计划 jìhuà 명 계획 | 想好 xiǎnghǎo 동 충분히 생각하다 | ★决定 juédìng 동 결정하다 | ★告诉 gàosu 동 알리다

A끗 시크릿 보물상자

1 조동사의 종류

조동사를 중국어로는 능력과 바람을 나타내는 能愿动词(능원동사)라고 한다. 그 종류로
는 크게 바람 · 소망 / 가능 · 능력 · 허가 / 필요 · 도리 · 당위성으로 나눌 수 있다.

바람 · 소망	想 xiǎng	~하고 싶다
	要 yào	~하려고 한다 / ~할 것이다
	肯 kěn	기꺼이 ~한다
	敢 gǎn	~할 용기가 있다
가능 · 능력 · 허가	会 huì	~할 수 있다(가능) / ~할 것이다(추측)
	能 néng	~할 수 있다(능력)
	可以 kěyǐ	~해도 된다(허가)
필요 · 도리 · 당위성	应该 yīnggāi	마땅히 ~해야 한다
	得 děi	~해야 한다

2 전치사의 종류

전치사는 조동사와 동사 중간에 끼어든다고 하여 중국어로는 介(낄 개)자를 써서 介词
(개사)라고 한다. 전치사는 1음절 단어가 많고, 특수 구문에서 쓰는 把, 被, 比도 전치사
라는 점을 반드시 기억하자.

피동	被 bèi	~에 의해서
처치	把 bǎ	~을
비교	比 bǐ	~보다
방향	往 wǎng / 向 xiàng	~를 향해서
이유	为 wèi	~ 때문에
	为了 wèile	~을 위해서
근거	按照 ànzhào	~에 근거하여
	随着 suízhe	~함에 따라서

시간 · 장소	从 cóng / 由 yóu	~로부터
	在 zài	~에서
	离 lí	~로부터(거리 / 간격)
대상	和 hé / 跟 gēn	~와
	对 duì	~에게 / ~에 대해
	关于 guānyú	~에 관하여
	以 yǐ	~로써

3 접속사의 종류

접속사는 두 개의 절을 연결하는 역할을 하며 종종 부사와 함께 쓴다. 앞 절에 쓰이는 접속사는 일반적으로 주어 앞뒤에 모두 나올 수 있고, 뒤 절에 쓰이는 접속사는 반드시 주어 앞에 온다. 만약 부사가 온다면 주어 뒤에 위치해야 한다.

1 如果(=要是)…就…   rúguǒ(=yàoshi)… jiù…   만약 ~하면 곧 ~하다

要是找到，就告诉我。 만약에 찾으면, 바로 나에게 알려줘.

2 即使…也…   jíshǐ… yě…   설령 ~일지라도 ~하다

即使下雨，我也要去。 설령 비가 올지라도 나는 가야 한다.

3 不管…都…   bùguǎn… dōu…   ~든 상관없이 모두 ~하다

不管你什么时候来，我都没关系。 네가 언제 오든 나는 상관없다.

4 既然…就…   jìrán… jiù…   이왕 ~한 김에 ~하다

既然这样，你就好好儿休息吧。 이왕 이렇게 된 거 너 좀 쉬어라.

5 虽然(=尽管)…但是…   suīrán(= jǐnguǎn)… dànshì…   비록 ~지만, (그러나) ~하다

虽然他很有钱，但不花。 비록 그는 돈이 많지만, 쓰지를 않는다.

6 因为(=由于)…所以…   yīnwèi(= yóuyú)… suǒyǐ…   (왜냐하면) ~해서, (그래서) ~하다

因为起得很晚，所以迟到。 늦게 일어나서 지각을 했다.

| 7 | 不但…而且… | búdàn… érqiě… | ~일 뿐만 아니라, (게다가) ~하다 |

老师不但教得好，而且很关心我。　선생님은 잘 가르쳐주실 뿐만 아니라, 관심도 많이 가져주신다.

| 8 | 除了…以外… | chúle… yǐwài… | ~을 제외하고 |

除了老王以外，大家都同意他的意见。　라오왕 이외에는 모두들 그의 의견에 동의했다.

4 양사 및 보어의 종류

양사에는 명사를 세는 명량사와, 동작의 양을 세는 동량사, 그리고 시간의 양을 세는 시량사가 있다. 명량사는 '수사 + 양사 + 명사'의 어순으로 쓰고, 동량사와 시량사는 동작동사 뒤에서 보어의 역할을 한다.

1	篇 piān	글을 셀 때 쓰임	一篇文章　한 편의 글 一篇论文　한 편의 논문
2	只 zhī	동물을 셀 때 쓰임	一只猫　고양이 한 마리 一只狗　개 한 마리
3	场 chǎng	경기, 비, 눈 등을 셀 때 쓰임	一场比赛　한 경기 一场雨　한바탕 내리는 비
4	趟 tàng	왕복의 횟수를 셀 때 쓰임	回一趟家　집에 한 번 갔다 오다 白跑了一趟　한 차례 헛걸음하다
5	遍 biàn	처음부터 끝까지의 횟수를 셀 때 쓰임	看一遍　한 번 보다 听一遍　한 번 듣다 说一遍　한 번 말하다
6	段 duàn	일정한 단락을 셀 때 쓰임	一段文章　글 한 단락 一段路　한 구간의 길
7	光 guāng	조금도 남김없이(결과보어)	一下子吃光了　단숨에 다 먹어치우다 钱都花光了　돈을 다 써버리다
8	掉 diào	~해버리다 (결과보어)	我早就忘掉了他。　나는 진작에 그를 잊어버렸다.

9 day

A 可是　　 B 把　　 C 如果　　 D 在　　 E 听说　　 F 光

例如：父母给他的学费他不到一个月就花（ F ）了。

1. 老师（　　　）黑板上写下了两个大字："诚实"。

2. （　　　）他们的东西都拿走，包括那边的那些衣服和书。

3. 我本来打算放弃了，（　　　）他的话让我改变了主意。

4. （　　　）每天都有人请你吃饭喝酒，你就应该推掉一些。

5. （　　　）中国的大学不允许学生学习期间结婚，是吗？

A 离　　B 遍　　C 什么的　　D 会　　E 篇　　F 可以

例如： A: 你们怎么考虑的？什么时候开始那个计划啊？

B: 别急，我们还没想好呢，决定好了（ D ）告诉你的。

1. A: 期末考试成绩出来了吗？

   B: 明天就（　　　）在网上查成绩，我估计这次考得还可以。

2. A: 真抱歉，我迟到了。

   B: 没关系，（　　　）上演还有5分钟呢。

3. A: 那本书你看完了吗？

   B: 看完了，不过还想再看一（　　　）。

4. A: 请问，日用品在哪儿？

   B: 这边都是食品，毛巾、牙膏（　　　）在那边，右边。

5. A: 老师，上个星期我交给你的那份报告怎么样？

   B: 你写的那（　　　）文章写得太乱了，重新写吧。

제2부분

기출문제 탐색전

독해 제2부분은 총 10문제가 출제되며 전체 독해 문제의 25%를 차지한다. 이 부분의 유형은 주어진 A, B, C 3개의 문장을 순서대로 배열하는 것이다. 주관식이라고 긴장할 필요는 전혀 없다. 답이 될 수 있는 패턴은 아주 단순하고, 첫 번째 문장만 제대로 찾아낸다면 정답 확률은 50%가 되기 때문이다. 먼저 첫 번째 문장을 제대로 찾는 집중 훈련을 한 뒤 자신감이 생기면 세 개의 문장을 순서대로 나열해보자!

문제

A 不仅咳嗽很厉害
B 而且鼻子几乎闻不到任何气味
C 他得了严重的感冒

C · A · B

유형 분석

1. 한 문제당 3개의 문장이 제시된다.

   보기 A, B, C는 완벽한 문장일 수도 있고, 명사구 · 동사구 · 전치사구 등이 나올 수도 있다.

2. 제일 먼저 첫 번째 문장을 찾아서 표시한다.

   Tip+ 주어나 첫 번째 문장이 될 단서가 있는 부분에 '네모'로 표시해두자.

3. 그 다음 두세 번째 문장을 찾아서 표시한다.

4. 접속사가 등장하면, 앞 절에 쓰이는 접속사와 뒤 절에 쓰이는 접속사나 부사의 위치는
   거의 정해져 있기 때문에 문제는 간단하게 풀 수 있다.

예 不仅…而且…

접속사를 꼭 암기해서 거저 주는 문제를 틀리지 않도록 한다.

5. 만약 첫 번째 문장을 잘 찾았다면 정답 확률은 50%다.
   예를 들어, 첫 번째 문장이 A일 때 나올 수 있는 경우의 수는 A C B와 A B C 두 가지
   뿐이기 때문이다.

6. 단어를 모르겠다고, 해석이 안 된다고 포기하기엔 너무 아깝다. 앞으로 배울 비법을
   잘 전수받아 꼭 좋은 성적을 거두자!

01 — 첫 번째 문장-사람 주어와 非사람 주어 찾기 (11~12 day)

독해 제2부분에서 3개의 보기를 모두 해석하고 의미상 어떤 순서로 나열할지 고민해서 문제를 푼다면, 주어진 시간 안에 문제를 다 풀지 못할 수도 있다. 따라서 온갖 비법을 총동원하여 문제를 풀어야 한다. 어떤 문장이 첫 번째 문장이 될 것인가를 가장 먼저 생각해야 한다. 이번 장에서는 주어를 제대로 찾는 연습부터 시작해보자!

S1 사람 주어 찾기

① 사람 이름이나 신분(직업), 출신을 나타내는 주어가 나온다.

예 이름: 小李 샤오리 / 老金 라오진 / 丽丽 리리

신분: 韩老师 한 선생님 / 王校长 왕 교장 선생님 / 医生 의사 / 我爷爷 우리 할아버지

출신: 中国人 중국인 / 法国人 프랑스인 / 上海人 상하이 사람 / 台湾人 타이완 사람

② 인칭대사나 수식어를 동반한 주어가 나온다.

예 我 나 / 他 그 / 她 그녀 / 女孩子们 여자아이들 / 我的儿子 내 아들 / 每个人 모든 사람 / 被批评的人 지적받은 사람 / 有的学生 어떤 학생 / 我妈妈的朋友 우리 엄마 친구분

S2 非사람 주어 찾기

① 사람이 아닌 명사가 주어가 될 수 있다.

예 春节 설날 / 中秋节 추석 / 一个笑话 우스갯소리 하나 / 这种动物 이런 동물 / 这个学校 이 학교 / 这篇文章 이 글 / 地球 지구 / 水 물 / 教育 교육 / 预习和复习 예습과 복습 / 公司 회사 / 学校 학교 / 医院 병원

② 동사나 형용사(구)가 주어로 등장할 수도 있다. 사람만 주어가 될 수 있다는 고정관념을 버린다.

예 放弃并不表示认输。 포기하는 것이 결코 실패를 인정하는 것은 아니다. [동사 주어]

邀请别人是一门艺术。 다른 사람을 초청하는 것은 일종의 예술이다. [동사구 주어]

Tip⁺ 문제를 풀 때 먼저 주어를 찾는 것이 중요하다. 사람 주어 혹은 非사람 주어를 먼저 찾고, 나머지 2개는 부연설명을 하는지, 결론을 짓는지, 대등한 관계인지 등을 구분해서 순서대로 배열한다.

문제 1

A 就会变得越来越优秀

B 但只要发现自己的缺点并及时去改正

C 每个人都有缺点

| 문제 분석 | 사람 주어가 있는지 여부에 주목!　**S1, S2 적용**

A 점점 더 우수하게 변해갈 것이다

B 그러나 자신의 결점을 발견하고 바로 고치기만 한다면

C 모든 사람은 모두 결점을 가지고 있다

<u>C　B　A</u>

단어 ★ 会 huì 조동 ~할 것이다 | 变 biàn 동 변하다, 바뀌다 | ★ 越来越… yuèláiyuè… 점점 ~해진다 | 优秀 yōuxiù 형 우수하다 | ★ 但 dàn 접 그러나 | ★ 只要 zhǐyào 접 ~하기만 하면 | ★ 发现 fāxiàn 동 발견하다, 알아차리다 | ★ 自己 zìjǐ 대 자신 | 缺点 quēdiǎn 명 결점 | 并 bìng 접 그리고, 게다가 | 及时 jíshí 부 곧바로, 신속히 | 去 qù 동 가다 | 改正 gǎizhèng 동 시정하다 | 都 dōu 부 모두 | 有 yǒu 동 가지고 있다

| 해설 |　**1단계**　**주어 찾기**

사람 주어 每个人(모든 사람)이 있는 C가 첫 번째 문장이 된다.

2단계　**의미상 순서 배열하기**

C에서는 有缺点(결점이 있다), B에서는 改缺点(결점을 고치다), A에서는 变得优秀(우수하게 변한다)라고 했다. 사람은 누구나 결점이 있으나 그 결점을 고치면 우수하게 변할 수 있다는 내용임을 알 수 있다.

따라서 C → B → A의 순서가 답이 된다.

문제 2 A 这个笔记本电脑的原价是5400，打完折才3200
B 而且上网速度很快
C 它的特点是非常小，很方便

|문제 분석| **非사람 주어가 있는지 여부에 주목!** ▸ S1, S2 적용

> A 이 노트북의 원가는 5400위안인데, 할인해서 겨우 3200위안이다
> B 게다가 인터넷 속도도 매우 빠르다
> C 그것의 특징은 굉장히 작고, 매우 편리하다는 것이며
>
> <u>A C B</u>

단어 笔记本电脑 bǐjìběn diànnǎo 몡 노트북 컴퓨터 | 原价 yuánjià 몡 원가 | ★ 打折 dǎzhé 동 할인하다 | 才 cái 뷔 겨우, 고작 | ★ 而且 érqiě 젭 게다가 | 上网 shàngwǎng 동 인터넷을 하다 | 速度 sùdù 몡 속도 | 很 hěn 뷔 아주, 매우 | ★ 快 kuài 혱 빠르다 | 特点 tèdiǎn 몡 특징 | ★ 非常 fēicháng 뷔 대단히, 매우 | 小 xiǎo 혱 작다 | 方便 fāngbiàn 혱 편리하다

|해설| **1단계** 주어 찾기

非사람 주어 这个笔记本电脑的原价(이 노트북의 원가)가 있는 A가 첫 번째 문장이 된다.

> **Tip⁺** C의 它的特点(그것의 특징)도 주어가 될 수 있으나, 它(그것)는 앞에서 언급한 사물 这个笔记本电脑(이 노트북)를 지칭하므로, 첫 번째 문장은 될 수 없다.

2단계 노트북의 장점 나열하기

A에서 打完折才3200(할인해서 겨우 3200위안이다), C에서 非常小，很方便(굉장히 작고, 편리하다)라고 하였다.

3단계 결론짓기

B의 접속사 而且는 '게다가'라는 의미를 나타내며 C에 이어 노트북의 또 다른 특징을 설명하므로, B는 마지막에 위치해야 한다.

따라서 A → C → B의 순서가 답이 된다.

1.　A 但他的确是该走的时候走的

　　B 我爷爷什么时候走的，我已经记不清楚了

　　C 没有留下任何遗憾　　　　＿＿＿＿＿＿

2.　A 他大赚了一笔黑心钱

　　B 而可怜的人们竟以为他是救星

　　C 还光明正大地对所有人说：“我这么做是为了你们。”　＿＿＿＿＿＿

3.　A 但时间不要过长，最好掌握在半小时到一小时之间

　　B 一般来说，感到稍稍出汗的时候就行了

　　C 散步能帮助人减轻压力，使心情变得轻松起来　＿＿＿＿＿＿

4.　A 但当你看到别人点的菜以后，你就会后悔

　　B 你点的是自己喜欢的菜

　　C 结婚就像去饭馆儿吃饭　　　　＿＿＿＿＿＿

5.　A 但只有不断地给别人带去爱的人才是最幸福的

　　B 因此我要用自己的身心为别人带去爱

　　C 爱和被爱都是幸福的　　　　＿＿＿＿＿＿

1. A 有可能随时离开这个世界

   B 他得了重病，有生命危险

   C 但他每天仍然坚持学习外语　　＿＿＿＿＿＿＿＿＿

2. A 他很年轻，没有多少经验

   B 比相同年龄的人更成熟、冷静，更值得信任

   C 可是遇到什么麻烦的事，都自己去解决　　＿＿＿＿＿＿＿＿＿

3. A 放弃并不是表示认输，而是表示新的开始

   B 因此为了获得更多

   C 应该放弃一些不重要的东西　　＿＿＿＿＿＿＿＿＿

4. A 带来一天的好心情

   B 一个笑话

   C 也许就能带走我们的烦恼　　＿＿＿＿＿＿＿＿＿

5. A 不能只说人的缺点，也不要笑话人

   B 批评人要注意方式和方法

   C 应该用真诚的态度让对方明白道理　　＿＿＿＿＿＿＿＿＿

02 첫 번째 문장-숨은 주어 찾기 (13~14 day)

첫 번째 문장 찾기 비법으로는 사람 주어와 非사람 주어를 찾는 방법 이외에 하나의 비법이 더 있다. 그것은 바로 주어 앞으로 나올 수 있는 전치사구와 주어 앞뒤에 모두 위치할 수 있는 시간사가 있는 보기를 첫 번째 문장이 되게 하는 것이다. 이 비법까지 알게 되면 첫 번째 문장 찾기는 문제없이 성공하리라 믿는다. 마지막으로 주어가 2개 나온 문장의 대처법까지 완벽하게 마스터해보자!

1 주어 앞에서 다른 어휘가 주어를 숨기고 있을 때의 대처법

① 시간사를 찾는다.

> 예 형식: [시간사 + 사람 주어] 또는 [시간사(+ 주어 생략)]
>
> 今天我… 오늘 나는 ~ / 今年暑假, 张明… 올 여름방학에 장밍은 ~ / 平时, 我的孩子… 평소에 내 아이는 ~ / 夜里突然… 밤에 갑자기 ~ / 星期天… 일요일에 ~ / 以前… 예전에 ~ / 最近… 최근에 ~ / 周末… 주말에 ~ / 假期… 방학 기간에 ~ / 第一次… 처음으로 ~

② 맨 앞에 있는 전치사구를 찾는다.

> 예 형식: [전치사 + 명사] 또는 [전치사 + 명사, + 주어 + 술어]
>
> 随着…发展 ~이 발전함에 따라 / 关于这件事… 이 일에 관해 ~ / 为了你… 너를 위해 ~ / 按照学校的规定… 학교 규정에 따라 ~ / 根据报道… 보도에 따르면 ~ / 对我来说… 나한테는 ~ / 从我的角度来看… 내 관점에서 보면 ~ / 依我看… 내가 보기에는 ~

2 2개의 주어가 나왔을 때의 대처법

① 먼저 주어가 될 만한 2개의 절을 찾는다.

② 최소한 두 번째 절 이하에서 쓸 수 있는 부사(也, 还, 就)나 대사(它, 那), 혹은 终于, 原来, 比如, 重要, 关键 등의 표현을 찾아 선후 관계를 정한다.

③ 이야기의 흐름을 잘 파악하여 순서를 정리한다.

문제 1	A 黑暗中我看见有一个人，我动他也动
	B 夜里突然停电了，刚好我去洗手间
	C 原来是一面镜子，我是自己吓自己呢

| 문제 분석 | 시간사가 있는 문장의 위치에 주목! ◄ S1 적용

A 어둠 속에서 나는 누군가를 보았는데, 내가 움직이면 그도 움직였다

B 밤에 갑자기 정전이 되었다. 마침 내가 화장실에 갔는데

C 알고 보니 (그것은) 거울이었고, 나는 내 자신에게 놀란 것이었다

B A C

단어 黑暗 hēi'àn 혱 어둡다 | ★ 看见 kànjiàn 동 보다 | 动 dòng 동 움직이다 | 夜里 yèli 명 밤 | ★ 突然 tūrán 뷔 갑자기 | 停电 tíngdiàn 동 정전되다 | 刚好 gānghǎo 뷔 때마침 | ★ 去 qù 동 가다 | 洗手间 xǐshǒujiān 명 화장실 | ★ 原来 yuánlái 뷔 알고 보니 | 镜子 jìngzi 명 거울 | ★ 自己 zìjǐ 때 자신 | 吓 xià 동 놀라다

| 해설 | **1단계** 시간사 위치 파악하기

시간사는 주어 앞에 위치할 수 있으므로, 夜里(밤)로 시작하는 B가 첫 번째 문장이 된다.

2단계 육하원칙에 의거하여 문장 배열하기

시간(夜里)과 장소(黑暗中)가 동시에 등장하는 문제가 나오면 육하원칙(누가-언제-어디서-무엇을-어떻게-왜)에 의거하여, 시간이 나오는 문장을 앞으로 배열한다. 따라서 장소사가 들어 있는 A가 B 뒤에 위치한다.

3단계 힌트 어휘 파악하기

C에 있는 부사 原来는 '알고 보니'라는 뜻으로, 새로운 사실을 알았을 때 사용한다. 정전이 된 화장실에서 본 사람이 거울 속의 자신임을 깨닫는 문장이므로, C는 맨 마지막에 배열시켜야 한다.

따라서 B → A → C의 순서가 답이 된다.

Tip⁺ 시간사는 주어 앞(시간사 + 주어)이나 뒤(주어 + 시간사)에 모두 위치할 수 있다. 그러나 시간을 강조할 때는 주어 앞에 위치하는 경우가 많다.

　A 所以对我来说，年龄只是一个数字
　　　　　B 我的理解是，重要的是自己有永远年轻的心
　　　　　C 我从来不关心它

| 문제 분석 | 주어가 2개인 문장에서 지시대사의 쓰임에 주목!　S2 적용

A 그래서 나에게 있어서, 나이는 그저 하나의 숫자에 불과하다
B 내가 이해하기에, 중요한 것은 자기 스스로 항상 젊은 마음을 갖고 있는 것이다
C 나는 여지껏 그것에 대해 신경 쓰지 않는다

<u>B　A　C</u>

| 단어 | ★ 所以 suǒyǐ 젭 그래서 | 对…来说 duì…láishuō ~에 있어서 | 年龄 niánlíng 몡 나이 | 只是 zhǐshì 뷘 단지 | 数字 shùzì 몡 숫자 | 理解 lǐjiě 통 알다, 이해하다 | ★ 重要 zhòngyào 톙 중요하다 | ★ 有 yǒu 통 가지고 있다 | 永远 yǒngyuǎn 뷘 영원히, 항상 | ★ 年轻 niánqīng 톙 젊다 | 心 xīn 몡 마음 | ★ 从来 cónglái 뷘 여태껏 | 关心 guānxīn 통 관심을 갖다

| 해설 |　**1단계** 　주어 찾기

B의 我的理解(내가 이해하기에)와 C의 我(나) 모두 주어가 될 가능성이 있다. 그러나 C에 앞에서 언급한 대상을 받는 지시대사 它(그것)가 등장하는 것으로 보아, C는 첫 번째 문장이 될 수 없으니, B가 첫 번째 문장이 된다.

2단계 　의미상 순서 배열하기

항상 젊은 마음을 가지는 것(B)이 중요하며, 나이는 숫자에 불과하다(A)고 말하고 있으니, B 다음에 A 순으로 배열한다.

3단계 　대사 찾기

C에 언급된 대사 它(그것)는 A에서 말한 年龄(나이)을 지칭하므로, C는 A보다도 뒤에 위치하는 것이 옳다.

따라서 B → A → C의 순서가 답이 된다.

1. A 随着科学的发展、人们生活水平的提高

   B 成为人们生活中的必需品

   C 网络已经进入到千家万户　　　　　　　　＿＿＿＿＿＿＿＿＿

2. A 关键是要清楚地知道我们的目的，找个最合理的方法去做

   B 这个工作还可以，并没有你想象的那么复杂

   C 依我看　　　　　　　　　　　　　　　　＿＿＿＿＿＿＿＿＿

3. A 同事们都笑话我，以后经常拿这件事跟我开玩笑

   B 飞机起飞时，我紧紧抱住前面的座椅

   C 我第一次坐飞机的时候非常害怕　　　　　＿＿＿＿＿＿＿＿＿

4. A 男朋友转身对那个女孩儿说："别怕，你安全了。"

   B 我的男朋友跟小偷对打了半天

   C 小偷终于被打跑了，消失在黑暗中　　　　＿＿＿＿＿＿＿＿＿

5. A 让被批评的人不觉得难受，而且让他感觉到是在帮助他

   B 比如，批评别人的时候要用巧妙的方法

   C 管理是一门艺术　　　　　　　　　　　　＿＿＿＿＿＿＿＿＿

1.　A　因为红色会更好地保护皮肤

　　B　按照一般人的经验，大家都认为夏天穿白色的衣服会更凉爽

　　C　但据有关研究证明，其实红色的衣服效果更好　＿＿＿＿＿＿＿

2.　A　那就是一家只生一个孩子

　　B　为了控制中国人口的增长速度

　　C　政府制定了相关的法律　＿＿＿＿＿＿＿

3.　A　小丽觉得他嘴里有种可怕的味道

　　B　所以跟他分手了

　　C　小丽的男朋友抽烟抽得太厉害　＿＿＿＿＿＿＿

4.　A　然后再去吃晚饭，一直吃到第二天早上

　　B　法国人晚上先喝三个小时红酒

　　C　他们在吃喝上所花的时间真够多的　＿＿＿＿＿＿＿

5.　A　患呼吸道疾病的人也大大增加

　　B　北京春天经常刮大风

　　C　气候非常干燥　＿＿＿＿＿＿＿

03 두세 번째 문장 찾기와 접속사 활용법 `15~16 day`

첫 번째 문장 찾기에 자신감이 붙었다면, 이제 두 번째 문장 찾는 법을 배워보자. 접속사는 일반적으로 두 개가 호응하여 한 세트를 이루므로, 접속사의 호응 관계만 외우고 있어도 쉽게 풀 수 있는 문제가 많다. 또한 '虽然… 但是…'의 경우, 虽然은 첫 번째나 두 번째 문장에, 但是는 두 번째나 세 번째 문장 속에만 등장한다. 따라서 但是가 등장하면 절대 첫 번째 문장이 될 수 없고, 최소한 두세 번째 문장이 된다는 것을 알 수 있다. 이번 장에서는 이렇게 접속사를 활용하는 방법도 함께 배워본다.

1 최소 두 번째 이하 문장에 출현하는 접속사를 찾아내라!

아래 표현들은 두 번째나 세 번째 문장에 나올 수 있음을 명심한다.

예 역접: 但是 그러나 / 可是 하지만 / 然而 그렇지만 / 不过 그런데
　　결과: 所以 그래서 / 因此 이 때문에 / 于是 그리하여
　　점층: 而且 게다가 / 并且 그리고 / 甚至 심지어
　　선후: 然后 그런 후 / 后来 나중에 / 最后 최후에
　　예시: 比如 예컨대 / 例如 예를 들다
　　결론: 结果 결과 / 总的来说 전체적으로 말하면 / 重要的是 중요한 것은

2 최소 두 번째 이하 문장에 출현하는 부사를 찾아내라!

예 也 ~도 / 就 곧, 바로 / 再 다시, ~한 후에 / 还 아직도 / 都 모두 / 却 오히려 / 才 비로소

3 최소 두 번째 이하 문장에 출현하는 대사를 찾아내라!

① 它 그것: 앞에 언급한 사물을 지칭하는 대사이므로, 첫 번째 문장이 될 수 없다.

② 他 그 / 他们 그들 / 她 그녀 / 她们 그녀들: 사람을 지칭하는 대사이므로 첫 번째 문장의 주어가 될 수도 있지만, 만약 더 확실한 주어가 제시되었을 때는 두 번째 이하 문장에 나올 확률이 높아진다.

4 위 방법으로 찾은 표현들에 알아보기 쉽게 표시해둔다!

문제 1
A 你安排他们到景福宫游览一下
B 日本留学生要来韩国旅游一个星期
C 其它的活动就由我来安排吧

| 문제 분석 | 其它, 他们 등 대사의 쓰임에 주목! **S2, S3 적용**

A 네가 그들을 경복궁에 데려가서 구경시켜주렴
B 일본 유학생이 한국에 일주일간 여행을 온다고 하니
C 그 밖의 활동은 내가 스케줄을 짜도록 할게

<u>B A C</u>

단어 ★ 安排 ānpái 통 안배하다, 준비하다 ㅣ 到 dào 통 이르다, 도달하다 ㅣ 游览 yóulǎn 통 유람하다 ㅣ 日本 Rìběn 명 일본 ㅣ ★ 留学生 liúxuéshēng 명 유학생 ㅣ 要 yào 조동 ~할 것이다 ㅣ 韩国 Hánguó 명 한국 ㅣ ★ 旅游 lǚyóu 통 여행하다 ㅣ ★ 星期 xīngqī 명 주, 주일 ㅣ 其它 qítā 대 기타, 그 밖에 ㅣ ★ 活动 huódòng 명 활동 ㅣ ★ 由 yóu 전 ~이, ~가(동작의 주체를 이끌어 냄)

| 해설 | **1단계** 주어 찾기

A의 你(너)와 B의 日本留学生(일본 유학생) 모두 사람 주어이므로, 첫 번째 문장이 될 수 있다. 하지만 A에는 일본 유학생을 지칭하는 인칭대사 他们(그들)이 있으므로, B가 첫 번째 문장이 된다.

2단계 의미상 순서 배열하기

첫 번째 활동은 A에서 말한 그들을 경복궁에 데려가는 것(安排他们到景福宫游览一下)이고, 나머지 활동은 C에서 말한 그 밖의 활동(其它的活动)이다. 이렇게 구체적인 활동을 계획하려면 내용상 B가 제일 처음으로 전제되어야 한다.

3단계 대사 살펴보기

대사 其它(그 밖의)는 경복궁 가는 것 이외의 활동을 말하므로, A 다음에 C의 어순으로 배열되어야 한다.

따라서 B → A → C의 순서가 답이 된다.

문제 2

A 大家先听了小王的报告
B 最后一致同意把工厂开在苏州
C 然后展开了热烈的讨论

| 문제 분석 | 先, 然后, 最后 등 접속사의 쓰임에 주목! **S1, S2 적용**

A 모두 샤오왕의 보고를 먼저 듣고
B 맨 마지막에는 쑤저우에 공장을 세우는 것에 만장일치로 동의하였다
C 그런 후 열띤 토론을 벌여

<u>A C B</u>

단어 ★ 大家 dàjiā 때 모두, 다들 | ★ 听 tīng 통 듣다 | 报告 bàogào 명 보고 | ★ 最后 zuìhòu 형 최후의, 맨 마지막의 | 一致 yízhì 형 일치하다 | ★ 同意 tóngyì 통 동의하다 | 工厂 gōngchǎng 명 공장 | 开 kāi 통 열다 | 苏州 Sūzhōu 명 쑤저우(지명) | ★ 然后 ránhòu 접 그런 후에 | 展开 zhǎnkāi 통 전개하다, 벌이다 | 热烈 rèliè 형 열렬하다 | 讨论 tǎolùn 통 토론하다

| 해설 | **1단계** 주어 찾기

사람 주어 大家(모두)가 있는 A가 첫 번째 문장이 된다.

2단계 접속사 살펴보기

동작의 선후를 나타낼 때는 '先(먼저)…, 然后(그런 후에)…, 最后(맨 마지막으로)'의 순서이므로, C가 두 번째 문장이 되고, 접속사 最后(맨 마지막에는)가 있는 B가 마지막 문장이 된다.

따라서 A → C → B의 순서가 답이 된다.

내가 생각하는 HSK란? – HSK는 ⬜⬜⬜다.

- HSK는 **카멜레온**이다. 볼 때마다 새롭다. ㅠㅠ – 정승경
- HSK는 **긴 터널**이다. 아직 너무 깜깜해요. ㅋ – 김혜진
- HSK는 **밤송이**다. 까면 깔수록 재미를 느낄 수 있으니까. – 김수림
- HSK는 **내 인생의 전환점**이다. 노력을 통해 할 수 있다는 자신감을 얻으니까. – 고영찬
- HSK는 **변비**다. 오랜 묵힘 끝에, 조금의 고통 끝에, 시원한 결말을 볼 수 있으니까. ^^; – 김은혜

(상하이 특강 中)

꼭 암기해야 할 핵심 접속사

관계	★ 1~2번째 절	★ 2~3번째 절	예문
점층	不但 / 不仅 / 不光 / 不只 A	而且 / 并且 B	这件衣服不但很漂亮，而且不贵。 이 옷은 예쁠 뿐 아니라, 가격도 비싸지 않아.
	A뿐만 아니라 B하다		
조건	不管 / 无论 / 不论 A	(反正) + [주어] + 都 / 也 / 永远 B	不管有什么理由，反正我都不能原谅他。 어떤 이유든, 아무튼 나는 그를 용서할 수 없어.
	A를 막론하고, 모두 B하다		
	只要 A	就 B	只要有机会，我就要去国外。 기회만 있다면, 나는 해외로 나갈 거야.
	A하기만 하면 B하다		
	只有 A	才 B	只有多听多说，才能学好汉语。 많이 듣고 말해야만, 비로소 중국어를 잘할 수 있어.
	오직 A해야만 B하다		
선택	除了 A 以外	也 / 还 / 都	我除了中国以外，也去过泰国。 나는 중국 이외에, 태국에 가본 적도 있다.
	A를 제외하고, 또		
	不是 A	而是 B	我不是不想去，而是没有时间。 나는 가고 싶지 않은 것이 아니라, 시간이 없는 거야.
	A가 아니고 B다 [B 선택]		
	不是 A	就是 B	不是你错了，就是我错了，反正有一个人错了。 네가 틀리지 않았으면 내가 틀렸거나, 하여간 한 사람은 틀렸어.
	A가 아니면 B다 [A와 B 중 택1]		
가설	如果 / 要是 A	那么 / 就 B	如果她不能来的话，这个问题就解决不了。 만약 그녀가 오지 못한다면, 이 문제는 해결할 수 없어.
	만약 A하면 B하다		
	即使 / 哪怕 A	也 B	即使有些困难，我也要完成这个计划。 설령 어려움이 좀 있을지라도, 나는 이 계획을 완수해야 해.
	설령 A할지라도 B하다		
전환	虽然 / 尽管 A	但是 / 可是 / 然而 / 还是 B	虽然我见过她几次，可是对她不太熟。 나는 그녀를 몇 번 만나보긴 했지만, 그녀에 대해서 잘 몰라.
	비록 A지만, (그러나) B하다		
인과	因为 A	所以 B	因为父母疼爱你，所以才这样批评你的。 부모님께서 널 사랑하셔서, 이렇게 꾸중하시는 거야.
	A 때문에 (그래서) B하다		
	既然 A	就 B	既然我答应了，就不能不去。 내가 이미 승낙한 이상, 안 갈 수는 없다.
	기왕 A한 이상 B하다		

1.   A 他觉得自己挺合适，就去试了试

     B 这个大学要招聘的是博士生，而且要有工作经验

     C 结果没想到竟然成功了 _______________

2.   A 要勇于面对困难和挑战

     B 这样，才能走上成功之路

     C 并在过程中学会如何克服难关 _______________

3.   A 也能让他们感到很幸福

     B 即使只是陪他们聊聊天

     C 有时间的时候偶尔回家看看爸妈 _______________

4.   A 我提醒他，虽然这次生意失败了

     B 重要的是要从这次失败中总结经验教训

     C 他还是一个成功的商人 _______________

5.   A 不管在外边的世界遇到了什么困难

     B 家永远是我们心里面最安全的地方

     C 因为家里总是充满了爱和幸福 _______________

1. A 它让我能看清我的灵魂

   B 水好像上帝，了解我们的痛苦和愿望

   C 所以我愿意在水边思考　＿＿＿＿＿＿＿

2. A 可以提供皮肤必要的营养，对皮肤很有好处

   B 例如，每天吃一到两个新鲜的西红柿

   C 常吃西红柿可以解决一些健康问题　＿＿＿＿＿＿＿

3. A 也想引起人们对气候变暖问题的关注

   B “地球一小时”的活动是从2007年开始的

   C 除了让人们节约用电以外　＿＿＿＿＿＿＿

4. A 说明你的心正注视着更高的欲望目标

   B 如果你对现在的环境不满意

   C 也许是金钱、地位，也许是房子、汽车　＿＿＿＿＿＿＿

5. A 从他嘴里说出来，肯定会变得十分有趣

   B 即使是很普通的一件事

   C 他是一个非常有幽默感的人　＿＿＿＿＿＿＿

독해 제2부분

앞서 우리는 여러 가지 비법과 테크닉을 이용하여 문장 배열하는 법을 배웠다. 하지만 모든 문제를 다 테크닉으로만 풀 수 있는 것은 아니다. 당연히 해석을 통한 문장 이해력이 있어야 한다. 이번 장에서는 이야기 흐름을 통해 문장 순서를 이해하는 능력을 길러보자!

끝 시크릿 백전백승

1 독해력을 길러라!

이야기 흐름을 찾기 위해서는 해석을 통해 문장을 이해할 수 있는 독해 능력이 있어야 한다.

2 핵심 접속사를 암기하라!

앞 장에서 배운 접속사를 최대한 활용하여 문제를 풀어야 한다. 특히 두 번째 이하 부분에 단골로 나오는 표현들은 반드시 암기하자!

3 동작 및 사건의 발생 순서대로 나열하라!

예 과거 → 현재 → 미래
去年(작년) → 今年(금년) → 明年(내년)
上个星期(지난주) → 今天(오늘) → 以后(이후)

4 큰 개념에서 작은 개념 순서로 나열하라!

예 韩国(한국) → 首尔(서울) → 钟路(종로)
2011年(2011년) → 春天(봄) → 有一天(어느 날)

5 유사하거나 대비되는 단어에 주목하라!

유사하거나 대비되는 의미의 내용은 나란히 배열될 가능성이 높다. 따라서 앞뒤 관계를 살펴 한 덩어리로 붙여놓으면 답을 정리하기가 쉬워진다.

문제 1

A 还将继续千万年
B 水静静地流着，雪山连着雪山
C 这一切已有千万年的历史

문제 분석 공통적으로 나오는 단어와 지시대사에 주목! **S1, S5 적용**

A 앞으로 천만년 동안 계속될 것이다
B 물이 고요히 흘러가고 있고, 겹겹이 설산이 있다
C 이 모든 것은 이미 천만년의 역사를 가지고 있고

B C A

단어 ★ 还 hái 图 여전히 | 将 jiāng 图 장차 | ★ 继续 jìxù 图 계속하다 | 静 jìng 图 고요하다 | 流 liú 图 흐르다 | 雪山 xuěshān 图 설산 | 连 lián 图 연이어, 이어서 | ★ 一切 yíqiè 때 모든 | ★ 已 yǐ 图 이미, 벌써 | 历史 lìshǐ 图 역사

해설 **1단계** 주어 찾기

非사람 주어 水(물)가 있는 B가 첫 번째 문장이 된다.

2단계 대사 살펴보기

첫 번째 문장에서 언급된 水(물)와 雪山(설산)을 지칭하는 대사 这一切(이 모든 것)가 나온 C가 두 번째 문장이 된다.

3단계 이야기 흐름 찾기

C와 A에 공통적으로 千万年(천만년)이라는 단어가 나오므로, 두 문장이 서로 연결되어 나올 가능성이 높다는 걸 감지할 수 있다.

따라서 B → C → A의 순서가 답이 된다.

　문제 2　A 人们的视线都转移到了她的身上
　　　　　B 转身就走出了会议室
　　　　　C 她一句话都没有说

| 문제 분석 | **동작 및 사건의 발생 순서에 주목!**　**S1, S3 적용**

A 사람들의 시선이 모두 그녀에게로 향했다

B 몸을 돌려 회의실을 빠져 나갔다

C 그녀는 말 한마디도 하지 않고

<u>A　C　B</u>

단어　视线 shìxiàn 몡 시선 | 转移 zhuǎnyí 동 옮기다 | ★ 到 dào 동 이르다, 도달하다 | 身上 shēnshang 몡 몸 | 转身 zhuǎnshēn 동 몸을 돌리다 | ★ 走 zǒu 동 떠나다 | 会议室 huìyìshì 몡 회의실 | 句 jù 양 마디, 구 | 话 huà 몡 말 | ★ 都 dōu 뷔 ~도 | ★ 没有 méiyǒu 동 없다 | ★ 说 shuō 동 말하다

| 해설 |　**1단계**　**주어 찾기**

사람 주어인 她(그녀)가 있는 C와 非사람 주어인 人们的视线(사람들의 시선)이 있는 A가 첫 번째 문장이 될 가능성이 높다.

2단계　**부사 살펴보기**

'没有 + 동사1, 就 + 동사2'는 '동사1 하지 않고, 곧 동사2 하다'라는 뜻이므로, 没有가 있는 C 다음에 就가 있는 B의 순서로 배열한다.

3단계　**이야기 흐름 찾기**

이야기의 흐름을 살펴보면, ① 그녀가 회의실을 나가자, 사람들의 시선이 그녀에게 집중되었거나, ② 사람들의 시선이 집중되자, 그녀는 회의실을 나갔다는 두 가지 추론이 가능하다. 추론 ①과 같이 그녀가 아무 말도 하지 않고 조용히 있다가 회의실을 나갔다면 아무도 그녀의 움직임을 눈치채지 못했을 것이고, 시선이 그녀에게 집중될 수도 없으므로 이야기 흐름이 자연스럽지 않다. 하지만, 사람들의 시선이 집중되자 그녀가 부담스러워서 아무 말 없이 회의실을 나갔다는 추론 ②는 이야기의 흐름이 훨씬 자연스럽다.

따라서 A → C → B의 순서가 답이 된다.

1. A 而且自然环境的保护做得也非常好

   B 小城四季的风景都很美

   C 因此每年都会吸引成千上万的游客 ____________

2. A 甚至有人说成熟就是一种感觉，没有什么标准

   B 成熟的标准到底是什么

   C 每个人的回答都各不相同 ____________

3. A 平时，儿子总是在学校上课

   B 只有放了假，才有可能和我们一起去旅游

   C 学习很紧张，很少有时间出去玩儿 ____________

4. A 无论成功还是失败，只要付出了自己的努力都应该获得掌声

   B 当然，也不要忘了失败的人

   C 我们要给通过自己努力获得成功的人掌声 ____________

5. A 没想到竟然获得了第一名

   B 这让我又吃惊又高兴

   C 我本来只是想试一试而去参加比赛的 ____________

1.　A 因此养成好的习惯要坚持

　　B 一个人的习惯不是一两天养成的

　　C 而改掉坏的习惯也一定要坚持　　＿＿＿＿＿＿＿＿

2.　A 她是我的一个同学，从小就想当一名警察

　　B 所以她决定，一定要找一个当警察的丈夫

　　C 然而由于种种原因，她没能当上警察　　＿＿＿＿＿＿＿＿

3.　A 我从小就有写日记的习惯

　　B 把每一天发生的事情都记在日记本上

　　C 对我来说，也算是对一天的总结　　＿＿＿＿＿＿＿＿

4.　A 它们都是中国的"母亲河"

　　B 长约6300公里，比黄河长800公里

　　C 长江是中国的第一长河　　＿＿＿＿＿＿＿＿

5.　A 喜欢音乐是他们5个人的共同爱好

　　B 很多年轻人都很喜欢"五月天"这个男孩组合

　　C 这个组合是由5个热情的男孩组成的　　＿＿＿＿＿＿＿＿

독해 제2부분

앞에서 우리는 주어 문장 찾는 비법과 두세 번째 문장 찾기, 접속사 활용법, 그리고 논리적인 이야기 흐름 파악하기까지 다양한 문제 풀이 방법을 배웠다. 이제 독해 제2부분에 어느 정도 자신감이 붙었을 것이다. 그러나 新HSK 문제는 계속 진화된다. 기본적인 유형의 문제가 대다수를 이루지만, 우리의 발목을 잡고 허를 찌르는 문제가 출제될 수도 있으니, 끝까지 방심해서는 안 된다. 그런 의미에서 이번 장에서는 여러 가지 유형에 대한 대처법을 다루고자 한다. 새로운 비법의 세계로 출발해보자!

4끝 시크릿 백전백승

S1 유사한 표현 대처법

똑같은 어휘나 유사한 표현이 2개 있다면, 2개의 절은 병렬될 가능성이 높다.

S2 2개의 시간사 대처법

시간을 나타내는 표현이 2개 이상 있다면, 시간의 선후를 판단하여 배열한다.

S3 명사 덩어리(전치사구) 대처법

일반적으로 A, B, C의 내용은 완벽한 의미를 전달할 수 있는 하나의 절 형태로 나오는데, 가끔씩 명사 덩어리(전치사구)만 나오는 경우가 있다. 이러한 전치사구의 특징은 뒤에 술어를 끌고 나오는 것이므로, 그 다음 문장은 술어가 맨 앞에 제시된 보기일 것이다.

S4 2개의 의문대사 대처법

의문대사 + 就 + 의문대사: 누구/ 무엇 / 언제 / 어디 / 어떻게든 간에 바로 그 사람이 / 그것을 / 그때 / 그곳에서 / 그대로 ~한다

2개의 동일한 의문대사가 就를 사이에 두고 앞뒤 절에 호응하면서 특정한 것을 가리키는 용법이다. 이 2개의 의문대사는 하나의 동일한 사람(谁)·사물(什么, 哪个)·시간(什么时候)·장소(哪儿)·방법(怎么) 등을 가리키므로, 서로 연관되게 배열한다.

> 예 你想说什么，就说什么。 네가 하고 싶은 말을 해라.
>
> 你怎么决定，我就怎么做。 네가 어떻게 결정하든 나는 그대로 하겠다.

문제 1

A 我保证，以后我肯定都听您的
B 以前是我不对，请您原谅
C 接受您的任何批评和指导

| 문제 분석 | **2개의 시간사에 주목!** §2 적용

A 제가 장담하건대, 앞으로는 틀림없이 당신 말을 듣고
B 예전에는 제가 잘못했으니, 용서해주세요
C 당신의 어떠한 꾸지람과 조언도 다 받아들일게요

B A C

단어 保证 bǎozhèng 동 보증하다, 담보하다 ㅣ ★ 以后 yǐhòu 명 이후 ㅣ 肯定 kěndìng 부 확실히, 틀림없이 ㅣ ★ 都 dōu 부 모두 ㅣ 听 tīng 동 듣다 ㅣ ★ 以前 yǐqián 명 이전, 예전 ㅣ ★ 不对 búduì 형 틀리다 ㅣ 原谅 yuánliàng 동 용서하다 ㅣ ★ 接受 jiēshòu 동 받아들이다 ㅣ 任何 rènhé 대 어떠한, 무슨 ㅣ ★ 批评 pīpíng 동 질책하다, 꾸짖다 ㅣ 指导 zhǐdǎo 동 지도하다

| 해설 | **1단계 주어 찾기**

사람 주어 我(나)가 있는 A와 시간사 以前(이전)이 있는 B가 첫 번째 문장이 될 가능성이 있다.

2단계 시간 흐름 파악하기

A와 B를 살펴보면 시간을 나타내는 명사 以后(이후)와 以前(이전)이 있다. 시간의 흐름에 따라 B 以前(이전) → A 以后(이후)의 순서로 배열한다.

3단계 의미상 순서 배열하기

자신의 잘못을 인정하고, 앞으로는 상대방의 비판과 충고도 다 받아들이겠다고 약속하고 있다. 따라서 의미상 잘못을 인정하는 B가 맨 앞에, 약속 내용인 A가 그 다음에, 그리고 A의 보충설명인 C가 맨 뒤에 나와야 한다.

따라서 B → A → C의 순서가 답이 된다.

A 这是我和你之间的秘密
B 千万不能和别人说
C 我跟你说的那些话

| 문제 분석 | **명사 덩어리에 주목!**　◀ S3 적용

A 이것은 나와 너만의 비밀이야
B 절대 다른 사람에게 말해서는 안 돼
C 내가 너에게 한 그 말들은

C　B　A

단어　★ 和 hé 젠 ~와 | 之间 zhījiān 명 (~의) 사이 | 秘密 mìmì 명 비밀 | 千万 qiānwàn 뷔 제발, 부디 | ★ 能 néng 조동 ~ 할 수 있다, 해도 된다 | ★ 别人 biéren 때 다른 사람 | ★ 说 shuō 동 말하다 | ★ 跟 gēn 젠 ~에게 | 那些 nàxiē 때 그것 들 | 话 huà 명 이야기

| 해설 |　**1단계** 주어 찾기

非사람 주어인 我跟你说的那些话(내가 너에게 한 그 말들은)가 있는 C가 첫 번째 문장이 된다.

我跟你说的 ＋ 那些话
　관형어　　　주어

2단계 술어 찾기

첫 번째 문장에 '주어 덩어리'만 제시되었으므로, 술어를 끌고 와야 한다.
간략하게 표현하면 那些话 ＋ 不能说로 표현할 수 있으므로, 술어 B가 나와야 한다.
　　　　　　　주어　　　　술어

3단계 대사 살펴보기

지시대사 这(이것)는 앞에서 언급한 那些话(그 말들)를 지칭하므로, A가 맨 마지막 문장에 위치하게 된다.

따라서 C → B → A의 순서가 답이 된다.

1.　A 有的父母对孩子的要求很严格

　　B 认为应该给孩子更多自己选择的机会

　　C 有的父母正好相反　　　　　　　　　　＿＿＿＿＿＿＿

2.　A 我一喝酒就什么都不知道了

　　B 这回请你提醒我一下别喝多了

　　C 上次就因为喝酒把钱包丢了　　　　　　＿＿＿＿＿＿＿

3.　A 为人们的虚拟交友提供了方便

　　B 网络上提供的各种免费聊天工具

　　C 同样，现代人的办公中也离不开它　　　＿＿＿＿＿＿＿

4.　A 它就长满了这面墙，绿绿的一片

　　B 这种植物在这个季节长得很快

　　C 经过短短的一个星期　　　　　　　　　＿＿＿＿＿＿＿

5.　A 我告诉你，这种游戏方法非常简单

　　B 谁就赢得了比赛

　　C 谁在规定的时间内拿到的数量最多　　　＿＿＿＿＿＿＿

1. A 所以苦和乐没有一定的标准，都是各人的感觉不同

   B 对他来说也许是乐呢

   C 对我来说是苦　　　　　　　　　　　　＿＿＿＿＿＿＿＿

2. A 我儿子的个子长得非常快

   B 今年就有几条不能再穿了

   C 去年百货商店打折的时候我给他买了好几条裤子　＿＿＿＿＿＿＿＿

3. A 在原有的基础上，加上了文化交流的部分

   B 王校长，我根据你的要求

   C 把这篇报告稍微修改了一下　　　　　　＿＿＿＿＿＿＿＿

4. A 再准备四个鸡蛋

   B 这两个东西准备好以后，我给你做一道中国菜——西红柿炒鸡蛋

   C 西红柿洗干净以后　　　　　　　　　　＿＿＿＿＿＿＿＿

5. A 就会相应地梦到什么内容

   B 比如，人的脚冷的时候会梦到自己在雪地行走

   C 人在睡觉的时候，身体感觉到什么　　　＿＿＿＿＿＿＿＿

제3부분

기출문제 탐색전

阅读

문제 1

70. 这次题出得有点儿偏，大家都没考好，我们班60分以上的占47%，70分以上的占32%，90分以上的才占13%。

★ 不及格的占多少？

A 53%　　　B 63%　　　C 68%　　　D 87%

문제 2

82-83.

工作时间长了，就会形成一些习惯或者养成一些"毛病"，这就是所谓的职业病。就我而言，做编辑的职业病之一是"眼高手低"，文章看得越多，对好文章的要求就越来越高。轮到自己写作的时候就不敢随便写了。第二个就是习惯性地要求文章要短小精悍。

★ 文中的"职业病"是指一种：

A 习惯　　　B 心理　　　C 疾病　　　D 爱好

★ 作者的职业是：

A 医生　　　B 作家　　　C 编辑　　　D 诗人

독해 제3부분은 짧은 글을 읽고, 주어진 4개의 보기 가운데 가장 적절한 답을 선택하는 문제다. 총 20문제로, 2~3줄의 단문을 읽고 1개의 질문에 답하는 문제와 4~7줄의 단문을 읽고 2개의 질문에 답하는 문제가 출제된다. 글이 길지 않기 때문에 집중만 한다면 정답은 비교적 쉽게 찾 아낼 수 있다. 가장 중요한 것은 낯선 단어를 보고 두려워하거나 당황하지 않을 만큼의 어휘력 이 겸비되어야 한다는 점이다. 막막하다고 생각된다면, 4급 필수단어를 매일 30개씩 암기해보 자. 40일이면 4급 1200단어를 전부 암기할 수 있다. 어휘력에 자신감이 생기면, 힘을 내어 독해 제3부분에 도전해보자!

유형 분석

1. 짧은 지문 읽고 답하기는 총 20문제로, 독해 영역의 50%를 차지한다.

   ① 유형1: 2~3줄의 단문을 읽고 1개의 질문에 답하기 (총 14문제)

   ② 유형2: 4~7줄의 단문을 읽고 2개의 질문에 답하기 (총 3지문, 6문제)

2. 질문부터 파악하고, 지문을 읽는다.

   질문은 ★로 시작되는 부분에 있다. 질문을 정확히 파악하고 지문을 읽으면, 함정 어휘나 불필요한 내용에 현혹되지 않을 수 있다.

3. 모르는 단어 대처법

   ① '주어 + 술어 + 목적어'의 기본 성분 위주로 해석하고, 불필요한 부분은 건너 뛴다.

   ② 낯선 단어는 그림처럼 인식하여 통째로 기억한다. ('스캔 뜨기' 비법)

   ③ 부수를 이용하여 단어의 뜻을 유추한다.

4. 독해는 시간과의 싸움이다.

   독해는 제한된 40분 안에 40문제를 풀고 답안지 작성까지 해야 하므로, 1문제를 1분도 안 되는 시간 내에 풀어야 한다. 시간이 촉박하다고 불평하거나 볼멘소리 하는 것은 소용없다. 시간 조절 능력 또한 테스트 범위에 속하기 때문이다. 최대한 빠르게 문제를 풀면서 정확한 답을 찾아내야 한다는 점을 명심하자!

01 정답만 쏙~! 스캔 뜨기 

4급 독해의 기본 스킬은 '스캔 뜨기'부터 시작된다. 문제에 모르는 단어가 있어서 망설여지는가? 문제에서 핵심이 되는 단어의 생김새를 눈으로 기억했다가 지문 속에서 찾아내는 것이 급선무다. 그 단어가 있는 문장에 정답이 숨어 있을 가능성이 아주 높기 때문이다. 단어를 모른다고 위축되지 말고, 단어를 몰라도 문제를 풀 수 있는 스캔 뜨기 비법을 배워보자!

4끝 시크릿 백전백승

1 반드시 문제를 먼저 봐라!

그냥 무의미하게 보는 것이 아니라, 핵심 단어를 찾으려고 노력해야 한다. 문제를 볼 때는 다음 사항에 유의한다.

① 시제를 확인한다.
② 부정부사가 있는지 확인한다.
③ 주어 / 술어 / 목적어를 꼼꼼하게 확인한다.

2 핵심 단어를 스캔하라!

문제에서 찾아낸 핵심 단어를 2초간 뚫어지게 보면서 눈으로 익혀둔다.

3 지문을 속독하라!

지문을 빠르게 읽어내려가면서 대강의 의미를 파악한다.

4 핵심 단어를 찾아라!

문제에서 스캔한 핵심 단어를 지문에서 찾아 동그라미 친다.

5 핵심 문장을 정독하라!

스캔한 단어가 들어 있는 핵심 문장에서는 속독이 아닌, 정독을 통해 정답을 찾아낸다.

> 문제
>
> 老年人总是喜欢回顾过去，想着过去发生的一些事情。而年轻人喜欢向前看，喜欢接受新鲜事物，不断追求变化。
>
> ★ 相对于年轻人，老年人：
> A 喜欢变化　B 想着将来　C 回忆过去　D 喜欢新鲜事物

| 문제 분석 | **스캔 뜨기!**　S1, S2, S5 적용

노인들은 항상 지난날을 돌이켜보며, 과거에 일어났던 일들을 회상하기 좋아한다. 반면 젊은이들은 미래를 내다보며, 새로운 것을 받아들이고 끊임없이 변화를 추구한다.

★ 젊은이들에 비해 노인들은 상대적으로:
A 변화를 좋아한다　B 장래를 생각한다　C 과거를 회상한다　D 새로운 것을 좋아한다

단어　老年人 lǎoniánrén 명 노인 | ★ 总是 zǒngshì 부 늘, 언제나 | ★ 喜欢 xǐhuan 동 좋아하다 | 回顾 huígù 동 회고하다, 회상하다 | 过去 guòqù 명 과거 | 想 xiǎng 동 생각하다 | ★ 发生 fāshēng 동 생기다, 일어나다 | 事情 shìqing 명 일, 사건 | ★ 年轻人 niánqīngrén 명 젊은이 | ★ 向 xiàng 전 ~을 향하여 | 前 qián 앞날, 미래 | ★ 接受 jiēshòu 동 받아들이다 | 新鲜 xīnxiān 형 새롭다, 참신하다 | 不断 búduàn 부 계속해서, 끊임없이 | 追求 zhuīqiú 동 추구하다 | ★ 变化 biànhuà 명 변화 | 相对 xiāngduì 동 상대하다 | 于 yú 전 ~에 | 将来 jiānglái 명 장래, 미래 | ★ 回忆 huíyì 동 회상하다 | 事物 shìwù 명 사물

| 해설 |　1단계　핵심어(老年人) 스캔 뜨기

문제에서 老年人(노인)에 대해 물었으므로, 핵심어라 할 수 있다.

2단계　스캔 뜨기

핵심어 老年人(노인)이 들어 있는 문장을 찾아보자. 지문에서 핵심어 老年人(노인)이 속한 문장은 맨 첫 문장이다.

3단계　핵심 문장 정독하기

찾아낸 핵심 문장(老年人总是喜欢回顾过去，想着过去发生的一些事情)을 정독하면 노인들이 지난날을 돌이켜보며, 과거에 일어났던 일들을 회상하기 좋아한다는 것을 알 수 있다. 따라서 답은 C가 된다.

Tip⁺　스캔 뜨기 비법을 사용하면 지문 전체의 내용을 읽으면서 시간을 낭비하지 않아도 되고, 머릿속에서 갖가지 내용이 섞여 실수하는 것을 방지할 수도 있다. 하지만 복습할 때는 지문 전체를 독해해보는 것이 실력을 높이는 데 도움이 되므로, 문제를 푼 후에는 전체 지문을 꼼꼼히 해석하고 분석하는 연습을 하자.

1. 成功是不受年龄限制的，只要你心中有希望，不怕辛苦，能够坚持不懈，不断学习，就一定能实现梦想，获得成功。

    ★ 什么样的人能获得成功？

    A 年轻的　　　　B 爱劳动的　　　　C 有梦想的　　　　D 不断努力的

2. 一个人想得到别人的尊重，首先应该尊重别人。只有尊重对方，重视对方，交流起来才能更轻松，愉悦。

    ★ 一个人想要得到尊重，应该：

    A 尊重自己　　　B 善于交流　　　C 心情愉快　　　D 尊重别人

3-4.

    说话看起来是很普通的一件事，但其实并不简单。急事，慢慢地说；大事，清楚地说；做不到的事，别乱说；伤害人的事，不能说；讨厌的事，对事不对人地说；开心的事，看场合说；伤心的事，不要见人就说；别人的事，小心地说；自己的事，听听自己的心怎么说；现在的事，做了再说；将来的事，以后再说。

    ★ 遇到伤心的事应该：

    A 和同事说　　　B 不要到处说　　　C 要告诉别人　　　D 自己一个人哭

    ★ 这段话主要说了说话的：

    A 技巧　　　　B 时间　　　　C 简单　　　　D 环境

1. "熟悉的地方没有风景"，因为越是熟悉的地方，越是没有新鲜感，你也不会发现它美的地方。因此，生活中不缺少美，缺少一双发现美的眼睛。

   ★ 为什么熟悉的地方没有风景？

   A 缺少美
   C 没有新鲜感

   B 只适合居住
   D 不喜欢这个地方

2. 老李这几年做生意赚了不少钱，但是他拿出很大一部分用于帮助那些经济困难的人，大家都很尊敬他。

   ★ 大家为什么尊敬老李？

   A 很诚实　　　　B 帮助穷人　　　　C 他是富人　　　　D 会做生意

3. 谁的童年都有很美丽的梦想，但是随着我们长大了，那些美丽的梦想也悄悄地离我们远去了。

   ★ 当我们长大后：

   A 不喜欢做梦了
   C 梦想就不美丽了

   B 梦想也长大了
   D 忘记了过去的梦想

4. 社会的发展离不开经济的发展，但是经济发展的同时不能忘了环境保护。如果环境被污染了，经济再发展，也得不到一个美好的环境。

   ★ 这段话主要说的是经济发展和什么的关系？

   A 环境保护　　　　B 社会发展　　　　C 交通条件　　　　D 生活水平

02 병렬 문제 '대조 작업'하기 

병렬 문제는 보기에 나온 두 가지 이상의 내용이 지문에 언급된 문제를 말한다. 이런 유형의 문제는 지문을 읽고 나서 바로 답을 고르려고 하면, 머릿속은 온갖 뒤죽박죽된 정보들로 혼란스럽고, 또 시간에 쫓겨 내용이 잘 정리되지 않을 수도 있다. 따라서 지문을 읽고 자신의 기억에만 의존하여 답을 고르는 것은 조금 위험한 행동이다. 반드시 보기와 지문의 내용이 일치하는지 확인하는 '대조 작업'이 필요하다. 이번 장에서는 지문 내용을 대조하는 스킬을 배워보자!

1 문제에 什么, 怎么(样) 등의 의문대사가 자주 사용된다!

예 我们可以知道什么? 우리는 무엇을 알 수 있는가?

作者是怎么想的? 작가는 어떻게 생각하는가?

条件怎么样? 조건이 어떠한가?

2 낯익은 단어가 등장한다!

보기에서 보았던 단어가 지문에 대부분 등장한다. 지문에서 이런 부분들을 보기 내용과 대조해봐야 한다.

3 '대조 작업'은 꼼꼼하게 하라!

아무리 지문 내용과 일치하는 것처럼 보여도, 1음절의 부사 하나만 빼거나 더하면 정답이 되지 않을 수 있으니, 항상 조심해야 한다.

4 오답은 즉시 색출하라!

정답이 아니라고 판단되는 보기는 사선(/)을 그어 헷갈리지 않도록 표시해둔다.

5 정확한 답을 찾아내라!

| 문제 |

黄河是中国第二长河，是中国的母亲河，长度有5464千米，从中国西部流向东部，流经9个省区，从高空往下看，好像一个巨大的"几"字。

★ 关于黄河，我们可以知道什么?

A 亚洲最长　　　　　　B 从西流向东
C 中国最长的河　　　　D 长大约1万千米

| 문제 분석 | **2가지 상황 / 대조하기** ◀ S1, S3 적용

황허 강(黄河)은 중국에서 두 번째로 긴 강으로 중국의 젖줄이다. 총 길이가 5464km에 달하고, 중국 서부에서 동부로 흐르며, 9개 성(省)을 지난다. 하늘에서 내려다보면 마치 거대한 '几'자 같다.

★ 황허 강에 관해 알 수 있는 것은 무엇인가?

A 아시아에서 가장 길다　　　　　　B 서에서 동으로 흐른다
C 중국에서 가장 긴 강이다　　　　　D 약 1만 km이다

| 단어 | 黄河 Huánghé 몡 황허 강 | 中国 Zhōngguó 몡 중국 | 第二 dì èr 쥐 제2, 다음 | 长河 chánghé 몡 긴 강 | 母亲河 mǔqīnhé 몡 젖줄, 어머니와 같은 강(하천 유역에 사는 사람들의 인근 하천에 대한 친근한 호칭) | 长度 chángdù 몡 길이 | 千米 qiānmǐ 얭 킬로미터(km) | 从 cóng 젠 ~부터 | 西部 xībù 몡 서부 | 流 liú 통 흐르다 | 向 xiàng 젠 ~을 향하여 | 东部 dōngbù 몡 동부 | 流经 liújīng 통 지나다 | 省区 shěngqū 몡 성과 자치구 | 高空 gāokōng 몡 고공, 높은 공중 | ★ 往 wǎng 젠 ~쪽으로 | ★ 好像 hǎoxiàng 멤 마치 ~과 같다 | 巨大 jùdà 혱 아주 크다 | ★ 字 zì 몡 글자, 문자 | 关于 guānyú 젠 ~에 관하여 | ★ 可以 kěyǐ 조통 ~할 수 있다 | ★ 知道 zhīdào 통 알다 | 什么 shénme 데 무슨, 어떤 | 亚洲 Yàzhōu 몡 아시아 | ★ 最 zuì 멤 가장, 제일 | 长 cháng 혱 길다 | 西 xī 몡 서쪽 | 东 dōng 몡 동쪽 | 河 hé 몡 강 | ★ 长大 zhǎngdà 통 자라다, 성장하다 | ★ 约 yuē 멤 대개, 대략 | 万 wàn 쥐 만(10000)

| 해설 | 1단계 핵심 단어 스캔 뜨기

지문의 내용 전체가 황허 강의 특징을 설명하고 있으므로, 핵심 단어는 黄河(황허 강)이다.

2단계 문제 파악하기

'我们可以知道什么?'(우리는 무엇을 알 수 있는가?)라는 광범위한 질문을 던지고 있다. 이럴 경우 앞 장에서 배운 '스캔 뜨기' 비법보다는 '대조 작업'으로 문제를 푸는 것이 적합하다.

	보기	지문	해설
A	亚洲最长 아시아에서 가장 길다	×	亚洲(아시아)는 언급된 적이 없다.
B	从西流向东 서에서 동으로 흐른다	中国从西部流向东部 중국 서부에서 동부로 흐른다	서쪽에서 동쪽으로 흘러간다고 말했으므로 지문 내용과 일치한다.
C	中国最长的河 중국에서 가장 긴 강이다	中国第二长河 중국에서 두 번째로 긴 강	중국에서 가장 길다면(最长) 第一长河(첫 번째로 긴 강)라고 해야 하는데, 지문에는 두 번째(第二)라고 나와 있다.
D	长大约1万千米 약 1만 km이다	长度有5464千米 총 길이가 5464km에 달한다	5464km를 1만 km라고 했으므로 지문과 일치하지 않는다.

따라서 답은 B가 된다.

내가 생각하는 HSK란? – HSK는 [　　　]다.

- HSK는 연탄이다. 기초부터 탄탄히 쌓아야 무너지지 않고 끝까지 잘해낼 수 있다. – 김혜선
- HSK는 오징어다. 오래 씹어야 삼킬 수 있으니까. – 최현민
- HSK는 군대다. 안 딸래야 안 딸 수가 없다. – 전황표
- HSK는 술이다. 다음 날이면 기억이 가물가물~ ㅋㅋ – 이승재
- HSK는 "밥줄"이다. 급수가 없으면 취직도 못하니까. – 오수영

(상하이 특강 中)

1. 大熊猫是一种有着独特黑白相间毛色的活泼动物，它是熊科的一个分支。成年熊猫长约120到190厘米，体重85到125公斤，主要以竹子为食。

   ★ 关于熊猫，我们可以知道什么？

   A 主要吃草　　　　　　　　　　B 皮毛是黑色的
   C 身高不到120厘米　　　　　　D 成年后85公斤以上

2. 为了省钱交学费，他每天只吃米饭，也根本不敢谈恋爱。他想，上大学可真费钱啊，但无论怎样，打工也好，不谈恋爱也好，只要有钱读完大学，自己就已经算是很幸福很幸福的人了。

   ★ 对他来说，什么是最大的幸福？

   A 成绩好　　　　B 能吃到菜　　　C 有钱交学费　　　D 可以谈恋爱

3-4.
　　心理学家对颜色与人的心理健康进行了研究。研究表明在一般情况下，红色表示快乐、热情，它使人情绪热烈、饱满，激发爱的情感。黄色表示快乐、明亮，使人兴高采烈，充满喜悦之情。绿色表示和平，使人的心里有安定、恬静、温和之感。蓝色给人以安静、凉爽、舒适之感，使人心胸开朗。灰色使人感到郁闷、空虚。黑色使人感到庄严、沮丧和悲哀。白色使人有素雅、纯洁、轻快之感。总之各种颜色都会给人的情绪带来一定的影响，使人的心理活动发生变化。

   ★ 黑色会让人心情怎样？

   A 伤心　　　　　B 幸福　　　　　C 激动　　　　　D 快乐

   ★ 这段话的主要内容是什么？

   A 身体健康　　　B 颜色的不同　　　C 人的想象力　　D 颜色影响心情

1. 当地有很多少数民族，他们都很热情地接待我们，带我们去学骑马，喝羊奶，跳当地舞蹈，我们过得非常开心。

   ★ 他们在当地干什么了？

   A 唱歌　　　　　B 去骑马　　　　　C 喝咖啡　　　　　D 学少数民族语言

2. 中国有56个民族，与汉族相比，其他民族的人数非常少，习惯上被叫做"少数民族"，这些少数民族都有着自己的习惯和文化，其中许多民族还有自己的语言和文字。

   ★ 根据这段话，中国少数民族：

   A 习惯差不多　　　　　　　　B 比汉族人数多
   C 有不同的文化　　　　　　　D 都没有文字和语言

3. 森林对于环境的作用非常大，它可以提供给空气水分，保持空气湿润。森林还可以固定土壤，防止水土流失，因此我们要保护森林，爱护环境。

   ★ 森林对环境的作用是什么？

   A 保持绿色　　　　B 防止火灾　　　　C 形成河流　　　　D 使空气湿润

4. 这家商店专门销售各式筷子，用各种材料和多种颜色制成的筷子，品种多样，质量也不错。既可以放在家里用，也可以买来送给亲朋好友，因此受到了顾客们的欢迎。

   ★ 这家店的筷子怎么样？

   A 非常贵　　　　B 质量很好　　　　C 品种单一　　　　D 不能用做礼物

03 접속사 분석하기

독해 제3부분

독해 제2부분에서 중요하게 다루었던 접속사를 외워두면, 독해 제3부분을 풀 때도 아주 유용하게 쓰인다. 접속사의 의미를 정확히 이해하고 있으면 중요 내용이 앞 절인지 뒤 절인지 빠르게 판단할 수 있기 때문이다. 그중에서도 중요도 0순위로 꼽히는 접속사는 '역접' 접속사고, 1순위는 '선택'과 '인과', 2순위는 '점층'과 '조건' 접속사다. 이번 장에서 정리하는 핵심 접속사를 반드시 숙지하자!

1 접속사에 주목하라!

지문 속에서 접속사를 찾아내는 습관을 들이자.

2 모르는 명사는 동그라미로 표시하면서, 포기하지 말고 끝까지 읽어라!

이때 불필요한 부분은 넘어가고, 필요한 부분만 신속하고 효과적으로 파악한다.

3 접속사가 핵심인 문제는 다음 사항을 따져본다!

① 역접인지 순접인지
② 사실인지 가설인지
③ 인과 · 조건 · 선택 · 긴축 등 관계가 어떠한지

4 주제를 파악하라!

작가가 하고자 하는 말, 즉 글의 주제를 생각해본다.

5 함정에 빠지지 말고, 정확하고 확실한 답을 찾아내라!

| 문제 |

减肥不只是为了瘦，更是为了健康。因此正确的减肥方法应该是按时吃饭，多吃水果，加大运动量，而不是饿肚子。

★ 减肥主要目的是：
A 好身材　　B 更健康　　C 增加运动量　　D 只为了身体更瘦

| 문제 분석 | 핵심어 스캔 뜨기 / 부정부사와 접속사에 주목!　S2, S3 적용

다이어트는 날씬해지기 위해서일 뿐만 아니라 건강하기 위한 것이다. 그러므로 올바른 다이어트 방법은 규칙적으로 식사하고, 과일을 많이 먹으며 운동량을 늘리는 것이지, 굶는 것이 아니다.

★ 다이어트의 주된 목표는:
A 아름다운 몸매　　B 더 건강하려고　　C 운동량 증가　　D 단지 날씬해지기 위해

| 단어 | 减肥 jiǎnféi 图 살을 빼다 | ★ 只是 zhǐshì 图 단지, 오로지 | ★ 为了 wèile 图 ~을 위하여 | 瘦 shòu 图 마르다 | 更是 gèngshì 图 더욱, 훨씬 | ★ 健康 jiànkāng 图 건강하다 | ★ 因此 yīncǐ 图 그래서, 이 때문에 | 正确 zhèngquè 图 올바르다, 정확하다 | ★ 方法 fāngfǎ 图 방법 | ★ 应该 yīnggāi 图 ~해야 한다 | 按时 ànshí 图 제때에 | ★ 吃饭 chīfàn 图 밥을 먹다 | 吃 chī 图 먹다 | 水果 shuǐguǒ 图 과일 | 加大 jiādà 图 늘리다, 증가하다 | 运动量 yùndòngliàng 图 운동량 | 而 ér 图 그리고 | 饿 è 图 굶주리다 | 肚子 dùzi 图 배 | ★ 主要 zhǔyào 图 주요한, 주된 | ★ 目的 mùdì 图 목적 | ★ 好 hǎo 图 좋다, 아름답다 | 身材 shēncái 图 몸매 | 更 gèng 图 더욱, 훨씬 | 增加 zēngjiā 图 증가하다 | 只 zhǐ 단지, 오직 | ★ 身体 shēntǐ 图 몸, 신체

| 해설 |　1단계　핵심어 찾기

문장 전체가 减肥(다이어트)에 관한 내용을 서술하고 있으므로, 핵심어는 减肥(다이어트)가 된다.

2단계　접속사 분석하기

'不只是为了A, 更是为了B'는 '단지 A만을 위한 것이 아니고, 더욱이 B를 위한 것이다'라는 뜻이다. 이 접속사는 목적한 바가 B에 더 있음을 말해준다.

3단계　정답 찾기

단순히 '살을 빼기 위한 것'이 아니라, '더 건강하기 위해서' 다이어트를 한다고 했으므로, 답은 B가 된다.

4급 접속사 총정리

1 점층 관계

1 不但(不仅 / 不只 / 不光)…而且(并且 / 甚至) + (还 / 也 / 又 / 更)　　~뿐 아니라, 게다가 ~하다

她不但会说英语，而且还会说汉语。　그녀는 영어뿐만 아니라, 중국어도 할 줄 안다.

2 不但(不仅 / 不只 / 不光)…反而…　　~뿐 아니라, 오히려 ~하다

问题不但没解决，反而更严重。　문제는 해결되지 않았을 뿐 아니라, 오히려 더 심각해졌다.

3 连…都(也)…　　~조차도 ~하다

他连饭也不吃了。　그는 밥도 안 먹었다.

2 조건 관계

▶ 조건이 어떤 것이든 막론하고 결과는 바뀌지 않음

1 无论…都…　　~를 막론하고, 모두 ~하다

无论我怎样问她，她都不说实话。
내가 아무리 그녀에게 물어봐도, 그녀는 사실을 말하지 않는다.

2 不管…也(都)…　　~에 관계없이, 역시(모두) ~하다

不管贵不贵，我也要买。　비싸든 말든, 나는 사겠다.

3 任(任凭)…都…　　~에 관계없이, 모두 ~하다

任凭你是谁，都不能违反规定。　네가 누구건 간에, 규정을 어길 수는 없다.

▶ 특정 조건에 따라 결과가 바뀜

| 只要 + 여러 가지 조건 중 하나의 조건, 就 + 도달할 수 있는 결과 | 단지 ~하기만 하면, ~하다
[결과 강조] |

只要努力，就能得到6级。 노력하기만 하면, 6급을 딸 수 있다.

| 只有 + 유일한 조건, 才 + 어렵사리 도달할 수 있는 결과 | 반드시 ~해야만, ~하다
[조건 강조] |

只有专心学习，才能得到6级。 열중해서 공부해야만, 6급을 딸 수 있다.

3 전환 관계

| 虽然(尽管) + 인정할 수 있는 사실, 但是(可是 / 然而) + 사실과 상반되는 또 다른 사실 | 비록 ~일지라도 (그러나) ~하다 |

虽然没去过中国，但是了解得很多。 비록 중국에 가보지 않았지만, 아주 잘 알고 있다.

4 가정 · 가설 관계

| 如果(要是) + 가정, 那么(就) + 가정에 따른 결과 | 만약 ~라면 ~하다 |

如果你参加，那么我也参加。 만약 네가 참석한다면, 나도 참석한다.

| 哪怕(即使) + 가설, 也(都) + 변하지 않는 결과 | 설령 ~일지라도, ~하다 |

哪怕你不去，我也要去。 설령 네가 안 갈지라도, 나는 갈 것이다.

Tip 如果는 가정에 따라 결과가 바뀌지만, 哪怕는 가정이 결과에 영향을 주지 못하므로 결론이 바뀌지 않는다.

1 因为(由于) + 원인, 所以(因此) + 결과 /
之所以 + 결과, 是因为 + 원인
~이기 때문에, (그래서) ~하다

因为去医院看病，所以没能上课。 병원에 가느라고, 수업에 가지 못했다.

这种问题之所以发生，是因为他没有采取适当的措施。
이러한 문제가 발생한 이유는, 그가 적절한 조치를 취하지 않았기 때문이다.

2 既然 + 전제 사항, 那么(就) + 전제 사항을 근거로 얻어낸
결론 · 견해
기왕 ~한 이상, (그러면) ~하다

既然来了，那么就坐一会儿吧。 기왕 왔으니, 좀 앉았다 가라.

1 或者…或者…
~든지, (혹은) ~든지 [평서문]

或者你来或者我去。 네가 오든지, 아니면 내가 가든지.

2 是…还是…
~인가 아니면 ~인가 [의문문]

是老师还是学生？ 선생님인가 아니면 학생인가?

3 不是…就是…
~가 아니면, ~이다 [둘 중 반드시 하나를 선택함]

不是小李的，就是小张的。 샤오리의 것이거나, 샤오장의 것이다.

4 不是…而是…
~가 아니라, ~이다 [앞의 것을 부정하고, 뒤의 것을 선택함]

不是我说错，而是你听错了。 내가 말을 잘못한 게 아니라, 네가 잘못 들은 것이다.

5 与其…不如…
~하느니, 차라리 ~하겠다 [둘 중에 뒤의 것을 선택함]

与其在家里一个人吃饭，不如出去散散心。
집에서 혼자 밥 먹느니, 차라리 나가서 기분 전환을 하는 게 낫겠다.

I	为了 + 목적, 목적에 다다르기 위한 행위	~를 위해서 ~하다

为了陪孩子学习，她也来到美国。 아이의 공부를 함께 하기 위해서, 그녀도 미국에 왔다.

2	목적에 다다르기 위한 행위, 以便 + 목적	~하기 편하도록 ~하다

准备些零钱，以便买地铁票。 잔돈 좀 준비해, 지하철 표를 살 수 있도록.

8 긴축 관계

I	越(愈)…越(愈)…	~할수록 점점 더 ~해지다

雨越下越大。 비가 내릴수록 점점 더 거세진다.

2	越来越(愈来愈) + 시간에 따른 상황의 변화, 발전	(시간이 흐를수록) 점점 더 ~해지다

她越来越胖。 그녀는 점점 더 뚱뚱해진다.

3	一 + 동작 + 就 + 앞 동작에 긴밀하게 이어 나오는 동작	~하자마자, 곧 ~하다

她一到周末就见男朋友。 그녀는 주말만 되면 남자친구를 만난다.

25 day

1. 道歉并不仅是一句简单的"对不起"，而需要让对方看见你是在真心地道歉，这样才能得到他人的谅解。

★ 怎样才能得到人们的原谅？

A 不用道歉 　　　　　　　　B 只说对不起
C 最好简单地说 　　　　　　D 要真心地道歉

2. 飞机比火车快，那是理所当然的，但是有时坐火车会比坐飞机更快，因为一般城市的飞机场都要比火车站远很多，加上去的时间，坐火车有时会更快。

★ 坐火车为什么更快？

A 飞机太慢 　　　　　　　　B 火车站更近
C 机场正在施工 　　　　　　D 火车速度更快

3-4.

丽江受到很多人的欢迎。什么时候去丽江旅游最好呢？我觉得每年的12月到第二年的3月是最好的时间。因为那时交通、饮食和住宿等都是比较便宜的。温度大概在-5℃到18℃之间，早晚温差比较大。主要是看雪景，白天都是蓝天白云的，照相照出来的效果特别好。

★ 什么时候去丽江比较好？

A 2月 　　　　　B 5月 　　　　　C 9月 　　　　　D 11月

★ 通过这段话我们可以知道丽江：

A 游客多 　　　　B 交通不方便 　　　C 少数民族多 　　　D 照片不好看

1. 不管是经济、政治还是社会，对一个国家的发展都会起到非常重要的作用。但是最关键的还是教育。

   ★ 这段话在讨论什么？

   A 经济不重要 B 教育最重要
   C 政治才是关键 D 除了教育，没有重要的

2. 一个人是否成熟，不是看他的年龄，而是看他是否能很好地解决问题。不管遇到什么事情，都能沉着稳重，不慌张，冷静地处理好事情，解决问题，这才是最关键的。

   ★ 一个人成熟是看：

   A 职业 B 外貌 C 年龄大小 D 能不能解决问题

3. 现在社会上很多人根据流行时尚搭配自己的服装，打扮自己。其实，流行的衣服不一定就是漂亮的，只有适合自己的衣服才是最漂亮的。

   ★ 什么样的衣服最漂亮？

   A 舒适的 B 颜色漂亮的 C 时尚流行的 D 适合自己的

4. 阅读能力好的人不但容易找到工作，而且工资也比较高。另外，阅读考试的分数往往还能反映一个国家的教育水平。

   ★ 阅读能力高的人一般：

   A 收入高 B 烦恼少 C 经验丰富 D 年龄比较大

04 중요 단어 뽑아내기

중요 단어란 지문에서 가장 중요한 내용이 무엇인지 알려주는 어휘를 말한다. 예를 들어 关键, 重要, 应该, 要注意 등의 중요 단어와 이야기 흐름이 바뀜을 알려주는 역접의 접속사 其实, 但是, 可是 등은 신경 써서 봐야 한다. 부정부사 不, 没(有)는 음절 수가 1음절이어서 속독하면서 빠트리고 해석하기 쉬운데, 想(~하고 싶다)과 不想(~하고 싶지 않다)의 의미는 천지 차이다. 따라서 완전히 상반된 내용을 정답이라고 선택하는 실수를 범하지 않도록 주의해야 한다. 이번 장에서는 중요 단어와 부정부사를 실수 없이 찾아내 정확하게 답을 고르는 연습을 해보자!

 지문을 빠르게 속독하면서 '중요 단어'를 찾아내라!

2 정답의 위치를 알려주는 중요 단어를 암기하라!

① 가장 중요함을 알리는 어휘

예 关键 guānjiàn 관건 / 重要 zhòngyào 중요하다

② 마땅히 해야 한다는 당위성을 알리는 어휘

예 应该 yīnggāi 마땅히 ~해야 한다 / 要注意 yào zhùyì 주의해야 한다

③ 역접을 알리는 어휘

예 其实 qíshí 사실은 / 但是 dànshì 그러나

④ 원인을 알리는 어휘

예 因为 yīnwèi (＝由于 yóuyú) 왜냐하면 / 原因 yuányīn 원인

3 지문의 내용과 보기를 꼼꼼히 대조하라!

특히 다음 사항에 유의하여 함정에 빠지지 않도록 한다.
① 부정부사(不 / 没)의 삽입 여부
② 시제의 일치 여부

> 문제
>
> 教育孩子的时候应该少批评，多鼓励。因为孩子受到表扬后，会对自己产生信心，也会对学习产生更大的兴趣，那才能取得更好的成绩。
>
> ★ 应该怎么教育孩子?
> A 不要批评　　B 鼓励孩子　　C 不管孩子　　D 相信孩子

| 문제 분석 | 핵심어 스캔 뜨기 / 대조 작업하기 / 부정부사, 중요 단어에 주목! S1, S2, S3 적용

> 아이를 가르칠 때는 야단은 적게, 격려는 많이 해야 한다. 아이들은 칭찬을 받으면 자신에 대한 자신감이 생길 수 있고, 학습에도 더 큰 흥미를 느껴, 비로소 더욱 좋은 성적을 거둘 수 있기 때문이다.
>
> ★ 아이를 어떻게 가르쳐야 하는가?
> A 야단치지 말아야 한다　　　B 격려해준다　　　C 방치한다　　　D 아이를 믿는다

단어　教育 jiàoyù 통 교육하다 | 孩子 háizi 명 자녀 | 时候 shíhou 명 때 | ★ 应该 yīnggāi 조통 ~해야 한다 | 少 shǎo 형 적다 | 批评 pīpíng 통 꾸짖다 | 多 duō 형 많다 | 鼓励 gǔlì 통 격려하다 | ★ 因为 yīnwèi 접 왜냐하면 | 受到 shòudào 통 받다 | 表扬 biǎoyáng 통 칭찬하다 | 后 hòu 명 후의, 다음의 | ★ 对 duì 전 ~에 대해 | 自己 zìjǐ 대 자신 | 产生 chǎnshēng 통 생기다 | 信心 xìnxīn 명 자신감, 믿음 | 会 huì 조통 ~할 것이다 | 学习 xuéxí 통 공부하다 | 更 gèng 부 더욱, 훨씬 | 大 dà 형 크다 | ★ 兴趣 xìngqù 명 흥미 | ★ 才 cái 부 비로소 | 取得 qǔdé 통 취득하다, 얻다 | 好 hǎo 형 좋다 | ★ 成绩 chéngjì 명 성적 | ★ 怎么 zěnme 대 어떻게 | ★ 要 yào 조통 ~해야 한다 | ★ 不管 bùguǎn 통 상관하지 않다 | 相信 xiāngxìn 통 믿다

| 해설 | 1단계 　중요 단어 파악하기

문제에서 핵심어는 教育孩子(아이 교육)이고, 아이 교육은 마땅히 어떻게 해야 한다는 내용이므로, 중요 단어는 应该(마땅히 ~해야 한다)가 된다.

2단계 　대조 작업하기

	보기	지문	해설
A	不要批评	少批评	少批评은 자주 꾸짖지 말라는 뜻이지, 不要批评처럼 아예 꾸짖지 말라는 뜻은 아니다.
B	鼓励孩子	多鼓励 / 受到表扬	많이 격려해주고(鼓励), 칭찬해주어야(表扬) 한다고 말했으므로 지문 내용과 일치한다.
C	不管孩子	×	지문에 언급되지 않았다.
D	相信孩子	×	지문에 언급되지 않았다.

따라서 답은 B가 된다.

자주 쓰이는 중요 단어

어휘	뜻	문장 속에 숨어 있는 힌트
1 关键 guānjiàn	관건	学好外语的关键是多读、多听、多写。 외국어를 잘 배우는 것의 관건은 많이 읽고, 많이 듣고, 많이 쓰는 것이다.
2 重要 zhòngyào	중요하다	这个事件将对他的人生产生重要的影响。 이 사건은 앞으로 그의 인생에 중요한 영향을 끼칠 것이다.
3 应该 yīnggāi	(마땅히) ~해야 한다	儿童应该多吃蔬菜。 어린이는 야채를 많이 먹어야 한다.
4 注意 zhùyì	주의하다	当时我应该注意到这一点。 그 당시에 나는 이 점에 주의해야 했다.
5 其实 qíshí	사실은	看起来是好事，其实是坏事。 보기에는 좋은 일이지만, 사실은 나쁜 일이다.
6 但是 dànshì	그러나	我们每天吃三顿饭，但是这种生活方式是不科学的。 우리는 매일 세 끼의 밥을 먹지만, 이런 생활 방식은 비과학적이다.
7 因为 yīnwèi	왜냐하면, ~ 때문에	他之所以迟到了，是因为家里出了事。 그가 지각한 까닭은, 집에 일이 생겼기 때문이다.
8 由于 yóuyú	왜냐하면, ~ 때문에	由于身体不舒服，他提前下班了。 몸이 좋지 않아서, 그는 일찍 퇴근했다.
9 原因 yuányīn	원인	他辞职的原因是工资太少。 그가 사직한 원인은 임금이 매우 적어서다.

1. 与别人握手的时候，要注意按顺序一个一个来。如果你与一个人握手的同时，又拿另一只手去握别人，是极其不礼貌的。

　★ 握手时应注意：

A 要站着　　　　B 不戴帽子　　　C 按照顺序　　　D 同时用两只手

2. 有一个人去应聘的时候，经过走廊时看见有一个杯子掉在地上，就捡起来扔进了垃圾桶里。那家公司的经理看到了这一切，就录用了这个人。经理对他说："有一个好习惯是非常重要的。"

　★ 他为什么被录用了？

A 外貌好　　　　B 很会打扫　　　C 成绩优秀　　　D 有好的习惯

3-4.

　　要想减肥，一定要少吃，多运动。少吃不代表不吃，要吃东西，而且要科学地吃。关键是多运动，并不是每天都要运动，每个星期有两三次就可以。减肥一定要坚持，如果运动几天就算了，那是没有效果的。

　★ 减肥要怎么样？

A 不吃　　　　B 呆在家里　　　C 一周运动几次　D 每天都要运动

　★ 减肥想要有效果，要怎么样？

A 每天跑步　　　B 坚持下去　　　C 少吃不运动　　　D 多吃有营养的

1. 新闻报道中的数字是用来说明的，因此必须十分准确，不能有错误。数字准确，才能表现出新闻报道的"真"，因此数字对新闻来说非常重要。

   ★ 新闻报道中的数字应该怎样？

   A 多一点　　　B 随便使用　　　C 不能出错　　　D 尽量不要出现

2. 有些人总是对自己的性格不满意，总想改变它，其实性格没有什么真正的好与坏，关键是找到适合自己性格的事情。

   ★ 关于性格：

   A 各有特点　　　　　　　　B 没有人感到满意
   C 有好的也有坏的　　　　　D 根本不可能改变

3. 一个脾气不好的人不一定让人厌烦，不过却不容易跟人做朋友。因为谁也不喜欢和动不动就生气的人在一起。

   ★ 脾气不好的人：

   A 让人讨厌　　　B 很难交朋友　　　C 不喜欢别人　　　D 喜欢交朋友

4. 压力是个很有意思的东西，当你感到压力的时候，你会不想做任何事，压力很大的时候，工作效率就会变得很低。

   ★ 压力大时，我们：

   A 情绪低落　　　B 想做任何事　　　C 工作效果差　　　D 觉得很有趣

독해 제3부분

독해 제3부분 문제를 푸는 가장 기본적인 테크닉이 '스캔 뜨기'였다면, 독해 실력을 높이는 핵심은 지문을 읽고 무슨 내용이었는지, 작가의 중심 생각이 무엇인지를 꼼꼼하게 파악하고 기억하는 것이다. 이 부분이 취약하다고 생각된다면, 앞 장들의 '시크릿 보물상자'에 정리된 어휘들을 다시 한 번 복습한 후, 이 장의 '시크릿 기출 테스트' 7개 지문을 2~3번 반복해서 해석해본다. 이 지문들에서 완벽하게 '주어 + 술어 + 목적어'를 찾고, 수식어와 피수식어의 관계를 이해하면서 독해할 수 있다면, 이미 반 이상은 성공한 것이라 말할 수 있다. '好的开始是成功的一半(좋은 시작이 성공의 반이다)'이라는 말처럼, 겁내지 말고 시작해보자!

1 먼저 문제를 잘 파악한 후 지문을 읽어라!

2 모르는 단어는 집착하지 말고 건너뛰는 '널뛰기 정신'을 가져라!

한 개의 단어에 집착하며 시간을 허비하는 것은 '시간이 생명'인 독해에 아주 치명적이다. 가장 중요한 것은 글 전체의 흐름을 놓치지 않아야 한다는 점을 명심하라!

3 생소한 단어는 유추하라!

① 한자음으로 읽어본다.
② 부수로 유추해본다.
③ 문장 속에서 앞뒤 내용에 근거하여 의미를 유추해본다.
④ 위의 3가지 방법으로 불가능하면 단어를 그림처럼 '스캔 뜨기'하여 기억한다.

4 아무리 강조해도 지나치지 않다! 단어를 암기하라!

단어 암기에 공들이지 않고, 독해가 어렵다고 울상 짓는 것은 금물! 4급 필수단어 1200개를 암기할 엄두가 나지 않는다면, 최소한 그날그날 공부한 단어라도 완벽히 암기한다.

문제

很多人都不喜欢和周围的人比较，比较不但让失败的人更伤心，而且会使成功的人感到更大的压力，因为山外有山，人外有人。但从另一方面来看，通过比较，也可以发现自己的优点和缺点，以帮助自己取得更大的成绩。

★ 比较的好处：

A 感到压力　　　　　　　　　B 更了解自己
C 让人心里不舒服　　　　　　D 发现更有能力的人

| 문제 분석 | 의미 파악하기 / 변동된 어휘에 주목!　S1, S2 적용

많은 사람들이 주변 사람과 비교하는 것을 싫어한다. 비교는 실패한 사람에게 더 큰 상처를 줄 뿐 아니라, 성공한 사람에게는 더 큰 부담을 준다. 왜냐하면 '뛰는 놈' 위에는 항상 '나는 놈'이 있기 때문이다. 하지만 다른 측면에서 보면, 비교를 통해 자신의 장점과 단점을 발견할 수 있고, 이로 인해 더 좋은 성적을 거두는 데 도움이 되기도 한다.

★ 비교의 장점은:

A 부담을 느낀다　　　　　　　　　　　B 자신을 더욱 이해하게 된다
C 마음을 불편하게 한다　　　　　　　　D 더 능력 있는 사람을 발견하게 된다

단어　喜欢 xǐhuan 동 좋아하다 | 和 hé 전 ~와 | 周围 zhōuwéi 명 주변 | ★ 比较 bǐjiào 동 비교하다 | ★ 不但 búdàn 접 ~뿐만 아니라 | ★ 失败 shībài 동 실패하다 | 更 gèng 부 더욱 | 伤心 shāngxīn 동 상심하다, 슬퍼하다 | ★ 而且 érqiě 접 게다가 | ★ 会 huì 조동 ~할 수 있다 | ★ 成功 chénggōng 동 성공하다 | 感到 gǎndào 동 느끼다, 여기다 | 大 dà 형 크다 | 压力 yālì 명 부담, 스트레스 | 因为 yīnwèi 접 왜냐하면 | 有 yǒu 동 있다 | 但 dàn 접 그러나 | ★ 从 cóng 전 ~에 의거하여 | 另 lìng 대 다른, 이외의 | ★ 方面 fāngmiàn 명 방면, 부분 | 来看 láikàn ~에서 보면 | 通过 tōngguò 전 ~를 통해 | ★ 可以 kěyǐ 조동 ~할 수 있다 | ★ 发现 fāxiàn 동 발견하다 | 优点 yōudiǎn 명 장점 | 缺点 quēdiǎn 명 단점 | 以 yǐ 접 ~함으로써 | ★ 帮助 bāngzhù 동 돕다 | 自己 zìjǐ 대 자기, 자신 | 取得 qǔdé 동 취득하다, 얻다 | 成绩 chéngjì 명 성적 | 好处 hǎochu 명 장점, 좋은 점 | ★ 了解 liǎojiě 동 이해하다 | 心里 xīnli 명 마음속 | 舒服 shūfu 형 편안하다, 홀가분하다 | ★ 能力 nénglì 명 능력

| 해설 |　1단계　문제 분석하기

비교의 좋은 점(比较的好处)을 찾아야 한다.

2단계　긍정 / 부정 파악하기

문제에서 좋은 점(好处: 긍정의 의미를 지님)을 물었으므로, 부정적인 내용을 담고 있는 A와 C는 답에서 제외시킨다.

3단계　정답 찾기

지문에서 비교를 통하여 자신의 장점과 단점을 발견할 수 있다고(也可以发现自己的优点和缺点) 언급하였다. 이 말은 B의 비교를 통해서 자기 자신을 더 잘 이해하게 된다는 것과 같은 뜻이다.

문장 부호의 종류

문장 부호	설명 및 예문
句号 마침표 （。）	하나의 문장이 완결되었음을 나타낸다. 중국에서는 '。'로 표시하는데, 한글 마침표와는 다르니 주의해야 한다. 一九九二年韩中两国已经建交了。 1992년에 한중 양국은 이미 수교하였다.
逗号 쉼표 （，）	문장 중간에서의 쉼을 표시한다. (주어나 술어, 목적어, 부사어 등 문장성분이 길면 필요에 따라 넣을 수 있다.) 我们看得见的星星，绝大多数是恒星。 (주어 뒤) 우리가 육안으로 볼 수 있는 별은, 대부분 항성이다. 对于这个城市，他并不陌生。 (목적어구 뒤) 이 도시에 대해서, 그는 전혀 낯설지 않다. 据说苏州园林有一百多处，我到过的不过十多处。 (문장 중간) 쑤저우에 원림이 백여 곳 있다고 하는데, 내가 가본 곳은 십여 곳에 불과하다.
顿号 모점 （、）	문장에서 병렬 관계에 있는 낱말 또는 구를 나열할 때 쓴다. 맨 마지막 두 개의 단어 사이에는 일반적으로 和를 사용한다. 한국어에 없는 부호이므로 쉼표와 혼동하지 않도록 주의한다. A、B、C和D。 A, B, C 그리고 D. 我家有爸爸、妈妈、姐姐和我。 우리 집에는 아빠, 엄마, 언니 그리고 내가 있다.
分号 쌍반점 （；）	병렬 관계에 있는 절을 구분해준다. 肉食量高；水果、蔬菜量低；室外活动量少，是形成肥胖的一种生活模式。 고기 섭취량은 많고, 과일, 야채량은 적고, 실외 활동량까지 적다면, 비만이 되는 생활 방식이다.
冒号 쌍점 （：）	해석문이나 인용문을 제시할 때 사용한다. 马克思主义哲学告诉我们：正确的认识来源于社会实践。 마르크스주의 철학은 우리에게 말해주고 있다. '올바른 인식은 사회적 실천에서 나온다.'라고.
破折号 줄표 （——）	화제를 전환하거나 문장, 단어, 구의 내용을 보충설명하는 역할을 한다. 这种分配法可以算——在我的经验中——天下第一了。 이런 분배법은—내 경험으로는—이 세상에서 처음 보는 것이다.
叹号 느낌표 （！）	감탄문이나 명령문, 반어문 등의 끝에 쓰인다. 我多么想看看他老人家呀！ 내가 그 어르신을 얼마나 뵙고 싶어했는데! 停止射击！ 사격 중지! 我什么时候说的！ 내가 언제 그런 말을 했어!
问号 물음표 （？）	의심이나 의문을 나타내는 문장 끝에 사용한다. 主持这个节目的是你还是我？ 이 프로그램을 진행하는 사람이 너야 아니면 나야?
省略号 줄임표 （……）	문장에서 열거해야 될 것이 많을 때 다 언급하지 않고 생략함을 표시한다. 这个工厂可以生产肥皂、香水、化妆品……百种产品。 이 공장은 비누, 향수, 화장품 등 백여 종의 제품을 생산할 수 있다.

29 day

1. 森林里有这样一种植物，它开的花比普通的花要大，花很香。它利用散发的花香吸引一些小动物，然后将它们吃掉。

   ★ 关于这种植物我们可以知道：

   A 花很香　　　　B 花很漂亮　　　　C 下雨天开花　　D 动物吃这花

2. 小张到了下班时间都没走，因为他怎么也联系不上他的客户，我查了一下我的手机，原来是他把客户的手机号码少记了一个数。

   ★ 小张为什么联系不上客户？

   A 手机坏了　　　　　　　　　B 已经下班了
   C 电话号码错了　　　　　　　D 小张没有电话

3-4.

　　有一个胖人想减肥，他去找医生寻找解决办法。医生建议他每天跑8公里，跑300天就能减34公斤，300天后那个人打电话说，"医生我真的减下来了，但我离家有2400公里了，我应该怎么回家呢？"

   ★ 那个人为什么要跑步？

   A 太胖了　　　　B 去旅行　　　　C 参加比赛　　　D 锻炼身体

   ★ 他跑完之后出现了什么新问题？

   A 身体变差　　　B 离家太远　　　C 浪费了时间　　D 体重没有变化

1. 很多人都说便宜没好货，好货不便宜。其实好的东西也可以用很便宜的价钱买下来。比如，春天的时候，冬天的衣服都开始打折，那时候买到的衣服质量又好，价钱又便宜。

★ 质量好的东西怎么样？

A 太贵了　　　　B 不打折　　　　C 价格很高　　　　D 有时很便宜

2. 我有一个苹果，你有一个香蕉，把我的给你，把你的给我，我们还是仅有一个水果。我有一个想法，你有一个想法，把我的想法告诉你，把你的想法告诉我，我们就有了两个想法。

★ 这段话说了什么？

A 多吃水果　　　　　　　　B 友谊的宝贵
C 交流的重要性　　　　　　D 把秘密告诉别人

3. 任何事情只要在过程中努力了，那结果一般也都不错。不过现代人太注重结果，而常常忽视过程。

★ 关于过程，我们：

A 值得关注　　　　B 不用重视　　　　C 不用努力　　　　D 看得太重

4. 网络是一个虚拟的世界，也就是说，不是现实的世界。但是现在很多人过分地沉迷于网络，分不清虚拟和现实，耽误学习和工作，甚至长时间不吃饭，不睡觉。

★ 关于网络，我们可以知道什么？

A 对工作很有帮助　　　　　B 人们不喜欢网络
C 网络有很多坏处　　　　　D 网络是现实的世界

第 一 部 分

第1-5题：选词填空。

> A 偶尔　　B 经验　　C 印象　　D 坚持　　E 详细　　F 一共

例如：　他每天都（ D ）走路上下班，所以身体一直很不错。

1.　这篇文章，（　　）介绍了国际经济的发展方向，值得阅读。

2.　我算过了，（　　）5辆车，肯定超过100人了。

3.　她和我第一次约会的时候，就给我留下了很好的（　　　）。

4.　小黄经常打网球、羽毛球，（　　）也打打乒乓球。

5.　他各方面都不错，关键是缺少社会（　　　）。

第6-10题：选词填空。

> A 扔　　　B 份　　　C 温度　　　D 安排　　　E 恐怕　　　F 准时

例如：　A：今天真冷啊，好像白天最高（ C ）才2℃。
　　　　B：刚才电视里说，明天更冷。

6.　A：您可真够（　　）的，正好8点。
　　B：那就好，我还以为迟到了。

7.　A：把铅笔和词典都放书包里，收拾好，别到处乱（　　）。
　　B：爸爸，您说话越来越像妈妈了。

8.　A：叔叔，方向是不是反了。我们应该往东，这是往西。
　　B：（　　）是你弄错了吧，现在是往东。

9.　A：张小姐，我们上午9点半有个活动，请给我们（　　）一个会议室。
　　B：好的，您估计有多少人参加？

10.　A：你帮我把这些文章复印一下吧，要3（　　）。
　　B：办公室的打印机坏了，我去楼下复印，一会儿给您送去。

第 二 部 分

第11-20题：排列顺序。

例如： A　可是今天起晚了

B　平时我骑自行车上下班

C　所以就打车来公司了　　　　　　　B A C

11. A　结果第二天就感冒了，又是咳嗽，又是发烧

B　所以在外边儿玩了很长时间

C　她从来没见过这么大的雪，特别兴奋

12. A　是参加人数最多的一次

B　这次艺术节吸引了3000多人参加

C　亚洲艺术节于9月21日在北京举办

13. A　它通过两个年轻人的爱情故事

B　反映了当时的社会情况

C　《红楼梦》是中国著名的长篇小说

14. A　游泳和爬山都是很好的运动

B　都会收到很好的效果

C　选择其中任何一个并且坚持下去

15.　A　你现在改变主意

　　　B　她肯定会非常失望的

　　　C　上个星期六你就说女儿生日时要带她去游乐园

16.　A　秋冬季节，皮肤容易干燥

　　　B　这是很多人都烦恼的事

　　　C　为了远离这一烦恼，我们应该注意多喝水

17.　A　只有尝过了生活中的酸、甜、苦、辣之后

　　　B　最后变得成熟起来

　　　C　我们才能更清楚地认识自己

18.　A　每天都吸引了大量游客

　　　B　动物园的这几只熊猫

　　　C　在寒暑假的时候，来参观的游客尤其多

19.　A　每个人都有烦恼

　　　B　只不过有的人把它写在脸上

　　　C　有的人把它放在心间

20.　A　最能说的人不一定是最有能力的人

　　　B　这是因为我们有两只耳朵、一张嘴

　　　C　本来就是让我们多听少说的

第 三 部 分

第21-40题：请选出正确答案。

> 例如：她很活泼，说话很有趣，总能给我们带来快乐，我们都很喜欢和她在一起。
>
> ★ 她是个什么样的人？
>
> A 幽默 ✓　　　B 马虎　　　C 骄傲　　　D 害羞

21. 很多时候，我们要做一些自己不愿意做甚至很讨厌的事情，这个时候，就需要我们要有耐心，有责任心，并且要有一个愉快的心情。

    ★ 遇到不喜欢做的事情应该：

    A 有耐心　　　B 有勇气　　　C 放弃不做　　　D 给别人做

22. 我买了新房子搬进去之后，想把原来的老房子租出去，可是奇怪的是一直都没有人给我打电话，后来看了一眼我写的广告才发现，我的电话号码中少了一个数字。

    ★ 为什么没有人给他打电话？

    A 家具太破　　　B 房子太小　　　C 地方不好　　　D 号码写错了

23. 这个杂志的内容还算精彩，照片也很漂亮，但它的缺点是价格定得太高。通过对人们的调查发现，人们往往是因为感觉太贵而放弃买这本杂志。

    ★ 这本杂志怎么样？

    A 有缺点　　　B 内容不好　　　C 很受欢迎　　　D 是关于健康的

24. 西红柿的味道很好。我们通过"西"可以知道，它最早不是中国的，是从西方来的。西红柿又叫"洋柿子"，看"洋"我们也可以知道，它是从西方来的。

★ 根据这段话，我们可以知道西红柿：

A 很难吃　　　　B 没有叶子　　　　C 没有营养　　　　D 从西方来的

25. 年轻人穿衣打扮很喜欢追求流行的东西，但是流行总是在变，你不可能一直跟着流行走。只要选择适合自己的，看起来很舒服，就可以了。

★ 穿衣应该选择：

A 漂亮的　　　　B 流行的　　　　C 朴素的　　　　D 适合自己的

26. 他想吸引大家的注意力，就故意提高声音说话。果然，大家都放下手里的工作，开始听他讲。

★ 他是怎么吸引大家的注意的？

A 打电话　　　　B 提高声音　　　　C 加班工作　　　　D 主动和别人握手

27. 年龄的增长并不代表越来越成熟。很多人20多岁了还是不能照顾自己，有些人十几岁就步入社会，赚钱养家。穷人的孩子早当家，他们也许没有很多钱，却可能比富人家的孩子经历得更多。

★ 穷人家的孩子：

A 很可怜　　　　B 经验丰富　　　　C 都很聪明　　　　D 都很辛苦

28. 读书的时候有两种不好的做法：一个是读什么信什么，一个是信什么读什么。第一种做法会让我们缺少多想多问的能力，另一种做法会让我们的阅读范围变得很窄。

★ 读书应该：

A 信任读者　　　　B 快速阅读　　　　C 去图书馆　　　　D 扩大阅读范围

29. 自然界的动物和植物，为了保护自己，会随着环境的变化改变自己的样子或颜色，来适应周围环境。

    ★ 动植物改变自己的颜色是为了：

    A 变漂亮　　　　B 更健康　　　　C 引起注意　　　　D 不被发现

30. 这个演员长得很帅，唱歌、跳舞也很好，但是演戏演得真不怎么样。我看过他演的几部片子，真的很一般。

    ★ 关于这个演员，我们可以知道什么？

    A 唱歌不行　　　B 长得太丑　　　C 不太有名　　　　D 演得不好

31. 这个人决定画这棵树时，他在这棵树前站了很久，看了很久。然后拿起笔开始画，画的速度真是让人吃惊，不到十分钟就画好了。

    ★ 这个人画画怎么样？

    A 很有特点　　　B 准备很快　　　C 画得不好　　　　D 让人生气

32. 遇到困难而且一时无法解决时，人的脾气往往会变得很坏。但是这个时候，不要发脾气，首先要冷静，想想问题究竟出在哪里。然后尽量让自己轻松一下，出去呼吸一下新鲜空气，散散步。

    ★ 遇到困难首先要做什么？

    A 放松下来　　　B 以后再说　　　C 找警察帮忙　　　D 找到问题的原因

33. 在教孩子用筷子的时候，要提醒孩子不能用筷子敲盘子、碗等，而且不能用筷子指着别人，这样会让别人感觉你很没有礼貌。

    ★ 用筷子时应注意什么？

    A 要用右手　　　B 不要用刀　　　C 用前要洗手　　　D 不要指着别人

34. 茶在中国有上千年的历史，是人们最常喝的饮料。中国人喝茶不喜欢在茶中加牛奶、糖，就喜欢茶的那种自然的香味。

★ 通过这段话，我们可以知道中国人喝茶：

A 很普遍　　　　B 历史不长　　　　C 喜欢加糖　　　　D 喜欢在家喝

35-36.

一位父亲很晚才下班回家，非常累。刚进门，发现7岁的儿子还在门口等着他。"爸爸，我可以问你一个问题吗？""什么问题？"父亲很不耐烦。"爸爸，您一小时可以赚多少钱？"儿子问。"我一小时可以赚20元钱。"父亲说。儿子接着又说，"爸爸，可以借我10元钱吗？"尽管父亲不太愿意，但还是给了儿子。"谢谢您，爸爸！"儿子从自己的兜里拿出了10元钱，加上父亲给的10元钱，把这20元钱一边给父亲，一边说："爸爸，我现在有20元钱了，我可以买您的一个小时吗？明天晚上请早点回家，我想和你一起吃晚饭。"

★ 儿子原来有多少钱？

A 5元　　　　B 10元　　　　C 20元　　　　D 100元

★ 通过这段话，我们可以知道父亲：

A 工作很忙　　　　B 不喜欢儿子　　　　C 经常不回家　　　　D 很喜欢工作

37-38.

快过年了，放假的那天，老李开着新买的车回家。因为他太着急了，所以开得很快。走到一个十字路口的时候，交通警察让他停车。他一下车，忙向警察道歉："很抱歉，我开得太快了。"警察说："不是，是你飞得太低了。"

★ 从这段话，我们可以知道老李：

A 很感动　　　　B 错过了航班　　　　C 刚买了新车　　　　D 开车去亲戚家

★ 警察对老李是什么态度?

A 表扬　　　　B 批评　　　　C 怀疑　　　　D 后悔

39-40.

　　北风和南风因为争论谁的力量大而吵了起来，于是他们举行了一场比赛，谁能把过路的人的大衣吹下来，谁就是胜者。北风先开始，他用力地吹着，大风让那个人感觉更冷了，所以那个人不是把衣服脱下，而是把衣服裹得更紧了。南风一吹，春暖花开。风轻轻地吹着，太阳暖暖地照着，不久那个人觉得太热了，就把衣服脱了下来。结果就是南风赢了。

★ 北风和南风为什么吵了起来?

A 太热了　　　B 觉得无聊　　　C 春天来了　　　D 比谁更厉害

★ 这段话告诉我们做事应该:

A 争吵　　　　B 注意方法　　　C 注意顺序　　　D 重视结果

제1부분

1day	1 B	2 D	3 A	4 F	5 C
2day	1 D	2 F	3 A	4 E	5 C
3day	1 F	2 E	3 B	4 C	5 A
4day	1 D	2 A	3 B	4 C	5 E
5day	1 E	2 F	3 A	4 D	5 C
6day	1 F	2 B	3 A	4 E	5 C
7day	1 F	2 E	3 C	4 B	5 D
8day	1 F	2 C	3 D	4 A	5 B
9day	1 D	2 B	3 A	4 C	5 E
10day	1 F	2 A	3 B	4 C	5 E

제2부분

11day	1 BAC	2 ACB	3 CAB	4 CBA	5 CAB
12day	1 BAC	2 ACB	3 ABC	4 BCA	5 BAC
13day	1 ACB	2 CBA	3 CBA	4 BCA	5 CBA
14day	1 BCA	2 BCA	3 CAB	4 BAC	5 BCA
15day	1 BAC	2 ACB	3 CBA	4 ACB	5 ABC
16day	1 BAC	2 CBA	3 BCA	4 BAC	5 CBA
17day	1 BAC	2 BCA	3 ACB	4 CBA	5 CAB
18day	1 BAC	2 ACB	3 ABC	4 CBA	5 BCA
19day	1 ACB	2 ACB	3 BAC	4 BCA	5 ACB
20day	1 CBA	2 ACB	3 BCA	4 CAB	5 CAB

제3부분

21day	1 D	2 D	3 B	4 A
22day	1 C	2 B	3 D	4 A
23day	1 D	2 C	3 A	4 D
24day	1 B	2 C	3 D	4 B
25day	1 D	2 B	3 A	4 A
26day	1 B	2 D	3 D	4 A
27day	1 C	2 D	3 C	4 B
28day	1 C	2 A	3 B	4 C
29day	1 A	2 C	3 A	4 B
30day	1 D	2 C	3 A	4 C

실전 모의고사

제1부분

1 E	2 F	3 C	4 A	5 B	6 F
7 A	8 E	9 D	10 B		

제2부분

11 CBA	12 CBA	13 CAB	14 ACB
15 CAB	16 ABC	17 ACB	18 BAC
19 ABC	20 ABC		

제3부분

21 A	22 D	23 A	24 D	25 D	26 B
27 B	28 D	29 D	30 D	31 A	32 D
33 D	34 A	35 B	36 A	37 C	38 B
39 D	40 B				

新 HSK 한 권이면 끝

4급

독해

해설편

1 day　p. 25

[01-05]

A 顺便	B 难道
C 按时	D 恐怕
E 到底	F 完全

A ~한 김에	B 설마 ~하겠는가
C 제때에	D 아마도
E 도대체	F 완전히

단어 ★ 顺便 shùnbiàn 뗸 ~한 김에, 겸사겸사 | ★ 难道 nándào 뗸 설마 ~하겠는가 | ★ 按时 ànshí 뗸 제때에, 규정된 시간에 | ★ 恐怕 kǒngpà 뗸 아마도, 대체로 | ★ 到底 dàodǐ 뗸 도대체, 마침내 | 完全 wánquán 뗸 완전히

---

01 你借钱给她，（　　　　）你不担心她将来没有能力还你吗?

너 그녀에게 돈을 빌려주다니, (B 설마) 너는 나중에 그녀가 갚을 능력이 없을까 걱정되지도 않니?

S1 S3　**시크릿** 빈칸이 주어 앞에 있다면 빈칸에는 시간사(今天, 晚上)나 부사(难道, 原来) 등이 올 수 있다.

해설 문장을 읽으면서 해석과 동시에 힌트가 될만한 요소를 찾아야 한다. 문장 맨 끝에 의문의 어기조사 吗가 있으므로 难道…吗(설마 ~하겠는가)를 이용한 반어문임을 눈치챌 수 있다.

Tip 의문대사(谁, 什么)를 이용한 의문문에는 到底(도대체)를 사용하고, 의문조사 吗를 이용한 의문문에는 难道를 사용할 수 있다. 의문문 문제가 나오면 먼저 이 두 단어를 떠올려보자.

단어 借钱 jièqián 뚱 돈을 빌려주다(빌리다) | ★ 担心 dānxīn 뚱 걱정하다 | 将来 jiānglái 뗑 장래, 미래 | 能力 nénglì 뗑 능력 | 还 huán 뚱 돌려주다, 갚다

---

02 你如果放弃了这次机会，以后（　　　　）再也不会有这么好的事儿了。

네가 만약에 이번 기회를 포기한다면, 나중에는 (D 아마도) 이렇게 좋은 일이 다시는 없을 거야.

S3　**시크릿** 부사는 문장에서 한 개만이 아니라, 여러 개가 나올 수도 있으므로, 再, 也 앞에는 또 다른 부사가 올 수 있다.

해설 如果(만약)를 이용한 가정문이다. 가정문은 如果…就…의 호응관계를 가지므로, 뒤 절에 부사 就가 나올 가능성도 있다. 그러나 보기에 就가 제시되지 않았으니 다른 힌트를 살펴본다. 뒤 절을 보면 不会(~하지 않을 것이다)라는 부정적인 예상이 나오고 있는데, 부사 恐怕는 '아마 ~일 것이다'라는 뜻으로 추측을 나타내며, 부정부사(不, 没, 不会, 不能)나 가능보어의 부정형(看不懂, 听不明白)과 자주 함께 쓰인다.

단어 ★ 如果 rúguǒ 졥 만약 | ★ 放弃 fàngqì 뚱 포기하다 | 机会 jīhuì 뗑 기회 | 以后 yǐhòu 뗑 이후 | 这么 zhème 때 이렇게 | 事儿 shìr 뗑 일

---

03 你去买啤酒吗? (　　　)帮我买一盒牛奶吧。

너 맥주 사러 가는 거야? (A 가는 김에) 나 우유 하나만 사다 줘.

S2
S3

시크릿　술어(帮我买) 앞에 빈칸이 있으니 부사가 답일 것이다.

해설　앞 절에 买啤酒(맥주를 사다)가 나오고, 뒤 절에 买一盒牛奶(우유 한 통을 사다)라는 동작이 나왔다. 첫 번째 동작을 하는 김에 약간의 수고를 들여서 두 번째 동작을 할 수 있을 때, 부사 顺便(~한 김에)을 사용한다. 顺便은 두 번째 동작 앞에 나와야 하므로, 일반적으로 뒤 절 맨 앞에 쓴다는 점을 잊지 말자!

Tip　형식: 동작1 + 顺便 + 동작2
예) 你去邮局寄信的时候，顺便帮我买几张邮票好吗? 너 우체국에 편지 부치러 갈 때, 나 우표 몇 장 사다 줄래?

단어　买 mǎi 통 사다 | 啤酒 píjiǔ 명 맥주 | ★ 帮 bāng 통 돕다 | 盒 hé 양 갑, 통 | 牛奶 niúnǎi 명 우유

---

04 市场调查结果和他们想的(　　　)不一样，他们只好改变原来的计划。

시장 조사 결과와 그들의 생각이 (F 완전히) 달라서, 그들은 어쩔 수 없이 원래 계획을 수정했다.

S3

시크릿　주어(…他们想的)와 술어(不一样) 사이의 빈칸에는 부사가 나올 확률이 높다.

해설　술어 一样은 다양한 부사(完全, 差不多 등)와 함께 쓸 수 있다.

Tip　A和B不一样 A와 B는 다르다 / 完全不一样 완전히 다르다 / 不大一样 그리 같지 않다 / 差不多一样 거의 같다

단어　市场 shìchǎng 명 시장 | 调查 diàochá 통 조사하다 | ★ 结果 jiéguǒ 명 결과 | 一样 yíyàng 형 같다, 동일하다 | ★ 只好 zhǐhǎo 부 부득이, 어쩔 수 없이 | ★ 改变 gǎibiàn 통 고치다, 바꾸다 | ★ 原来 yuánlái 형 원래의, 본래의 | 计划 jìhuà 명 계획, 방안

---

05 你病得很厉害，一定要听医生的话，(　　　)吃药。

네 병은 심각해. 의사 선생님의 말씀을 꼭 듣고 (C 제때에) 약을 먹어야 해.

S3

시크릿　술어(吃药) 앞의 빈칸에는 부사가 들어가야 한다.

해설　부사 按时는 '규정된 시간에 따라, 제시간에'라는 뜻을 나타낸다. 동사 吃药(약 먹다), 完成(완성하다), 到达(도착하다) 등과 자주 함께 쓰인다.

단어　病 bìng 명 병 | ★ 厉害 lìhai 형 심각하다, 지독하다 | ★ 一定 yídìng 부 반드시, 꼭 | 听 tīng 통 듣다, 따르다 | 医生 yīshēng 명 의사 | 吃 chī 통 먹다 | 药 yào 명 약

Tip　빈칸 앞뒤에 있는 밑줄은 정답을 알 수 있는 강력한 힌트다. 형광펜으로 표시하여 정답과 함께 묶어서 외워두면 시험장에서 큰 효과를 볼 수 있다.

[01-05]

A 重新	B 偶尔	A 다시	B 가끔
C 好像	D 大概	C 마치 ~와 같다	D 대략
E 一直	F 最好	E 줄곧	F ~하는 게 제일 좋다

단어 ★ 重新 chóngxīn 튄 다시, 새롭게 | 偶尔 ǒu'ěr 튄 이따금, 때때로 | ★ 好像 hǎoxiàng 튄 마치 ~와 같다 | ★ 大概 dàgài 튄 대략, 대개 | ★ 一直 yìzhí 튄 계속, 줄곧 | 最好 zuìhǎo 튄 ~하는 게 제일 좋다

01

S1

A: 你们学校的硕士和博士研究生有多少人?
B: 准确数字不太清楚，（　　　）有三四十个人。

A: 너희 학교에 석사와 박사 연구생이 몇 명 있니?
B: 정확한 수는 잘 모르지만, (D 대략) 30~40명 정도 있어.

시크릿 술어(有) 앞에 있는 빈칸에는 부사가 올 가능성이 높다.

해설 빈칸 앞뒤의 문맥에서 힌트를 찾는다. 수량을 나타내는 말(三四十) 앞에는 부사 大概(대략)가 가장 어울린다.

Tip 수량 앞에 자주 쓰이는 부사: 至少 적어도 / 大约 대략 / 一共 총 합쳐서 / 几乎 거의 / 差不多 거의 / 大概 대략

단어 学校 xuéxiào 몡 학교 | 硕士 shuòshì 몡 석사 | 博士 bóshì 몡 박사 | 研究生 yánjiūshēng 몡 연구생, 대학원생 | 准确 zhǔnquè 혱 정확하다 | 数字 shùzì 몡 숫자, 수량 | ★ 清楚 qīngchu 혱 분명하다, 명백하다

02

S2
S3

A: 咱俩把沙发往窗户那儿抬一下，这样看电视更舒适些。
B: 别开玩笑了，咱们根本抬不动，（　　　）等你爸回来再弄吧。

A: 우리 둘이 소파를 창가 쪽으로 옮겨봐요. 이러면 TV 볼 때 더 편할 거예요.
B: 농담하지마. 우리는 무거워서 도무지 옮길 수 없어. 너희 아빠가 오실 때까지 기다렸다가 하는 게 (F 제일 좋을 거 같아).

시크릿 빈칸에는 뒤의 절 전체를 수식하는 부사가 들어갈 수 있다.

해설 자신들은 소파가 무거워서 못 옮길 테니, 아빠를 기다려 보자고 제안하는 내용이다. 最好는 어떤 일을 처리하는 데 가장 좋은 방법이나 제안을 할 때 쓰는 부사다. 주로 명령문에 많이 쓰이며, 문장 맨 앞이나 주어 앞뒤에 나올 수 있다.
예) 最好你穿漂亮一点。 옷을 예쁘게 입는 게 좋을 거야.
　　 最好你别去打扰她。 그녀를 방해하지 않는 게 좋을 거야.
　　 你最好早点回家。 일찍 집에 돌아가는 게 좋을 거야.

단어 沙发 shāfā 몡 소파 | ★ 往 wǎng 젠 ~ 쪽으로 | 窗户 chuānghu 몡 창문 | 抬 tái 동 들어올리다 | 看 kàn 동 보다 | 电视 diànshì 몡 TV, 텔레비전 | ★ 舒适 shūshì 혱 편하다 | 开玩笑 kāi wánxiào 동 농담하다 | ★ 根本 gēnběn 튄 전혀, 도무지 | 回来 huílái 동 돌아오다 | 弄 nòng 동 하다

03

S3

A: 你来看看，这些表格的顺序不对吧?
B: 对不起，是我粗心，我(　　　)打印一份
　　给你。

A: 너 이것 좀 봐봐, 이 표들의 순서가 틀린 거지?
B: 꼼꼼하게 못해서 죄송해요. 제가 (A 다시) 한 부 출력해 드릴게요.

> **시크릿** 주어(我) 뒤, 술어(打印) 앞에는 부사가 위치할 것이다.

> **해설** 부사 重新은 '거듭, 다시'의 의미로 이미 행한 동작이 잘못되거나, 그다지 만족스럽지 않아서 같은 동작을 다시 한 번 반복한다는 뜻이다. 일반적으로 2음절 동사 앞에 온다.
> 예) 重新打印 다시 출력하다 / 重新整理 다시 정리하다 / 重新开始 다시 시작하다 / 重新考虑 다시 생각하다

> **단어** 表格 biǎogé 명 표 | 顺序 shùnxù 명 순서 | ★粗心 cūxīn 형 세심하지 못하다 | 打印 dǎyìn 동 인쇄하다, 프린트하다 | 份 fèn 양 부, 권 (신문이나 문건 등을 세는 단위)

04

S3

A: 你的英语怎么那么好?
B: 我以前(　　　)住在美国，去年刚回来
　　的。

A: 넌 영어를 어떻게 그렇게 잘해?
B: 예전에 (E 줄곧) 미국에 살다가 작년에 돌아왔거든.

> **시크릿** 주어(我) 뒤, 술어(住在) 앞에는 부사가 나올 가능성이 높다.

> **해설** 부사 一直(계속해서, 줄곧)는 과거의 어떤 시점부터 현재까지 동작이 지속되거나, 상황이 변하지 않았음을 나타낸다.
> 예) 身体一直很好。 몸이 줄곧 건강하다.
> 　　他一直很努力。 그는 지금까지 끊임없이 노력했다.
> 　　这几天一直很冷。 요 며칠 날씨가 계속 춥다.

> **단어** 英语 Yīngyǔ 명 영어 | 怎么 zěnme 대 어떻게, 어째서 | 那么 nàme 대 그렇게 | 以前 yǐqián 명 이전 | 美国 Měiguó 명 미국 | 去年 qùnián 명 작년 | 回来 huílái 동 돌아오다

05

S3

A: 小英，你看看我昨天新买的衣服怎么样?
B: 这种款式的衣服(　　　)很流行，有很多
　　人穿。

A: 샤오잉, 네가 보기에 내가 어제 새로 산 옷이 어때?
B: 이런 스타일의 옷이 유행인 (C 것 같더라). 사람들이 많이 입어.

> **시크릿** 주어(衣服) 뒤, 술어(很流行) 앞에는 부사를 넣으면 된다.

> **해설** 부사 好像(마치 ~와 같다)은 화자가 완전하게 파악하지 못했다는 추측을 느낌을 나타낸다. 이 대화에서는 많은 사람이 입은 걸 보니 유행하는 거 같다는 자신의 짐작을 표현한 것이므로, 好像을 써야 한다.

> **단어** 昨天 zuótiān 명 어제 | 新 xīn 부 새로이 | 买 mǎi 동 사다 | 衣服 yīfu 명 옷 | 款式 kuǎnshì 명 스타일 | 流行 liúxíng 동 유행하다 | 穿 chuān 동 입다

[01-05]

A 过程	B 食品	A 과정	B 식품
C 味道	D 个子	C 맛	D 키
E 距离	F 礼貌	E 거리	F 예의

단어 过程 guòchéng 圆 과정 | 食品 shípǐn 圆 식품, 음식 | 味道 wèidao 圆 맛 | 个子 gèzi 圆 키 | 距离 jùlí 圆 거리 | ★ 礼貌 lǐmào 圆 예의

---

01 他弟弟不但聪明，而且很懂（　　　），给客人们留下了非常好的印象。

그의 동생은 똑똑할 뿐만 아니라 (F 예의)를 잘 알아서, 손님들에게 아주 좋은 인상을 남겼다.

S2 S3

시크릿 동사 술어(懂) 뒤에는 목적어가 올 수 있다. 주로 명사나 대사가 목적어가 되므로, 적당한 명사를 찾으면 된다.

해설 접속사 不但…而且…(~일 뿐만 아니라, 게다가 ~하다)에서는 앞 절에 긍정적 단어(聪明)가 쓰이면, 뒤 절에도 긍정적 단어가 나온다. 동사 懂과 어울리는 명사는 礼貌로 '예의를 알다, 예의 바르다'의 의미를 나타낸다.

단어 弟弟 dìdi 圆 남동생 | ★ 不但… 而且… búdàn…érqiě… 圙 ~일 뿐만 아니라, 게다가 ~하다 | 聪明 cōngming 圈 똑똑하다 | 懂 dǒng 圄 알다, 이해하다 | 客人 kèrén 圆 손님, 고객 | 留 liú 圄 남기다 | ★ 非常 fēicháng 囝 아주, 대단히 | ★ 印象 yìnxiàng 圆 인상

---

02 这儿离故宫还有一段（　　　），你还是打的去吧。

여기는 고궁에서부터 어느 정도 (E 거리)가 있으니까, 택시를 타고 가는 것이 나을 거야.

S2 S3

시크릿 빈칸 앞에 一段(수사 + 양사)이 나왔으므로, 뒤에 명사가 나와야 한다. 수사가 나오면 '수사 + 양사 + 명사' 어순을 기억하자!

해설 전치사 离는 시간이나 거리의 간격을 나타낸다. 따라서 거리 간격을 나타내는 단어 距离(거리)를 선택하면 된다.

단어 ★ 离 lí 囵 ~에서, ~로부터 | 故宫 gùgōng 圆 고궁 | 段 duàn 囘 (일정한 시간이나 공간의) 구간 | ★ 还是 háishi 囝 ~하는 편이 좋다 | 打的 dǎdī 圄 택시를 집아타다

---

03 在春节，最受欢迎的（　　　）是饺子，尤其是在北方。

설날에 가장 인기 있는 (B 음식)은 만두인데, 특히 북쪽 지역에서 그렇다.

S2 S3

시크릿 구조조사 的 이하에는 반드시 명사가 나온다.

　　最受欢迎的（　）＋　是　＋　饺子
　　수식어 的 명사　＋　동사　＋　명사
　　　주어　　　　술어　　목적어

해설 동사 是는 동등함을 나타낸다. 즉 是 앞뒤의 두 부분이 서로 위치를 바꿔도 의미에는 변화가 없어야 한다. 따라서 여기서는 饺子(만두)와 관련된 명사를 고르면 食品(음식)이 답이 된다. 이 문장은 饺子是最受欢迎的食品(만두는 가장 인기 있는 음식이다)으로도 표현할 수 있다.

단어 春节 Chūnjié 圆 설, 구정 | ★ 受 shòu 圄 받다 | ★ 欢迎 huānyíng 圄 환영하다 | 饺子 jiǎozi 圆 만두 | ★ 尤其 yóuqí 囝 특히 | 北方 běifāng 圆 북쪽 지역

有人说，友谊就像一瓶酒，时间越久，（　　　　）越好。

어떤 사람은 우정이 한 병의 술과 같아서 시간이 오래될수록, 그 (C 맛)은 더욱 좋아진다고 말한다.

S2

시크릿 술어(越好) 앞에는 주어(명사)가 필요하다.

해설 越A越B는 어떤 조건에 따라 그 결과가 변화·발전한다는 것을 나타낸다. 이 문장에서는 시간(时间)이 오래될수록, 좋아지는 것이 무엇인지를 생각하면 된다. 우정을 술에 비유하였으니, 술맛(味道)이 가장 적당하다.

<u>时间</u> <u>越久</u>，<u>味道</u> <u>越好</u>。시간이 오래될수록, 맛이 더욱 좋아진다.
주어1　술어　주어2　술어

Tip 주어 1개인 형식: 주어 越A越B (주어가 A할수록, 더욱 B해진다)
주어 2개인 형식: 주어1 越A , 주어2 越B (주어1이 A할수록, 주어2는 더욱 B해진다)

단어 有人 yǒurén 어떤 사람, 누군가 | 友谊 yǒuyì 명 우정 | 像 xiàng 동 ~와 같다 | 瓶 píng 양 병 | 酒 jiǔ 명 술 | 时间 shíjiān 명 시간 | ★ 越…越… yuè…yuè… ~할수록 ~하다 | 久 jiǔ 형 오래다

成功或者失败并不重要，重要的是在这个（　　　　）中你的能力得到了锻炼。

성공했는가 실패했는가는 결코 중요하지 않다. 중요한 것은 이 (A 과정)속에서, 당신의 능력이 단련된다는 것이다.

S1
S2

시크릿 '지시대사 + (수사) + 양사 + 명사'의 어순에 따라 빈칸에는 명사가 나와야 한다.

해설 전치사구는 '전치사 + 명사'의 형식이므로, 在 뒤의 빈칸에는 명사가 필요한데, 在…中(~중에서)은 과정(过程)이나 범위(范围)를 나타내므로, 정답은 过程이 된다.

Tip 在…中: ~하는 중에, ~ 무리 중에(과정이나 범위를 표시)
예) 在学习中，我们遇到过很多困难。공부하는 중에, 우리는 많은 어려움에 부딪혔다.(과정)
　　在会议中 회의 중에 / 在考试中 시험 중에 / 在工作中 근무 중에 / 在研究中 연구 중에 / 在讨论中 토론 중에 / 在比赛中 시합 중에 / 在旅行中 여행 중에 / 在生活中 생활 중에

단어 成功 chénggōng 동 성공하다 | ★ 或者 huòzhě 접 ~이거나 혹은 ~이다 | 失败 shībài 동 실패하다 | ★ 并 bìng 부 결코 | 重要 zhòngyào 형 중요하다 | 得到 dédào 동 얻다, ~하게 되다 | 能力 nénglì 명 능력 | ★ 锻炼 duànliàn 동 단련하다

[01-05]

A 重点	B 一切	A 중점	B 전부
C 工具	D 作者	C 도구	D 작가
E 节目	F 周围	E 프로그램	F 주변

단어 重点 zhòngdiǎn 몡 중점, 핵심 | 一切 yíqiè 때 전부, 일체 | 工具 gōngjù 몡 도구, 수단 | 作者 zuòzhě 몡 작가 | 节目 jiémù 몡 공연, 프로그램 | 周围 zhōuwéi 몡 주위, 주변

01

A: 那篇文章的(　　　)是谁?
B: 我忘了他叫什么名字，只记得他姓李。

A: 그 글의 (D 작가)가 누구야?
B: 그 사람 이름을 잊어버렸어, 성이 '리'라는 것만 기억나.

S2 S3

시크릿 주어부에서 的 앞부분은 주어를 수식하는 관형어고, 的 이하는 수식을 받는 피수식어(명사)가 된다.

那篇文章的(　　) + 是 + 谁?
수식어 的 명사 + 술어 + 목적어
　　　주어

해설 동사 是는 동등함을 나타내므로, 是 앞뒤의 두 부분이 서로 위치를 바꿔도 의미에는 변화가 없다. 따라서 사람을 나타내는 의문대명사 谁와 동등한 단어는 作者(작가)가 된다.
예) 那篇文章的作者是谁? 그 글의 작가는 누구니?
　　谁是那篇文章的作者? 누가 그 글의 작가니?

단어 文章 wénzhāng 몡 글 | 谁 shéi 때 누구 | 忘 wàng 동 잊다 | 叫 jiào 동 부르다 | 什么 shénme 때 무슨, 무엇 | 名字 míngzi 몡 이름 | 记得 jìde 동 기억하다 | 姓 xìng 몡 성

02

A: 经理，这是我新做好的报告，您确认一下。
B: 内容太单调，不够详细，缺少(　　　)，明天我们得再开个会，继续讨论。

A: 사장님, 새로 작성한 보고서입니다. 확인해주세요.
B: 내용이 너무 단조롭고, 상세하지도 않고, (A 핵심)도 부족하군. 내일 다시 회의를 열어 계속 토론해야겠어.

S2 S3

시크릿 '동사 술어 + 목적어'의 어순에 따라 술어(缺少) 뒤에는 목적어가 될 수 있는 명사가 나와야 한다.

해설 사장은 직원이 작성한 보고서에 불만스러워 하며, 보고서 내용에 핵심(重点)이 없다고 꾸짖고 있다.

단어 经理 jīnglǐ 몡 사장 | 报告 bàogào 몡 보고서 | 确认 quèrèn 동 확인하다 | 内容 nèiróng 몡 내용 | ★ 单调 dāndiào 혱 단조롭다 | ★ 不够 búgòu 혱 부족하다 | ★ 详细 xiángxì 혱 상세하다, 자세하다 | ★ 缺少 quēshǎo 동 결여되다, 부족하다 | 明天 míngtiān 몡 내일 | ★ 继续 jìxù 동 계속하다 | 讨论 tǎolùn 동 토론하다

03

S1
S2

A: 明天就要去北京上大学了，（　　　　）都准备好了吗?
B: 还没有，心里也挺紧张呢。

A: 내일이면 베이징으로 가서 대학교를 다니게 될 텐데, (B 전부) 다 준비됐어?
B: 아직 못했어. 너무 긴장돼.

시크릿 '주어＋술어'의 어순에 따라, 술어(准备) 앞에는 주어가 될 수 있는 명사가 필요하다.

해설 부사 都 앞에는 복수의 의미를 가진 단어가 나와야 한다. 一切는 '일체, 전부'라는 복수의 의미를 나타내며 모든 대상이나 상황을 아우르는 단어이므로, 빈칸에 가장 타당하다.

단어 明天 míngtiān 圐 내일 | ★ 准备 zhǔnbèi 圄 준비하다 | 心里 xīnli 圐 마음 | ★ 挺 tǐng 恩 매우, 상당히 | ★ 紧张 jǐnzhāng 圀 긴장하다, 불안하다

04

S2
S3

A: 语言是交流的（　　　），只记词典的字、词是不够的，要多听多说。
B: 对，那才是真正学汉语的好方法。

A: 언어는 교류의 (C 도구)여서, 단순히 사전의 글자와 단어만 외우는 것은 충분하지 않아. 많이 듣고 많이 말해야 해.
B: 맞아, 그거야말로 진정으로 중국어를 배우는 좋은 방법이지.

시크릿 구조조사 的 이하에는 수식을 받는 피수식어(명사)가 나와야 한다.

語言 ＋ 是 ＋ 交流 ＋ 的 （　）
주어 ＋ 술어 ＋ 수식어 的 명사
　　　　　　　　　　목적어

해설 언어는 교류의 수단이라는 의미를 나타내므로, 제시된 어휘 중에서 가장 타당한 것은 工具다. 工具는 노동을 할 때 사용하는 도구라는 뜻 이외에도, 어떤 목적에 다다르기 위해 사용하는 수단을 말하기도 한다.
예) 交通工具 교통수단 / 交际工具 교제 수단 / 交流思想的工具 사상 교류의 수단

단어 语言 yǔyán 圐 언어 | ★ 交流 jiāoliú 圄 교류하다 | 记 jì 圄 기억하다 | 词典 cídiǎn 圐 사전 | 字 zì 圐 문자, 글자 | 词 cí 圐 단어 | ★ 不够 búgòu 圀 부족하다 | 真正 zhēnzhèng 恩 정말로, 확실히 | 汉语 Hànyǔ 圐 중국어 | ★ 方法 fāngfǎ 圐 방법

05

S2
S3

A: 每年春节联欢晚会的（　　　　）都特别精彩，不知今年怎么样?
B: 应该不错吧。电视上早就打出了广告。

A: 매년 설 축하 공연의 (E 프로그램)은 정말 훌륭했는데, 올해는 어떨지 모르겠네?
B: 당연히 괜찮겠지, TV에서 일찌감치 광고도 내보냈잖아.

시크릿 구조조사 的 이하에 오는 명사를 찾는 문제다.

每年春节联欢晚会的 （　）＋ 都特别精彩
　　수식어　　　的 명사　형용사 술어
　　　　　　주어

해설 주어의 힌트는 술어(精彩)다. 精彩는 시합이나 공연, 프로그램 등이 훌륭할 때 사용하는 형용사다.

단어 每年 měinián 圐 매년 | 春节 Chūnjié 圐 구정, 설 | 联欢 liánhuān 圄 함께 모여 즐기다 | 晚会 wǎnhuì 圐 파티 | ★ 特别 tèbié 恩 특별히, 아주 | ★ 精彩 jīngcǎi 圀 훌륭하다, 멋지다 | ★ 应该 yīnggāi 恩 마땅히 ～해야 한다 | ★ 不错 búcuò 圀 좋다, 괜찮다 | 电视 diànshì 圐 텔레비전, TV | 广告 guǎnggào 圐 광고

[01-05]

A 难过	B 流行	A 괴롭다	B 유행하다
C 耐心	D 复杂	C 인내심 있다	D 복잡하다
E 严重	F 粗心	E 심각하다	F 세심하지 못하다

단어 ★ 难过 nánguò 혱 괴롭다, 슬프다 | 流行 liúxíng 혱 유행하다 | ★ 耐心 nàixīn 혱 참을성이 있다, 인내심 있다 | ★ 复杂 fùzá 혱 복잡하다 | ★ 严重 yánzhòng 혱 심각하다, 위급하다 | ★ 粗心 cūxīn 혱 세심하지 못하다, 소홀하다

01　我的感冒更（　　　）了，明天我想请一天假。

감기가 더 (E 심각해져서), 나는 내일 휴가를 하루 내고 싶다.

S2　**시크릿** 주어(我的感冒) 뒤에는 술어가 나와야 한다. 부사 更 이하의 빈칸에는 동사나 형용사 술어가 나올 수 있다.

S3　**해설** 형용사 술어의 힌트는 주어다. 주어 感冒(감기)의 상태나 정도가 매우 깊고 심각하다는 의미를 나타낼 때는 형용사 严重(심하다)을 쓰는 것이 가장 적당하다.

단어 感冒 gǎnmào 명 감기 | ★ 更 gèng 부 더욱 | 明天 míngtiān 명 내일 | 想 xiǎng 조동 ~하고 싶다 | 请假 qǐngjià 동 (휴가 등을) 내다, 신청하다

02　不管做什么事情，都要认真、仔细，不要太马虎、太（　　　）。

어떤 일을 하든지 열심히, 꼼꼼히 해야지, 너무 대충하거나 (F 소홀하게) 해서는 안 된다.

S2　**시크릿** '정도부사 + 형용사'의 어순에 따라 정도부사(太) 뒤의 빈칸에는 형용사 술어가 나와야 한다.

S3　**해설** 힌트는 병렬로 나온 단어 马虎다. 马虎나 粗心은 모두 '세심하지 못하다, 소홀하다'의 뜻을 나타내는 동의어로, 앞의 马虎를 보고 粗心을 고를 수 있어야 한다.

Tip 동의어: 马虎 / 粗心 / 大意 세심하지 못하다, 소홀하다
반의어: 仔细 / 认真 꼼꼼하다, 성실하다

단어 ★ 不管 bùguǎn 접 ~에 관계없이 | 什么 shénme 대 무슨, 무엇 | 事情 shìqing 명 일, 사건 | ★ 认真 rènzhēn 혱 성실하다 | ★ 仔细 zǐxì 혱 세심하다, 꼼꼼하다 | ★ 马虎 mǎhu 혱 대충하다, 소홀하다

03　人在伤心（　　　）的时候，大哭一场也许是不错的方法。

사람이 슬프고 (A 괴로울) 때는, 한바탕 우는 것도 어쩌면 괜찮은 방법이다.

S3　**시크릿** 형용사는 술어가 되기도 하지만, 명사를 꾸며주는 관형어나 술어를 꾸며주는 부사어 또는 보어의 역할도 할 수 있다. 이 문제에서는 명사 …的时候(~할 때)를 수식하는 관형어로 쓰였다.
伤心（　　）的 + 时候
형용사 관형어 + 피수식어(명사)

해설 의미상 빈칸 앞에 제시된 伤心(슬프다)과 유사한 뜻을 가진 难过(괴롭다)가 들어가는 것이 옳다. 유사한 단어를 병렬해서 사용함으로써, 자신이 전달하고자 하는 의미를 한층 더 깊게 만들 수 있다.

단어 ★ 伤心 shāngxīn 동 상심하다 | 哭 kū 동 울다 | 一场 yìchǎng 한 번, 한바탕 | ★ 也许 yěxǔ 부 어쩌면, 아마도 | ★ 不错 búcuò 혱 좋다, 괜찮다 | 方法 fāngfǎ 명 방법

---

04 本来很简单的事，现在变得（　　　）起来了。

원래는 매우 <u>간단한</u> 일이었는데, 지금은 (D 복잡하게) 변했다.

S2
S3

시크릿 정도보어를 만드는 구조조사 得 이하 부분에는 동사나 형용사로 이루어진 보어가 나오게 된다.

变　＋ 得 ＋（　）起来了
술어 ＋ 得 ＋ 보어(동사/형용사)

해설 앞 절에서 '간단한 일'이라고 했는데 뒤 절에는 그 상황이 변하였다고 했으므로, 반의어인 复杂(복잡하다)가 들어가는 것이 가장 타당하다.

단어 本来 běnlái 튄 원래, 본래 | 简单 jiǎndān 혱 간단하다 | 变 biàn 됭 변하다

05 这个问题有点儿难，你（　　　）听，我给你解释一下，好吗?

이 문제는 좀 어려운데, (C 인내심 있게) 들어봐. 내가 너에게 설명해줄게, 알았지?

S2
S3

시크릿 주어 뒤, 술어 앞에는 부사어가 나온다. 동사나 형용사는 술어를 꾸며주는 부사어가 될 수 있다.

你　＋（　）＋ 听
주어 ＋ 부사어 ＋ 술어

해설 맨 앞 부분에 문제가 어렵다는 전제 조건이 나와 있다. 후반부는 어렵다고 낙담하거나 포기하지 말고, 인내심 있게(耐心) 들어보라는 뜻의 문장이다.

단어 问题 wèntí 몡 문제 | 有点儿 yǒudiǎnr 튄 조금, 약간 | 难 nán 혱 어렵다 | ★ 解释 jiěshì 됭 설명하다

[01-05]

A 严格	B 热闹	A 엄격하다	B 떠들썩하다
C 激动	D 直接	C 감격하다	D 직접적인
E 主动	F 正式	E 주동적인	F 정식의

단어 ★ 严格 yángé 혱 엄격하다 | ★ 热闹 rènao 혱 떠들썩하다, 시끌벅적하다 | ★ 激动 jīdòng 통 감격하다 | 直接 zhíjiē 혱 직접, 직접적인 | 主动 zhǔdòng 혱 주동적인 | 正式 zhèngshì 혱 정식의, 공식

01

S3

A: 你穿这种衣服太随便了，今天开会得穿
（　　）点儿。
B: 怕什么，除了你，那儿没人认识我。

A: 너 옷차림이 너무 편한 거 아냐. 오늘 회의는 좀 (F
정식으로) 입어야 하는데.
B: 뭐 어때, 거기에는 너 말고 나를 아는 사람도 없는데.

시크릿 빈칸 뒤의(一)点儿은 여러 가지 용법이 있지만, 형용사 뒤에서 정도의 가벼움을 나타내는 보어로 쓰인다. 따라서 빈칸에는 형용
사가 필요하다.
예) 正式点儿 조금 정식이다 / 长了点儿 조금 길다 / 好点儿 조금 좋다

해설 앞 절에 상대방의 옷차림이 너무 편해서(随便), 때와 장소에 어울리지 않는다고 말하고 있다. 그렇다면 随便과
반대되도록 옷을 입으라고 조언하는 것이므로 正式(정식의, 공식적인)가 가장 타당하다.

단어 穿 chuān 통 입다 | 衣服 yīfu 명 옷 | 随便 suíbiàn 혱 제멋대로다 | 开会 kāihuì 통 회의를 하다 | ★ 怕 pà 통 걱정하
다 | ★ 除了 chúle 전 ~를 제외하고는 | 认识 rènshi 통 알다

02

S2
S3

A: 外面有很多人，停着很多辆车，特别
（　　）。
B: 今天老王的女儿结婚，我们也去祝贺一下
吧。

A: 밖에 사람도 매우 많고, 차도 매우 많이 세워져 있어.
정말 (B 떠들썩해).
B: 오늘 라오왕 딸이 결혼해. 우리도 가서 축하해주자.

시크릿 정도부사(特别) 뒤에는 형용사 술어가 나와야 한다.

해설 대화에서 很多人(많은 사람), 很多辆车(많은 차), 结婚(결혼), 祝贺(축하하다) 등의 단어를 보면, 결혼을 축하
하기 위해 많은 사람들이 모여 북적이는 상황임을 알 수 있다. 이러한 상황을 묘사할 때 쓸 수 있는 어휘는 热闹
(떠들썩하다)이다. 热闹는 설이나 추석과 같은 명절 분위기를 표현하거나, 사람이 많이 모여 있는 공원·번화가
등을 묘사할 때도 자주 쓰이는 형용사다.

단어 外面 wàimian 명 바깥 | 停 tíng 통 세우다 | 辆 liàng 양 대(차량을 세는 단위) | ★ 特别 tèbié 뷔 아주, 특별히 | 今天
jīntiān 명 오늘 | 女儿 nǔ'ér 명 딸 | 结婚 jiéhūn 통 결혼하다 | 祝贺 zhùhè 통 축하하다

03

S2
S3

A: 简直受不了，这么简单的动作让我们练
二三十遍。
B: 老师对你们（　　　）些好，都是为了帮你
们打好基础。

A: 정말 못 참겠어요, 이렇게 간단한 동작을 우리한테
2~30번이나 연습시키시다니.
B: 선생님이 너희에게 좀 (A 엄격한) 것이 좋아, 너희가
기초를 잘 다지게끔 해주시려는 거야.

시크릿 어순에 따라 빈칸에는 술어가 될 수 있는 동사나 형용사가 들어가야 한다.

老师 ＋ 对我们 ＋（　　）
주어 ＋ 전치사구 ＋ 술어

해설 화자 A의 말에서 알 수 있듯이 선생님은 간단한 동작도 몇십 번씩 연습시키는 엄격한 사람임을 알 수 있다. 따라
서 정답은 严格(엄격하다)다.

단어 ★ 简直 jiǎnzhí 뷔 그야말로, 정말로 | ★ 受不了 shòubuliǎo 동 참을 수 없다 | 这么 zhème 대 이렇게 | ★ 简单
jiǎndān 형 간단하다, 단순하다 | 动作 dòngzuò 명 동작 | 练 liàn 동 연습하다, 훈련하다 | ★ 为了 wèile 전 ~을 위하여 |
帮 bāng 동 돕다 | 基础 jīchǔ 명 기초

04

S2
S3

A: 机会是不会自己跑到你面前的，要（　　　）
点儿。
B: 放心吧，我会再试一次的，就算是被拒绝
了，我也不后悔。

A: 기회는 저절로 네 앞에 오지 않아. 좀 더 (E 주동적)
이어야 해.
B: 안심해, 다시 한 번 시도해볼 거야. 설령 거절당하더
라도 후회하지 않아.

시크릿 빈칸 뒤의(一)点儿은 형용사 뒤에서 정도의 가벼움을 나타내는 보어로 쓰인다. 따라서 빈칸에는 형용사가 필요하다.

해설 기회는 저절로 오는 것이 아니며 자칫하면 놓칠 수도 있는 것이므로, 문맥상 주동적으로(主动) 기회를 잡아야
한다고 표현할 수 있다.

Tip 抓住机会 기회를 잡다 ↔ 错过机会 기회를 놓치다

단어 机会 jīhuì 명 기회 | 自己 zìjǐ 대 스스로 | 跑 pǎo 동 달리다, 뛰다 | 面前 miànqián 명 눈 앞 | ★ 放心 fàngxīn 동 안심
하다 | 试 shì 동 시험 삼아 해보다 | ★ 就算 jiùsuàn 접 설령 ~하더라도 | 拒绝 jùjué 동 거절하다 | 后悔 hòuhuǐ 동 후회
하다

05

S3

A: 你告诉他以后他怎么说？
B: 他（　　　）地说：“我的天！我终于找到知
音了！”

A: 네가 그에게 알려주니 그가 뭐래?
B: 그는 (C 감격해서) “맙소사! 내가 드디어 마음이 통
하는 친구를 찾았구나!”라고 말했어.

시크릿 술어 앞에서 地와 함께 나오는 부사어는 동사거나 형용사다.

他 ＋（　　）地 ＋ 说
주어 ＋ 부사어 ＋ 술어

해설 그는 “맙소사!(我的天)”를 외치며 잔뜩 흥분된 상태이므로, 激动을 선택해야 한다. 激动은 ‘흥분하다, 감격하
다’의 뜻으로 화가 나거나 감정이 격해질 때도 사용할 수 있고, 감동한 모습을 나타낼 수도 있는 말이다. 여기서
는 感动(감동하다)의 의미로 쓰였다.

단어 告诉 gàosu 동 알리다 | 以后 yǐhòu 명 이후 | 怎么 zěnme 대 어떻게 | 我的天 wǒ de tiān 맙소사, 아이구 | ★ 终于
zhōngyú 뷔 마침내 | 找 zhǎo 동 찾다 | 知音 zhīyīn 명 (서로 마음이 통하는) 친한 벗

[01-05]

A 放弃	B 举办	A 포기하다	B 개최하다
C 表示	D 失望	C 나타내다	D 실망하다
E 推迟	F 符合	E 연기하다	F 부합하다

단어 放弃 fàngqì 동 포기하다 | ★ 举办 jǔbàn 동 거행하다, 개최하다 | 表示 biǎoshì 동 나타내다, 표하다 | 失望 shīwàng 동 실망하다 | 推迟 tuīchí 동 연기하다 | ★ 符合 fúhé 동 부합하다

---

01 你这么做不(　　　)公司的规定，会破坏公司的管理。

네가 이렇게 하는 것은 회사의 규정에 (F 부합하지) 않고, 회사 관리를 훼손할 수 있다.

S 2

시크릿 빈칸 뒤의 명사구(목적어)를 이끌 수 있는 것은 동사다.

不　+　(　　)　+ 公司的规定
부정부사 + 동사 술어 + 목적어

해설 동사의 힌트는 목적어다. 여기서 목적어 规定(규정)과 가장 어울리는 동사는 符合다. 동사 符合는 두 개가 서로 부합한다는 뜻을 나타내며, 规定(규정), 要求(요구), 条件(조건), 标准(표준) 등을 목적어로 취한다.

단어 这么 zhème 대 이렇게 | 公司 gōngsī 명 회사 | ★ 规定 guīdìng 명 규정 | 破坏 pòhuài 동 파괴하다, 훼손하다 | 管理 guǎnlǐ 명 관리

---

02 我刚才听广播说明天可能会下大雨，足球比赛恐怕要(　　　)了。

방금 방송을 들어보니까 내일 비가 많이 올 거래. 축구시합은 아마도 (E 연기될) 거 같아.

S 2

시크릿 조동사 要는 앞에 快나 就, 끝에는 了를 써서 '곧 ~할 것이다'라는 뜻을 나타낸다. 조동사(要)는 동사를 돕는 역할을 하므로, 뒤에 동사를 끌고 나온다.

足球比赛 + 恐怕 +　要　+ (　　)了
주어　 + 부사 + 조동사 +　동사

해설 동사의 힌트는 목적어지만, 이 문장처럼 목적어가 없을 경우에는 주어가 힌트가 된다. 주어 比赛(경기)는 동사 进行(진행하다), 举行(거행하다) 등과도 자주 나오지만, 문맥상 내일 비가 올 것이 예상되어 시합을 推迟(연기하다)해야 한다는 것이 가장 타당하다.

단어 刚才 gāngcái 명 방금 | 广播 guǎngbō 명 방송 | 明天 míngtiān 명 내일 | ★ 可能 kěnéng 부 아마 (~일지 모른다) | 足球 zúqiú 명 축구 | 比赛 bǐsài 명 경기, 시합 | ★ 恐怕 kǒngpà 부 아마 ~일 것이다

我代表全体工作人员向您（　　　）最真诚的谢意。

제가 전체 직원을 대표해서 당신에게 가장 진실한 감사의 마음을 (C 표합니다).

S2 S3

시크릿 전치사구 뒤, 목적어 앞에는 동사가 필요하다.

我 ＋ 向您 ＋（　）＋最真诚的谢意
주어 ＋ 전치사구 ＋ 동사 ＋ 목적어

해설 동사의 힌트는 목적어다. 문장 맨 마지막에 있는 목적어 谢意는 동사 表示와 결합하여, '감사의 뜻을 표하다'라는 의미를 나타낸다.

Tip 表达와 表示 비교
表达와 表示 모두 '(생각·감정·태도 등을) 나타낸다'는 뜻이다. 表达는 언어적인 방식, 즉 말이나 글로 나타낼 때 자주 쓰고, 表示는 언어뿐만 아니라 행동, 손짓, 눈빛, 표정 등 비언어적인 방식으로 나타낼 때도 쓸 수 있다. 따라서 表示의 활용도가 더 높다.

	感情 감정	谢意 감사의 마음	同意 동의	欢迎 환영
表达 biǎodá	○	×	×	×
表示 biǎoshì	○	○	○	○

단어 代表 dàibiǎo 동 대표하다 | 全体 quántǐ 명 전체 | ★ 向 xiàng 전 ~에게, ~를 향하여 | 真诚 zhēnchéng 형 진실하다, 성실하다 | 谢意 xièyì 명 감사의 뜻, 감사하는 마음

这次演出活动（　　　）得非常成功，吸引了很多当地的观众。

이번 공연 행사는 대단히 성공적으로 (B 개최되었고), 그 지역의 많은 관중들을 매료시켰다.

S3

시크릿 정도보어를 나타낼 때 구조조사 得 앞부분에는 동사나 형용사 술어가 온다.

（　）　＋ 得 ＋ 非常成功
술어(동사／형용사) ＋ 得 ＋ 보어

해설 동사의 힌트는 목적어고, 목적어가 없을 때는 주어가 힌트다. 주어 活动과 함께 쓰이는 동사는 举办으로, '행사를 개최하다'라는 의미를 나타낸다.

Tip 举行과 举办의 차이점
举行은 집회나 시합 등에 사용되고, 举办은 어떤 활동이나 업무와 관련된 일에 많이 사용된다.

	婚礼 결혼식	活动 활동, 행사	比赛 시합	展览会 전시회
举行 jǔxíng	○	○	○	×
举办 jǔbàn	○	○	×	○

단어 演出 yǎnchū 명 공연 | 活动 huódòng 명 활동, 행사 | ★ 非常 fēicháng 부 대단히, 매우 | 成功 chénggōng 형 성공적이다 | ★ 吸引 xīyǐn 동 매료시키다 | 当地 dāngdì 명 현지, 현장 | 观众 guānzhòng 명 관중

他知道自己很让父母（　　　），可是他觉得自己已经没有信心再考了。

그는 자신이 부모님을 매우 (D 실망)시켰다는 것을 알지만, 이미 다시 시험 볼 자신은 없다고 생각했다.

S2

시크릿 '에게 ~하게 시키다'라는 뜻을 가진 사역동사 让은 뒤에 또 다른 동사 술어를 끌고 나온다.

让 ＋ 父母 ＋（　）
사역동사 ＋ 명사 ＋ 술어

해설 그는 자신이 시험 성적이 좋지 않아서, 부모님을 ~하게 했지만, 시험을 다시 볼 자신도 없다는 내용이다. 문맥상 빈칸에 가장 어울리는 동사는 失望(실망하다)이다.

단어 知道 zhīdào 동 알다 | 自己 zìjǐ 대 자신 | 父母 fùmǔ 명 부모 | ★ 觉得 juéde 동 ~라고 여기다 | 已经 yǐjing 부 이미 | 信心 xìnxīn 명 자신감, 신념 | 考 kǎo 동 시험을 보다

[01-05]

A 商量	B 超过	A 상의하다	B 초과하다
C 来不及	D 继续	C ~하지 못하다	D 계속하다
E 后悔	F 提醒	E 후회하다	F 일깨우다

단어 商量 shāngliang 图 상의하다 | ★ 超过 chāoguò 图 넘다, 초과하다 | ★ 来不及 láibují 图 (시간이 부족하여) ~하지 못하다 | ★ 继续 jìxù 图 계속하다 | 后悔 hòuhuǐ 图 후회하다 | ★ 提醒 tíxǐng 图 일깨우다, 상기시키다

01

S2
S3

A: 周末的演出时间换到晚上7点了，你告诉小王了没?

B: 还没呢，忙了一上午，你不(　　)我的话，我还真给忘了。

A: 주말의 공연 시간이 저녁 7시로 바뀌었어, 샤오왕에게 알려줬어?

B: 아직 안 알려줬어, 오전 내내 바빴거든. 네가 (F 상기시켜주지) 않았다면 정말 깜빡할 뻔 했네.

시크릿 빈칸 뒤에 목적어(我)가 나왔기 때문에, 빈칸에는 동사가 필요하다.

해설 화자 B는 공연 시간이 바뀌었다는 사실을 이미 알고 있고, 그 사실을 샤오왕에게 알려줘야 했는데 잊고 있었다. 상대방이 이미 알고 있지만, 다시 한 번 주의를 상기시킬 때 提醒(일깨우다)을 쓴다.

예) 老师提醒我们明天有考试。 선생님은 내일 시험이 있다는 사실을 우리에게 일러주셨다.
　　提醒大家遵守交通规则。 교통규칙을 지켜야 한다고 일러주다.

단어 周末 zhōumò 圆 주말 | 演出 yǎnchū 圆 공연 | 时间 shíjiān 圆 시간 | 换 huàn 图 바꾸다, 교체하다 | 晚上 wǎnshang 圆 저녁 | 告诉 gàosu 알리다 | 忙 máng 圈 바쁘다 | 忘 wàng 图 잊다

02

S2

A: 这个地方真大啊，我们再去那儿逛逛吧。

B: 估计(　　)了，集合时间马上就到了。

A: 이곳은 정말 크다. 우리 저기 가서 더 구경하자.

B: 아마 (C 안 될 거야). 곧 모여야 하는 시간이잖아.

시크릿 부사(估计) 뒤에는 동사나 형용사 술어가 나와야 한다.

해설 화자 A는 좀 더 구경하고 싶어하지만, 화자 B는 시간이 없다고 말하고 있다. 来不及(~하지 못하다)는 没有时间(시간이 없다)과 비슷한 의미로, 시간이 촉박하여 어떤 동작을 할 수 없을 때 쓴다.

예) 来不及喝茶。 차 마실 겨를이 없다.
　　我来不及跟他联系。 나는 그와 연락할 겨를 없어.

단어 地方 dìfang 圆 장소, 곳 | 真 zhēn 图 확실히, 진정으로 | ★ 逛 guàng 图 구경하다, 돌아다니다 | 估计 gūjì 图 추측하다, 어림잡다 | 集合 jíhé 图 집합하다 | 时间 shíjiān 圆 시간 | ★ 马上 mǎshàng 图 곧, 금방

03

S2
S3

A: 任何困难都是暂时的，要有信心，我相信你会成功的。

B: 感谢您的支持和鼓励，我会（　　　）努力的。

A: 어떠한 어려움도 다 잠깐이야. 자신감을 가져. 나는 네가 성공할 것이라고 믿어.

B: 지지해주시고 격려해주셔서 감사해요. 저 (D 계속) 노력할게요.

시크릿 조동사(会) 뒤에는 동사 술어가 나와야 한다.

해설 화자 B는 상대방의 지지와 격려에 매우 감사하며, 자신도 노력하겠다는 약속을 하고 있다. 예전에도 노력했지만 계속해서 노력하는 모습을 보이겠다는 표현을 쓸 때는 继续(계속하다)라는 동사가 필요하다.

단어 ★ 任何 rènhé 때 어떠한 | 困难 kùnnan 몡 어려움 | 暂时 zànshí 몡 잠깐, 잠시 | 信心 xìnxīn 몡 자신감 | ★ 相信 xiāngxìn 동 믿다, 신뢰하다 | 成功 chénggōng 동 성공하다 | ★ 感谢 gǎnxiè 동 감사하다 | ★ 支持 zhīchí 동 지지하다 | ★ 鼓励 gǔlì 동 격려하다 | 努力 nǔlì 동 노력하다

04

S2

A: 你和她（　　　）了吗?

B: 还没，她最近在忙公司的事，我怕打扰她。

A: 너 그녀와 (A 상의)했어?

B: 아직 못했어. 요즘 그녀가 회사일로 바빠서 방해될까 봐.

시크릿 전치사 和가 대상을 이끌고 나오면, 뒤에는 그 대상과 함께 어떤 동작을 했는지가 나와야 한다.
A + 和 + B + 동사 : A와 B가 ～을 하다

해설 혼자서 하는 행동이 아닌, 서로 상의한다는 뜻을 나타낼 때는 商量(상의하다)을 쓴다. 화자 B는 그녀와 상의할 일이 있지만, 바쁜 그녀를 위해 아직 말을 꺼내지 않고 있는 상황이다.

단어 最近 zuìjìn 몡 요즘 | 忙 máng 혱 바쁘다 | 公司 gōngsī 몡 회사 | ★ 怕 pà 동 걱정이 되다 | 打扰 dǎrǎo 동 방해하다

05

S2

A: 这药不能吃了，已经（　　　）有效期三个月了。

B: 哟，还是你细心，不然麻烦大了。

A: 이 약은 먹으면 안 돼. 이미 유통기한이 3개월이나 (B 지났어).

B: 아, 역시 네가 세심하구나. 그렇지 않았으면 큰일 날 뻔 했어.

시크릿 有效期(유통기간)라는 목적어를 끌고 나오려면 빈칸에는 동사가 필요하다.
已经 + (　　) + 有效期
부사 + 동사 + 목적어

해설 뒤에 三个月라는 수량을 끌고 나올 수 있는 동사가 필요하다. 동사 超过는 '어떠한 기준이나 수량을 초과하다'라는 뜻을 나타내며, 뒤에 수량사를 종종 끌고 나온다.
예) 超过三分之一。3분의 1이 넘는다.
　　平均年龄超过25岁。평균 연령이 25세를 넘는다.
　　我女朋友的体重超过65公斤。내 여자친구의 체중이 65kg을 초과하였다.

단어 药 yào 몡 약 | 吃 chī 동 먹다 | 已经 yǐjing 閉 이미 | 有效期 yǒuxiàoqī 몡 유통기한 | 还是 háishi 閉 정말 | ★ 细心 xìxīn 혱 세심하다 | ★ 不然 bùrán 젭 그렇지 않으면 | 麻烦 máfan 혱 성가시다, 번거롭다

[01-05]

A 可是	B 把	A 그러나	B ~을
C 如果	D 在	C 만약	D ~에
E 听说	F 光	E 듣자하니	F 조금도 남지 않다

단어 可是 kěshì 젭 그러나 | 把 bǎ 젠 ~을. ~를 | ★ 如果 rúguǒ 젭 만약 | 在 zài 젠 ~에서 | 听说 tīngshuō 동 듣자하니 | 光 guāng 혱 조금도 남지 않다(주로 보어로 쓰임)

---

01 老师（　　　）黑板上写下了两个大字："诚实"。

선생님은 칠판 위(D 에) '성실'이라는 두 글자를 쓰셨다.

S2 S3

시크릿 동사 술어 앞에 나올 수 있는 명사는 크게 2가지로 나뉜다. 첫 번째는 주어고, 두 번째는 전치사구의 명사다. 주어가 이미 존재하는 상태에서 빈칸 뒤에 또 다른 명사가 있다면, 빈칸은 분명 전치사 자리다.

老师 + 　（　）黑板上　 + 写下了 + 两个大字
주어 + 전치사구(전치사+명사) + 술어 + 목적어

해설 전치사의 첫 번째 힌트는 명사, 두 번째 힌트는 동사다. 이 문제에는 빈칸 뒤에 첫 번째 힌트인 명사 黑板上(칠판 위)이 있다. 黑板(칠판)은 원래 장소가 아니라 사물인데, 뒤에 방위명사인 上을 붙여 '칠판 위'라는 장소가 되었다. 장소 앞에는 전치사 在가 있어야 한다.

단어 老师 lǎoshī 몡 선생님 | 黑板 hēibǎn 몡 칠판 | 写 xiě 동 (글씨를) 쓰다 | 诚实 chéngshí 혱 성실하다

---

02 （　　　）他们的东西都拿走，包括那边的那些衣服和书。

그들의 물건(B 을) 모두 가져가, 저쪽에 있는 그 옷들과 책들까지 포함해서 모두 다.

S1 S3

시크릿 동작 대상이 술어 앞에 위치하려면 전치사 把가 있어야 한다.

（　）+ 　他们的东西　 + 都拿走
전치사 + 동작의 대상(명사) + 동사 술어

해설 여기서 他们的东西(그들의 물건)는 원래 拿走(가져가다)의 목적어였는데, 전치사 把를 쓰면, 술어 앞으로 도치시킬 수 있다. 따라서 빈칸에는 전치사 把를 써야 한다.

단어 东西 dōngxi 몡 물건 | 拿 ná 동 가지다. 잡다 | ★ 包括 bāokuò 동 포함하다 | 衣服 yīfu 몡 옷 | 书 shū 몡 책

03 我本来打算放弃了, (   )他的话让我改变了主意。

나는 원래 포기할 생각이었는데, (A 그러나) 그의 말이 나의 생각을 바꾸게 하였다.

S 3

시크릿 2개의 절로 구성된 복문에서, 두 번째 절의 주어 앞에는 일반적으로 접속사가 나온다.

해설 해석으로 의미를 파악해보면 '원래 포기하려 했다' → '생각이 바뀌었다'의 흐름이다. 두 절 사이에는 역접의 접속사 可是나 但是가 필요하다.

Tip 뒤 절에 오는 접속사 위치는 무조건 뒤 절의 주어 앞이다.

단어 ★ 本来 běnlái 본래, 원래 | 打算 dǎsuan 통 ~하려고 하다, ~할 작정이다 | ★ 放弃 fàngqì 통 포기하다 | ★ 改变 gǎibiàn 통 변하다, 바뀌다 | 主意 zhǔyi 명 생각, 결심

04 (   )每天都有人请你吃饭喝酒, 你就应该推掉一些。

(C 만약) 매일 누군가가 너에게 밥을 사주고 술을 사준다면, 너는 곧 사양할 줄도 알아야 한다.

S 1

시크릿 시간사(每天)는 주어 앞뒤에 모두 위치할 수 있다. 시간사보다 더 앞에 나올 수 있는 품사는 접속사이므로, 빈칸에는 접속사가 나와야 한다.

해설 접속사는 일반적으로 뒤에 호응하는 부사나 접속사가 있다. 뒤 절에서 부사 就는 如果(만약)와 호응하며 가정의 의미를 나타내므로, 답은 如果가 된다.

단어 有人 yǒurén 어떤 사람, 누군가 | ★ 应该 yīnggāi 조통 마땅히 ~해야 한다 | 推 tuī 통 사양하다

05 (   )中国的大学不允许学生学习期间结婚, 是吗?

(E 듣자하니), 중국의 대학에서는 학생들이 학기 중에 결혼하는 것이 허락되지 않는다던데, 정말이니?

S 1

시크릿 주어보다 앞서 나올 수 있는 것은 시간사, 접속사, 삽입어 정도다.

해설 화자는 중국 대학에서 학생들의 결혼 금지에 관한 얘기를 하고 있다. 문장 끝에 '是吗?'라며 확인하는 것은 본인이 정확히 알고 있는 것이 아닌 누군가에게서 들었기 때문일 것이다. 삽입어 听说는 我听别人说(내가 다른 사람의 말을 듣기로는)의 줄임말로 '듣자하니'라는 의미를 나타낸다.

Tip 주어 앞에 나올 수 있는 삽입어: 看样子 보아하니 / 听说 듣자하니 / 对…来说 ~에게 있어서는 / 在…来看 ~가 보았을 때

단어 ★ 允许 yǔnxǔ 통 허락하다 | 学生 xuésheng 명 학생 | 学习 xuéxí 통 공부하다 | 期间 qījiān 명 기간 | 结婚 jiéhūn 통 결혼하다

[01-05]

A 离	B 遍	A ~로부터	B 번
C 什么的	D 会	C ~ 같은 것	D ~할 것이다
E 篇	F 可以	E 편	F ~할 수 있다

단어 离 lí 전 ~로부터, ~까지 | 遍 biàn 양 번, 회(처음부터 끝까지의 과정) | ★ 什么的 shénmede 대 ~등, ~따위 | 会 huì 조동 ~할 것이다 | 篇 piān 양 편, 장(문장 등을 세는 단위) | 可以 kěyǐ 조동 ~할 수 있다

01

A: 期末考试成绩出来了吗?
B: 明天就(　　　)在网上查成绩，我估计这次考得还可以。

A: 기말고사 성적 나왔어?
B: 내일이면 인터넷에서 성적을 조회(F 할 수 있어), 이번 시험은 괜찮게 본 것 같아.

S2
S3

시크릿 '조동사 + 전치사구 + 술어'의 어순에 따라, 전치사구(在网上) 앞의 빈칸에는 조동사가 나와야 한다.

해설 조동사 可以는 허락이나 가능 등을 나타낸다. 기말고사 성적이 아직 나오지 않았고, 내일이면 성적조회가 가능해진다고 말하고 있으므로, 가능의 조동사 可以를 써야 한다.

단어 期末 qīmò 명 학기말 | 考试 kǎoshì 명 시험 | 成绩 chéngjì 명 성적 | 明天 míngtiān 명 내일 | 网 wǎng 명 인터넷 | 查 chá 통 찾아보다 | 估计 gūjì 통 추측하다, 짐작하다

02

A: 真抱歉，我迟到了。
B: 没关系，(　　　)上演还有5分钟呢。

A: 정말 미안해, 내가 늦었지.
B: 괜찮아, 공연 시작하기(A 까지는) 아직 5분 남았어.

S1
S3

시크릿 '~까지는 5분 남았다'라는 해석으로 보아 전치사가 필요하다.

해설 시간이나 거리 간격을 나타낼 때는 전치사 离(~로부터, ~까지)를 써야 한다. 또다른 전치사 从은 출발점을 강조하거나, 거리 간격을 나타내지만 뒤에 반드시 到와 호응해야 한다.
예) A 离 B (A는 B로부터/까지):
현재离考试只有三天. 이제 시험까지는 겨우 3일 남았다.
地铁站离我家很近. 지하철역은 우리집으로부터 매우 가깝다.
从 A 到 B (A에서부터 B까지):
从早上到晚上一直工作. 아침부터 저녁까지 계속 일한다.
从我家到学校很远. 우리집에서 학교까지는 매우 멀다.

Tip 거리 간격을 나타내는 문제는 从보다는 离가 출제될 확률이 높다. 술어로는 还有5分钟(아직 5분 남았다), 只有三天(3일 밖에 없다)과 같이 구체적인 수치가 나오기도 하고 很远(멀다), 很近(가깝다)과 같은 표현을 쓰기도 한다.

단어 ★ 抱歉 bàoqiàn 통 미안해하다 | 迟到 chídào 통 지각하다 | 上演 shàngyǎn 통 상연하다, 공연하다

A: 那本书你看完了吗?
B: 看完了，不过还想再看一（　　　）。

A: 그 책 너 다 본 거야?
B: 다 봤는데, 한 (B 번) 더 보고 싶어.

시크릿 동사(看) 뒤에는 보어가 나온다. 수사(一)가 있으므로 동작의 양을 나타내는 동량보어가 나와야 한다. 동량보어란 '한 번, 두 번…' 처럼 동작의 양을 세는 보어를 말한다.

해설 동량보어 遍은 동작의 시작부터 끝까지 전체 과정을 세는 보어다. 동사 看(보다), 听(듣다), 说(말하다) 등과 자주 나온다.

예) 我已经看了一遍。나는 이미 한 번 보았다.
　　请再听一遍。다시 한 번 들어보세요.
　　你再说一遍，好吗? 한 번 더 말씀해주시겠어요?

단어 书 shū 圓 책 | ★ 不过 búguò 쥅 그러나 | 想 xiǎng 조동 ～하고 싶다 | 再 zài 旧 또, 다시

A: 请问，日用品在哪儿?
B: 这边都是食品，毛巾、牙膏（　　　）在那边，右边。

A: 저기요, 생활용품은 어디에 있나요?
B: 이쪽은 모두 식품입니다. 수건, 치약 (C 같은 것)은 저쪽, 오른쪽에 있어요.

시크릿 여러 개의 단어가 나열되면, 그 뒤에는 什么的, 等等과 같은 말을 쓸 수 있다.

해설 여러 개의 단어나 구를 열거할 때는 우리나라에서는 쉼표(,)를 쓰지만, 중국에서는 모점(頓号: 、)을 사용한다. 열거할 내용이 더 남아있지만 생략할 때는 等等, 什么的 등을 사용하면 된다.

단어 日用品 rìyòngpǐn 圓 생활용품 | 食品 shípǐn 圓 식품 | 毛巾 máojīn 圓 수건 | 牙膏 yágāo 圓 치약 | 右边 yòubian 圓 오른쪽

A: 老师，上个星期我交给你的那份报告怎么样?
B: 你写的那（　　　）文章写得太乱了，重新写吧。

A: 선생님, 지난주에 제가 제출한 보고서는 어떤가요?
B: 자네가 쓴 그 (E 한 편의) 글은 너무 무질서하더군. 다시 쓰도록 하게.

시크릿 어순에 따라 지시대사와 명사 사이의 빈칸에는 반드시 양사가 필요하다.

那　+　一　+（　）+文章
지시대사 + 수사 + 양사 + 명사

해설 양사의 힌트는 바로 뒤에 나오는 명사다. 文章(글)을 세는 양사는 篇이다.

단어 老师 lǎoshī 圓 선생님 | 星期 xīngqī 圓 주 | 交 jiāo 圄 제출하다 | 份 fèn 圀 권, 부 (신문, 문건 등을 세는 단위) | 报告 bàogào 圓 보고서 | 怎么样 zěnmeyàng 데 어떻다 | 写 xiě 圄 쓰다 | 文章 wénzhāng 圓 글 | ★ 乱 luàn 圀 어지럽다, 무질서하다 | 重新 chóngxīn 旧 다시, 새로

11 day　p.59

01

S1

A 但他的确是该走的时候走的
B 我爷爷什么时候走的，我已经记不清楚了
C 没有留下任何遗憾

A 그러나 그는 확실히 돌아가셔야 할 때 돌아가신 것이어서
B 우리 할아버지가 언제 돌아가셨는지, 나는 이미 기억이 가물가물하다
C 어떠한 아쉬움도 남기지 않으셨다　　B A C

시크릿 사람 주어 찾기 / 접속사에 주목!

해설 1단계 **B-** 사람 주어 我爷爷(우리 할아버지)가 있는 B가 첫 번째 문장이 된다.

2단계 **A-** 3개의 보기에 유사한 단어가 등장하는지 살펴보면, B와 A에서 走的(돌아가신 것)를 찾을 수 있다. 두 개의 구문 모두 할아버지의 죽음에 대해 언급하고 있다.

3단계 **C-** 할아버지는 이미 오래전에 돌아가셨다. 하지만 갑작스러운 것이 아니라, 연세가 많아서 돌아가신 것이어서 어떠한 아쉬움이나 회한을 남기지 않았다는 말이다.

따라서 BAC 순으로 배열하면 자연스러운 문장이 된다.

단어 但 dàn 쩝 그러나 | 的确 díquè 뷔 확실히, 정말 | 该 gāi 조동 ~해야 한다 | 走 zǒu 툉 떠나다, 사람이 죽다 | 爷爷 yéye 몡 할아버지 | 什么 shénme 때 무엇, 어떤 | 时候 shíhou 몡 때, 무렵 | 已经 yǐjing 뷔 이미, 벌써 | 记 jì 툉 기억하다 | 清楚 qīngchu 톙 뚜렷하다, 분명하다 | 没有 méiyǒu 툉 없다 | 留 liú 툉 남기다 | 任何 rènhé 때 어떠한, 무슨 | 遗憾 yíhàn 몡 유감

02

S1

A 他大赚了一笔黑心钱
B 而可怜的人们竟以为他是救星
C 还光明正大地对所有人说："我这么做是为了你们。"

A 그는 불법적인 방법으로 큰 돈을 벌었고
B 그런데 불쌍한 사람들은 뜻밖에도 그가 구원자라고 여긴다
C 그러고도 떳떳하게 사람들에게 "내가 이렇게 한 것은 여러분을 위해서입니다."라고 말했다　　A C B

시크릿 사람 주어 찾기 / 접속사에 주목!

해설 1단계 **A-** 사람 주어 他(그)가 있는 A가 첫 번째 문장이 된다.

2단계 **C-** 부사 还는 앞의 내용에 부연설명을 하는 것이므로, 두 번째 문장이 될 확률이 높다.

3단계 **B-** 역접의 접속사 而을 통해서 그는 불법을 행한 나쁜 사람이지만, 그의 감언이설에 사람들이 속아 그를 구원자라고 여긴다는 현실을 말하고 있다.

따라서 어순 배열은 ACB가 된다.

단어 大 dà 톙 많다 | 赚钱 zhuànqián 툉 돈을 벌다 | 黑心 hēixīn 몡 나쁜 마음 | 而 ér 쩝 그러나 | 可怜 kělián 톙 불쌍하다 | 竟 jìng 뷔 뜻밖에, 의외로 | 以为 yǐwéi 툉 여기다, 간주하다 | 救星 jiùxīng 몡 구세주 | 还 hái 뷔 또, 게다가 | 光明正大 guāngmíng zhèngdà 성에 공명정대하다, 정정당당하다 | 对 duì 젠 ~에게 | 所有 suǒyǒu 톙 모든, 전부의 | 说 shuō 툉 말하다 | 这么 zhème 때 이렇게 | 做 zuò 툉 하다 | 为了 wèile 젠 ~을 위해서

03

S2

A 但时间不要过长，最好掌握在半小时到一小时之间
B 一般来说，感到稍稍出汗的时候就行了
C 散步能帮助人减轻压力，使心情变得轻松起来

A 그러나 시간이 너무 길 필요는 없고, 30분에서 1시간 사이로 하는 것이 가장 좋다
B 일반적으로 살짝 땀이 나는 것을 느끼는 정도면 된다
C 산책은 사람들의 스트레스를 줄이는데 도움을 주고, 기분을 가볍게 해준다

C A B

시크릿 非사람 주어 찾기 / 접속사에 주목!

해설 1단계 **C**- 散步는 동사지만 문장 맨 앞에서는 '산책하는 것은' 또는 '산책은'이라고 해석할 수 있으므로 非사람 주어로 쓰일 수 있다. 따라서 C가 첫 번째 문장이 된다.

2단계 **A**- 첫 번째 문장에서 산책의 장점을 설명하고, 두 번째 문장에서는 역접의 접속사 但을 사용하여 산책할 때의 유의사항과 최적의 시간을 알려주고 있다.

3단계 **B**- 산책의 최적 시간이 30분~1시간인데, 약간 땀이 나는 것을 느낄 정도면 된다고 부연설명을 해주고 있다.

따라서 어순 배열은 CAB가 된다.

단어 时间 shíjiān 몡 시간 | 不要 búyào 통 필요 없다 | 过 guò 뭐 지나치게 | 长 cháng 혱 길다 | 最好 zuìhǎo 혱 가장 좋다 | 掌握 zhǎngwò 통 장악하다, 통제하다 | 小时 xiǎoshí 몡 시간 | 到 dào 통 이르다 | 之间 zhījiān 몡 (~의) 사이 | 一般来说 yìbānláishuō 일반적으로 말하면 | 感到 gǎndào 통 느끼다, 여기다 | 稍稍 shāoshāo 뭐 조금, 약간 | 出汗 chūhàn 통 땀이 나다 | 时候 shíhou 몡 때, 무렵 | 散步 sànbù 통 산책하다 | 能 néng 조통 ~할 수 있다 | 帮助 bāngzhù 통 돕다 | 减轻 jiǎnqīng 통 줄다, 감소하다 | 压力 yālì 몡 스트레스 | 心情 xīnqíng 몡 기분, 정서 | 变 biàn 통 변하다, 바뀌다 | 轻松 qīngsōng 혱 수월하다, 부담 없다

04

S2

A 但当你看到别人点的菜以后，你就会后悔
B 你点的是自己喜欢的菜
C 结婚就像去饭馆儿吃饭

A 그러나 다른 사람이 주문한 음식을 보고 나면, 당신은 곧 후회하게 될 것이다
B 당신이 주문한 것은 당신이 좋아하는 음식이지만
C 결혼은 음식점에 가서 밥을 먹는 것과 같아서

C B A

시크릿 非사람 주어 찾기 / 이야기 흐름에 주목!

해설 1단계 **C**- C의 结婚(결혼하다)과 B의 你点的(당신이 주문한 것)는 모두 非사람 주어로 첫 번째 문장이 될 수 있다.

2단계 **B**- A와 B에서 菜(음식)라는 공통된 단어를 발견했다면, 두 개의 문장이 연관성이 있어 나란히 배열될 것임을 눈치챌 수 있다. 그렇다면 첫 번째 문장은 당연히 결혼을 음식점에 가서 밥을 먹는 것으로 비유한 C가 될 것이다.

3단계 **A**- 虽然…但是…(비록 ~하지만, 그러나 ~하다)라는 접속사 구문에서 虽然이 생략된 것으로 보면 된다. 비록 자신이 좋아하는 음식을 시켰지만, 다른 사람의 음식을 보면 곧 자신이 시킨 음식에 대해 후회를 하듯이, 결혼을 하고 나면 맘에 드는 다른 사람을 보고 후회할 수 있다는 내용이다.

따라서 어순 배열은 CBA가 된다.

단어 看到 kàndào 통 보다 | 别人 biéren 때 남, 타인 | 点菜 diǎncài 통 음식을 주문하다 | 以后 yǐhòu 몡 이후 | 会 huì 조통 ~할 것이다 | 后悔 hòuhuǐ 통 후회하다 | 自己 zìjǐ 때 자기, 자신 | 喜欢 xǐhuan 통 좋아하다 | 结婚 jiéhūn 통 결혼하다 | 像 xiàng 통 ~와 같다 | 去 qù 통 가다 | 饭馆 fànguǎn 몡 음식점 | 吃饭 chīfàn 통 밥을 먹다

05

S2

A 但只有不断地给别人带去爱的人才是最幸福的
B 因此我要用自己的身心为别人带去爱
C 爱和被爱都是幸福的

A 그러나 끊임없이 다른 사람에게 사랑을 주는 사람이야말로 가장 행복한 것이다
B 그래서 나는 자신의 몸과 마음을 다해서 다른 사람을 사랑해야겠다
C 사랑하는 것과 사랑받는 것은 모두 행복한 일이다

C A B

시크릿 非사람 주어 찾기 / 접속사에 주목!

해설 1단계 **C**- 爱和被爱(사랑하는 것과 사랑받는 것)가 非사람 주어로 첫 번째 문장이 된다.

2단계 **A**- C가 전제가 되는 진술문이라면, 역접의 접속사 但(그러나)을 써서 가장 행복한 것은 사랑받는 것보다 다른 사람을 사랑하는 것이라는 내용이 두 번째 문장이 된다.

3단계 **B**- 由于…因此…(~이기 때문에, 그래서 ~하다)라는 접속사 구문에서 由于가 생략된 형태로 보면 된다. 다른 사람을 사랑하는 것이 진정한 행복이니, 온 마음을 다해 다른 사람을 사랑하겠다는 결론이다.

따라서 어순 배열은 CAB가 된다.

단어 只有 zhǐyǒu 접 ~해야만 | 不断 búduàn 부 계속해서, 끊임없이 | 给 gěi 동 주다 | 爱 ài 동 사랑하다 | 才 cái 부 비로소 | 最 zuì 부 가장, 제일 | 幸福 xìngfú 형 행복하다 | 因此 yīncǐ 접 그래서, 이 때문에 | 要 yào 조동 ~해야 한다 | 用 yòng 동 쓰다, 사용하다 | 自己 zìjǐ 대 자신 | 身心 shēnxīn 명 몸과 마음 | 为 wèi 전 ~에게, ~을 위하여 | 带 dài 동 가지다, 지니다 | 和 hé 전 ~와 | 都 dōu 부 모두

12 day p.60

01

A 有可能随时离开这个世界
B 他得了重病，有生命危险
C 但他每天仍然坚持学习外语

S1

A 언제라도 이 세상을 떠날 수 있다
B 그는 중병에 걸려서, 목숨이 매우 위태로웠고
C 그러나 그는 매일 외국어 공부를 꾸준히 한다

B A C

시크릿 사람 주어 찾기 / 이야기 흐름에 주목!

해설 1단계 **B**- 他(그)는 사람 주어이므로, B는 첫 번째 문장이 될 수 있다.

2단계 **A**- B에서 중병으로 목숨이 위태롭다고 했으므로, 문맥상 그 뒤에는 A의 이 세상을 떠날지도 모른다는 내용이 나오는 것이 자연스럽다.

3단계 **C**- 역접의 접속사 但(그러나)을 사용하여, 그런 위중한 상태에서도 외국어 공부를 열심히 한다는 것을 말해준다.

따라서 어순 배열은 BAC가 된다.

단어 有 yǒu 동 있다 | 可能 kěnéng 명 가능성 | 随时 suíshí 부 언제든지 | 离开 líkāi 동 떠나다 | 世界 shìjiè 명 세상, 세계 | 得 dé 동 (병을) 앓다, 얻다 | 重病 zhòngbìng 명 중병 | 生命 shēngmìng 명 생명 | 危险 wēixiǎn 형 위험하다 | 仍然 réngrán 부 변함없이, 여전히 | 坚持 jiānchí 동 유지하다 | 学习 xuéxí 동 공부하다 | 外语 wàiyǔ 명 외국어

02

A 他很年轻，没有多少经验
B 比相同年龄的人更成熟、冷静，更值得信任
C 可是遇到什么麻烦的事，都自己去解决

S1

A 그는 매우 젊고, 경험도 그다지 많지 않다
B 같은 연령의 사람에 비해 훨씬 성숙하고 침착하며, 신임할만하다
C 그러나 어떤 힘든 일에 부딪히면, 자기 스스로 해결한다

A C B

시크릿 사람 주어 찾기 / 접속사에 주목!

해설 1단계 **A**- 사람 주어 他(그)가 있으므로 첫 번째 문장이 될 수 있다.

2단계 **C**- 역접의 접속사 可是(그러나)는 앞의 내용과 상반되는 내용을 제시할 수 있다. 모든 일을 혼자 알아서 해결한다(可是…都自己去解决)는 것은 A의 젊고 경험이 없다는 내용과 상반되므로, A→C의 순서로 배열한다.

3단계 **B**- 比相同年龄的人(같은 연령대의 사람)과 비교한 내용이 나오면서 결론을 짓고 있다.

따라서 어순 배열은 ACB가 된다.

 很 hěn 图 아주, 매우 | 年轻 niánqīng 閿 젊다 | 多少 duōshǎo 图 얼마간, 약간 | 经验 jīngyàn 閿 경험 | 比 bǐ 囮 ～에 비해, ～보다 | 相同 xiāngtóng 閿 똑같다 | 年龄 niánlíng 閿 연령, 나이 | 更 gèng 图 더욱 | 成熟 chéngshú 閿 성숙하다 | 冷静 lěngjìng 閿 침착하다, 냉정하다 | 值得 zhídé 图 ～할만하다 | 信任 xìnrèn 图 신임하다 | 可是 kěshì 젭 그러나 | 遇到 yùdào 图 부닥치다, 맞닥뜨리다 | 什么 shénme 떼 무엇, 어떤 | 麻烦 máfan 閿 귀찮다, 번거롭다 | 事 shì 閿 일 | 解决 jiějué 图 해결하다

03

A 放弃并不是表示认输，而是表示新的开始
B 因此为了获得更多
C 应该放弃一些不重要的东西

A 포기하는 것은 결코 패배를 인정하는 것이 아니라, 새로운 시작을 의미한다
B 그래서 더 많은 것을 얻기 위해서는
C 중요하지 않은 것들을 포기해야 한다　　A B C

시크릿 非사람 주어 찾기 / 이야기 흐름에 주목!

해설 1단계　A- 非사람 주어 放弃(포기하다)가 있으므로 첫 번째 문장이 될 수 있다. 동사(구), 형용사(구)도 주어가 될 수 있다.

2단계　B- 목적을 나타내는 为了(~을 위해서)는 주로 앞 절에서 목적을 이끌고, 목적을 이루기 위한 행위가 뒤 절에 나오므로 남은 B, C중에서 为了가 있는 B가 먼저 나와야 한다.

3단계　C- 더 많은 것을 얻기 위해 중요치 않은 것을 포기해야 한다는 말로 마무리 짓고 있다.

따라서 어순 배열은 ABC가 된다.

 放弃 fàngqì 图 포기하다 | 并 bìng 图 결코 | 不是…而是… búshì…érshì… ～가 아니라 ~다 | 表示 biǎoshì 图 표시하다, 나타내다 | 认输 rènshū 图 패배를 인정하다 | 新 xīn 閿 새롭다 | 开始 kāishǐ 图 시작하다 | 因此 yīncǐ 젭 그래서, 이 때문에 | 为了 wèile 囮 ～을 위해서 | 获得 huòdé 图 얻다, 취득하다 | 更 gèng 图 더욱 | 多 duō 閿 많다 | 应该 yīnggāi 조图 마땅히 ~해야 한다 | 一些 yìxiē 閿 약간, 얼마간 | 重要 zhòngyào 閿 중요하다 | 东西 dōngxi 閿 것, 사물

04

A 带来一天的好心情
B 一个笑话
C 也许就能带走我们的烦恼

A 온종일 좋은 기분을 가져다 줄 수 있다
B 우스운 이야기 하나가
C 어쩌면 우리의 고민거리를 가져갈 수 있고　　B C A

시크릿 非사람 주어 찾기 / 이야기 흐름에 주목!

해설 1단계　B- 非사람 주어 一个笑话(우스운 이야기 하나)가 있으므로 첫 번째 문장이 될 수 있다.

2단계　C- 부사는 주어 뒤에 위치한다. 따라서 부사 也许(어쩌면)는 주어(一个笑话) 바로 뒤에 위치하게 되므로, 두 번째 문장이 된다.

3단계　A- A와 C에는 서로 대조를 이루는 带走, 带来가 나오는데 의미상 배열을 하자면 먼저 괴로움을 가져가야(带走) 좋은 기분을 가져올(带来) 수 있으므로 C → A의 순서가 된다.

따라서 어순 배열은 BCA가 된다.

 带来 dàilái 图 가져오다 | 一天 yìtiān 閿 하루, 종일 | 好 hǎo 閿 좋다 | 心情 xīnqíng 閿 기분, 정서 | 笑话 xiàohua 閿 우스운 이야기 | 也许 yěxǔ 图 어쩌면, 아마도 | 能 néng 조图 ～할 수 있다 | 带走 dàizǒu 图 가지고 가다 | 烦恼 fánnǎo 閿 걱정하다, 고민스럽다

05

A 不能只说人的缺点，也不要笑话人
B 批评人要注意方式和方法
C 应该用真诚的态度让对方明白道理

A 그 사람의 결점만을 말해서는 안 되고, 비웃어서도 안 되며
B 사람을 비판하는 일은 방식과 방법에 주의해야 한다
C 진실된 태도로 상대방이 이치를 깨닫게 해야 한다
　　　　　　　　　　　B A C

해설 1단계 **B**- 술목 구조인 批评人(사람을 비판하는 것)이 非사람 주어로 첫 번째 문장이 될 수 있다.

2단계 **A**- 첫 번째 문장 B에서 언급한 '방식과 방법'에 대한 부연설명이 A에 나오고 있으므로, 두 번째 문장이 된다.

3단계 **C**- 조동사 应该(마땅히 ~해야 한다)는 당위성을 나타낸다. 비판하면서 상대방을 비웃으면 안 되고, 진심 어린 충고로 상대방이 이치를 깨닫게 해야 한다고 말하고 있다.

따라서 어순 배열은 BAC가 된다.

단어 能 néng 조동 ~해도 된다 | 只 zhǐ 부 단지, 오직 | 缺点 quēdiǎn 명 결점 | 要 yào 조동 ~해야 한다 | 笑话 xiàohua 동 비웃다, 조롱하다 | 批评 pīpíng 동 비판하다, 지적하다 | 注意 zhùyì 동 주의하다 | 方式 fāngshì 명 방식 | 和 hé 전 ~와 | 方法 fāngfǎ 명 방법 | 用 yòng 동 쓰다, 사용하다 | 真诚 zhēnchéng 형 진실하다 | 态度 tàidu 명 태도 | 对方 duìfāng 명 상대방 | 明白 míngbai 동 알다, 이해하다 | 道理 dàolǐ 명 도리, 이치

13 day p.64

01

S1

A 随着科学的发展、人们生活水平的提高
B 成为人们生活中的必需品
C 网络已经进入到千家万户

A 과학의 발전과 사람들의 생활 수준이 향상됨에 따라
B 사람들의 생활 필수품이 되었다
C 인터넷은 이미 수많은 가정에 보급되었고

A C B

해설 1단계 **A**- 随着(~에 따라)는 주어 앞에 위치해야 하는 특별한 전치사다. 따라서 随着가 나왔다면 무조건 첫 번째 문장이 된다는 사실을 명심해야 한다.

Tip 随着는 뒤에 나오는 명사 发展(발전)과 提高(향상)를 모두 이끌고 있다. 따라서 A는 아주 긴 전치사구 덩어리임을 알 수 있다.

2단계 **C**- 전치사구가 있을 때의 어순 '전치사구, 주어 + 부사 + 술어'에 따라, 전치사구(随着…) 뒤에는 网络(인터넷)라는 주어가 있는 문장이 나와야 한다.

3단계 **B**- 인터넷이 많은 가정에 보급되었고, 이미 사람들의 필수품이 되었다는 것이 결론이 된다.

따라서 어순 배열은 ACB가 된다.

단어 随着 suízhe 전 ~에 따라서 | 科学 kēxué 명 과학 | 发展 fāzhǎn 동 발전하다 | 生活 shēnghuó 명 생활 | 水平 shuǐpíng 명 수준 | 提高 tígāo 동 향상시키다 | 成为 chéngwéi ~이 되다 | 必需品 bìxūpǐn 명 필수품 | 网络 wǎngluò 명 인터넷 | 已经 yǐjing 부 이미, 벌써 | 进入 jìnrù 동 진입하다 | 到 dào 동 이르다 | 千家万户 qiānjiā wànhù 성어 수많은 가구, 많은 집들

02

S1

A 关键是要清楚地知道我们的目的，找个最合理的方法去做
B 这个工作还可以，并没有你想象的那么复杂
C 依我看

A 관건은 우리의 목적을 정확히 알고, 가장 합리적인 방법을 찾아서 해야 한다는 것이다
B 이 일은 할만하고, 당신이 상상하는 것처럼 그렇게 복잡하지 않다
C 내가 보기에

C B A

해설 1단계 **C**- 전치사구 依我看(내가 보기에)은 주어 앞에 올 경우가 많기 때문에 첫 번째 문장이 된다.

2단계 **B**- 전치사구가 있을 때의 어순 '전치사구, 주어 + 부사 + 술어'에 따라, 전치사구(依我看) 뒤에는 非사람 주어인 这个工作(이 일)가 있는 B가 나와야 한다.

3단계 **A**- 关键(관건)은 가장 핵심적인 내용을 말할 때 자주 사용되는 단어다.

따라서 어순 배열은 CBA가 된다.

03

A 同事们都笑话我，以后经常拿这件事跟我开玩笑

B 飞机起飞时，我紧紧抱住前面的座椅

C 我第一次坐飞机的时候非常害怕

A 동료들은 모두 나를 비웃었고, 그 후로도 자주 그 일로 나를 놀렸다

B 비행기가 이륙할 때, 나는 앞 좌석 의자를 꽉 껴안았다

C 나는 처음으로 비행기를 탔을 때 너무 무서워서

C B A

시크릿 이야기의 시간 순서에 주목!

해설 1단계 **C**- A, B, C 모두 주어가 있어 첫 번째 문장이 될 가능성이 있다.

2단계 **B**- C의 第一次坐飞机(처음으로 비행기를 타다) 다음에 B의 飞机起飞(비행기가 이륙하다)가 올 수 있으므로, C → B의 순서가 된다.

3단계 **A**- 비행기에서 무서워서 의자를 꼭 껴안고 있는 나의 모습(B)을 보고, 직장 동료들이 나를 자주 놀린다는 이야기였으므로, B → A의 순서가 된다.

따라서 어순 배열은 CBA가 된다.

단어 同事 tóngshì 몡 동료 | 笑话 xiàohua 동 비웃다 | 以后 yǐhòu 몡 이후 | 经常 jīngcháng 円 자주, 종종 | 拿 ná 젠 ~
로써, ~에 대해서 | 事 shì 몡 일 | 跟 gēn 젠 ~에게, ~을 향해 | 开玩笑 kāi wánxiào 동 놀리다 | 飞机 fēijī 몡 비행기 |
起飞 qǐfēi 동 이륙하다 | 时 shí 몡 때 | 紧紧 jǐnjǐn 円 바짝, 꽉 | 抱 bào 동 안다 | 前面 qiánmian 몡 앞 | 座椅 zuòyǐ
몡 (의자식) 좌석 | 第一次 dì yī cì 몡 맨 처음 | 坐 zuò 동 타다 | 时候 shíhou 몡 때, 무렵 | 非常 fēicháng 円 대단히, 매
우 | 害怕 hàipà 동 무서워하다

04

A 男朋友转身对那个女孩儿说："别怕，你安全了。"

B 我的男朋友跟小偷对打了半天

C 小偷终于被打跑了，消失在黑暗中

A 남자친구는 몸을 돌려 그 여자에게 "무서워하지 마세요, 당신은 이제 안전해요."라고 말했다

B 내 남자친구는 도둑과 한참 동안 몸싸움을 하여

C 도둑은 결국 도망갔고, 어둠 속으로 사라졌다

B C A

시크릿 이야기 흐름에 주목!

해설 1단계 **B**- 여기서는 A의 男朋友(남자친구), B의 我的男朋友(내 남자친구), C의 小偷(도둑)가 모두 주어가 될 수 있다. 그런데 C의 문장에는 어떤 일의 최종 결과를 말해주는 부사 终于가 있기 때문에 첫 번째 절이 될 수 없고, 문맥상 남자친구를 我的(나의)라는 말로 제한한 B가 첫 번째 문장이 된다.

2단계 **C**- 한참 동안(半天) 몸싸움을 벌이다가 결국 도둑이 도망갔다는 내용의 C가 두 번째 문장이 된다.

3단계 **A**- 도둑이 도망간 후 내 남자친구가 위험에 처해있던 여자에게 안심하라고 위로해주었다.

따라서 어순 배열은 BCA가 된다.

단어 男朋友 nánpéngyou 남자친구 | 转身 zhuǎnshēn 동 몸을 돌리다 | 女孩儿 nǚháir 몡 여자(아이) | 别 bié 円 ~
하지 마라 | 怕 pà 동 무서워하다 | 安全 ānquán 혱 안전하다 | 小偷 xiǎotōu 몡 도둑 | 对打 duìdǎ 동 서로 다투다 | 半
天 bàntiān 몡 한참 동안 | 终于 zhōngyú 円 마침내 | 打跑 dǎpǎo 동 때려 쫓다 | 消失 xiāoshī 동 사라지다 | 黑暗
hēi'àn 혱 어둡다

A 让被批评的人不觉得难受，而且让他感觉到是在帮助他

B 比如，批评别人的时候要用巧妙的方法

C 管理是一门艺术

A 비판을 듣는 사람이 괴롭게 느끼지 않으면서, 게다가 그를 돕고 있는 것이라고 느끼게 하는 것이다

B 예를 들어 다른 사람을 비판할 때는 재치있는 방법을 사용해야 한다

C 관리는 일종의 예술이다　　　C B A

시크릿 이야기 흐름과 접속사에 주목!

해설

1단계　**C**- 일반적으로 첫 번째 문장은 전제를 이루는 기본 진술문이므로, C가 첫 번째 문장으로 나오는 것이 자연스럽다.

2단계　**B**- 比如(예를 들어)는 일반적으로 두 번째 이하의 절에 등장한다.

3단계　**A**- 두 번째 문장(B)에서 언급한 재치있는 방법에 대한 부연설명이 A에 서술되어 있으니, A가 세 번째 문장이 된다.

따라서 어순 배열은 CBA가 된다.

단어　批评 pīpíng 통 질책하다, 비난하다 | 觉得 juéde 통 ~라고 느끼다 | 难受 nánshòu 형 괴롭다 | 而且 érqiě 접 게다가, 그뿐만 아니라 | 感觉 gǎnjué 통 느끼다 | 帮助 bāngzhù 통 돕다 | 比如 bǐrú 접 예를 들어 | 别人 biéren 대 남, 타인 | 时候 shíhou 명 때, 무렵 | 要 yào 조동 ~해야 한다 | 用 yòng 통 쓰다, 사용하다 | 巧妙 qiǎomiào 형 교묘하다 | 管理 guǎnlǐ 통 관리하다 | 艺术 yìshù 명 예술

14 day　p.65

A 因为红色会更好地保护皮肤

B 按照一般人的经验，大家都认为夏天穿白色的衣服会更凉爽

C 但据有关研究证明，其实红色的衣服效果更好

A 왜냐하면 붉은색이 더 피부를 잘 보호할 수 있기 때문이다

B 보통 사람들의 경험에 따르면, 모두들 여름에 흰색 옷을 입으면 더 시원할 것이라고 생각한다

C 그러나 관련 연구의 증명에 따르면, 사실 붉은색 옷의 효과가 훨씬 좋다

　　　B C A

시크릿 전치사구의 위치와 이야기 흐름에 주목!

해설

1단계　**B**- 전치사 按照(~에 따라)는 주어 앞이나 뒤에 모두 나올 수는 있지만, 대부분 주어 앞 부분에 나오는 경우가 많다. 또한 전치사구 뒤에 주어 大家(모두)까지 나와있는 것으로 보아, 첫 번째 문장임을 확신할 수 있다. '전치사구(按照…), 주어(大家) + 부사 + 술어'의 어순을 숙지하자!

2단계　**C**- 대조를 이루는 두 문장을 살펴보면, 흰색 옷이 시원하다(B)는 것은 일반적인 사람들의 견해고, 붉은색 옷이 더 좋다(C)는 것은 연구 결과로 증명된 반전이다.

3단계　**A**- C의 붉은 옷의 효과가 더 좋다는 사실을 A가 부연설명해주고 있다.

따라서 어순 배열은 BCA가 된다.

단어　因为 yīnwèi 접 왜냐하면 | 红色 hóngsè 명 붉은색 | 会 huì 조동 ~할 것이다 | 更 gèng 부 더욱 | 好 hǎo 형 좋다 | 保护 bǎohù 통 보호하다 | 皮肤 pífū 명 피부 | 按照 ànzhào 전 ~에 따라 | 一般 yìbān 형 일반적이다 | 经验 jīngyàn 명 경험 | 大家 dàjiā 대 모두들 | 都 dōu 부 모두 | 认为 rènwéi 통 여기다, 생각하다 | 夏天 xiàtiān 명 여름 | 穿 chuān 통 입다 | 白色 báisè 명 흰색 | 衣服 yīfu 명 옷 | 凉爽 liángshuǎng 형 서늘하다 | 但 dàn 접 그러나 | 据 jù 전 ~에 따르면 | 有关 yǒuguān 형 관련이 있는 | 研究 yánjiū 통 연구하다 | 证明 zhèngmíng 통 증명하다 | 其实 qíshí 부 사실 | 效果 xiàoguǒ 명 효과

02

S1

A 那就是一家只生一个孩子
B 为了控制中国人口的增长速度
C 政府制定了相关的法律

A 그것은 바로 한 가정에서 한 명의 아이만 낳는 것이다
B 중국의 인구 증가 속도를 제어하기 위해서
C 정부는 관련 법률을 제정했다

BCA

시크릿 전치사구와 非사람 주어, 지시대사에 주목!

해설 1단계 **B**- 전치사 为了(~을 위하여)는 목적을 강조하기 위해 주어 앞으로 나올 수 있으므로, 첫 번째 문장이 될 수 있다.

2단계 **C**- 전치사구가 포함된 문장은 '전치사구(为了…), 주어(政府) + 부사 + 술어'의 어순으로 쓰이므로, 非사람 주어 政府(정부)가 있는 C가 두 번째 문장이 된다.

3단계 **A**- 앞의 내용을 다시 언급할 때 사용하는 지시대사 那(그것)는 C의 法律(법률)를 지칭한다. 즉 한 가정에서 한 명의 아이만 낳도록 하는 법률 내용을 부연설명하고 있다.

따라서 어순 배열은 BCA가 된다.

단어 一家 yìjiā 명 한 집 | 只 zhǐ 부 단지, 오직 | 生 shēng 동 낳다 | 孩子 háizi 명 자녀 | 为了 wèile 전 ~을 위하여 | 控制 kòngzhì 동 규제하다 | 中国 Zhōngguó 명 중국 | 人口 rénkǒu 명 인구 | 增长 zēngzhǎng 동 증가하다 | 速度 sùdù 명 속도 | 政府 zhèngfǔ 명 정부 | 制定 zhìdìng 동 제정하다 | 相关 xiāngguān 동 상관이 있다, 서로 관련되다 | 法律 fǎlǜ 명 법률

03

S2

A 小丽觉得他嘴里有种可怕的味道
B 所以跟他分手了
C 小丽的男朋友抽烟抽得太厉害

A 샤오리는 그의 입에서 끔찍한 냄새가 난다고 느꼈고
B 그래서 그와 헤어졌다
C 샤오리의 남자친구는 담배를 심하게 피운다

CAB

시크릿 이야기 흐름과 접속사에 주목!

해설 1단계 **C**- B는 뒤 절에 나오는 접속사 所以(그래서)가 있으므로 첫 번째 문장이 될 수 없고, A의 小丽(샤오리)와 C의 小丽的男朋友(샤오리의 남자친구) 모두 사람 주어이므로 첫 번째 문장이 될 수 있다.

2단계 **A**- 내용상 C의 '담배를 심하게 피워서(抽烟抽得太厉害)' → A의 '그의 입에서 냄새가 난다(他嘴里有种可怕的味道)'의 어순이다.

3단계 **B**- 결과를 나타내는 접속사 所以(그래서)를 사용하여, 결국 담배 냄새 때문에 둘이 헤어졌음을 알려주고 있다.

따라서 어순 배열은 CAB가 된다.

단어 觉得 juéde 동 ~라고 느끼다 | 嘴 zuǐ 명 입 | 可怕 kěpà 형 끔찍하다 | 味道 wèidao 명 냄새 | 所以 suǒyǐ 접 그래서 | 跟 gēn 전 ~와 | 分手 fēnshǒu 동 헤어지다 | 男朋友 nánpéngyou 명 남자친구 | 抽烟 chōuyān 동 담배를 피우다 | 太 tài 부 몹시, 너무 | 厉害 lìhai 형 심각하다, 굉장하다

04

S2

A 然后再去吃晚饭，一直吃到第二天早上
B 法国人晚上先喝三个小时红酒
C 他们在吃喝上所花的时间真够多的

A 그런 후, 저녁 식사를 하러 가서, 그 다음날 아침까지 먹는다
B 프랑스 사람들은 저녁에 먼저 3시간 동안 포도주를 마시고
C 그들이 먹고 마시는데 쓰는 시간은 정말 많다

BAC

시크릿 접속사와 인칭대사에 주목!

해설 1단계 **B**- 사람 주어인 B의 法国人(프랑스 사람)과 C의 他们(그들) 모두 첫 번째 문장이 될 수 있다. 그러나 문맥상 시간사 晚上(저녁)이 들어 있는 B가 첫 번째 문장이 될 가능성이 더 높다.

2단계 **A**- 접속사 先…然后…(먼저 ~하고, 나중에 ~하다)는 동작의 선후를 밝힌다. 따라서 先이 있는 B가 첫 번째 문장이 되면, 然后가 들어 있는 A가 두 번째 문장이 된다.

3단계　C- C의 他们은 이미 앞에서 언급한 法国人을 지칭하는 대사이므로, 뒤쪽에 배열하는 것이 옳다. C에서
　　　　　프랑스인들이 와인을 마시고 저녁 식사를 하는데 많은 시간을 들인다는 결론을 내리고 있다.
　　　　따라서 어순 배열은 BAC가 된다.

단어　然后 ránhòu 젭 그 다음에 | 再 zài 분 또, 재차 | 吃 chī 동 먹다 | 晚饭 wǎnfàn 명 저녁 식사 | 一直 yìzhí 분 계속, 줄곧
　　 | 早上 zǎoshang 명 아침 | 法国 Fǎguó 명 프랑스 | 晚上 wǎnshang 명 저녁 | 喝 hē 동 마시다 | 小时 xiǎoshí 명
　　 시간 | 红酒 hóngjiǔ 명 레드 와인 | 花 huā 동 쓰다, 소모하다 | 时间 shíjiān 명 시간 | 真 zhēn 분 진정으로, 참으로 | 够
　　 gòu 분 제법, 비교적 | 多 duō 형 많다

05

S2

A 患呼吸道疾病的人也大大增加	A 기관지 계통의 질병을 앓는 사람도 크게 증가한다
B 北京春天经常刮大风	B 베이징의 봄은 자주 거센 바람이 분다
C 气候非常干燥	C 기후는 매우 건조하여
	BCA

시크릿 이야기 흐름에 주목!

해설　1단계　B- A의 患呼吸道疾病的人(기관지 계통의 질병을 앓는 사람)은 사람 주어이고, B의 北京春天(베이징의
　　　　　봄)과 C의 气候(기후)는 非사람 주어이므로 모두 첫 번째 문장이 될 수 있다. 그러나 A에서 최소 두
　　　　　번째 절에 나오는 부사 也가 발견되었으므로, A는 첫 번째 문장이 될 수 없다.
　　 2단계　C- 이야기 전개상 B의 '바람이 자주 분다(원인)' → C의 '매우 건조하다(결과1)'의 어순이 자연스럽다.
　　 3단계　A- A에서는 '기관지 계통의 질병을 앓는 사람도 크게 증가한다'라는 결과2를 제시하고 있다.
　　　　따라서 어순 배열은 BCA가 된다.

단어　患 huàn 동 병이 나다 | 呼吸道 hūxīdào 명 호흡 기관 | 疾病 jíbìng 명 질병 | 大大 dàdà 분 크게, 대단히 | 增加
　　 zēngjiā 동 증가하다 | 北京 Běijīng 명 베이징 | 春天 chūntiān 명 봄 | 经常 jīngcháng 분 자주, 종종 | 刮风 guāfēng
　　 동 바람이 불다 | 气候 qìhòu 명 기후 | 非常 fēicháng 분 대단히, 매우 | 干燥 gānzào 형 건조하다

---

15 day　p.70

01

S1
S3

A 他觉得自己挺合适，就去试了试	A 그는 자신이 꽤 적당하다고 생각해서, 한번 시도해보았는데
B 这个大学要招聘的是博士生，而且要有工作经验	B 이 대학이 모집하려는 건 박사생이고, 게다가 직장 경험도 있어야 한다
C 结果没想到竟然成功了	C 결과는 뜻밖에도 성공이었다
	BAC

시크릿 이야기 흐름에 주목!

해설　1단계　B- 사람 주어인 他(A)와 非사람 주어인 这个大学(B)가 모두 첫 번째 문장이 될 수 있다.
　　 2단계　A- 문맥상 B에서 직장 경험이 있는 박사생을 모집한다고 했으므로, 그 조건에 자신이 적합하다고 생각하
　　　　　여 응시해보았다는 A가 두 번째로 나오는 것이 자연스럽다.
　　 3단계　C- 최소 두 번째 이하의 절에 나올 수 있는 단어 结果(결과)가 있으므로, 맨 마지막 문장이 된다.
　　　　따라서 어순 배열은 BAC가 된다.

단어　觉得 juéde 동 ~라고 느끼다 | 自己 zìjǐ 대 자신 | 挺 tǐng 분 매우, 꽤 | 合适 héshì 형 적합하다 | 试 shì 동 시험 삼아 해
　　 보다 | 大学 dàxué 명 대학 | 要 yào 조동 ~할 것이다, ~해야 한다 | 招聘 zhāopìn 동 모집하다 | 博士生 bóshìshēng
　　 명 박사과정 학생 | 而且 érqiě 젭 게다가, 그뿐만 아니라 | 有 yǒu 동 가지고 있다 | 工作 gōngzuò 명 일, 업무 | 经验
　　 jīngyàn 명 경험 | 结果 jiéguǒ 명 결과 | 没想到 méixiǎngdào 생각지 못하다 | 竟然 jìngrán 분 뜻밖에도, 의외로 | 成
　　 功 chénggōng 동 성공하다

02

S1 S3

A 要勇于面对困难和挑战
B 这样，才能走上成功之路
C 并在过程中学会如何克服难关

A 어려움과 도전에 용감히 맞서야 하고
B 그래야만, 비로소 성공의 길로 나아갈 수 있다
C 또한 그 과정에서 어떻게 난관을 극복하는지 배워야
한다　　　　　　　　　　　　　　A C B

시크릿 접속사와 지시대사에 주목!

해설 1단계　A- 앞의 내용을 지칭하는 대사 这样(이렇게)이나, '또한'이라는 뜻을 가진 접속사 并은 첫 번째 문장에
나올 수 없으므로 B와 C는 제외시킨다. 따라서 주어가 생략된 A가 첫 번째 문장이 된다. 주어가 생략
된 문장도 첫 번째 문장이 될 수 있음을 명심하자!
　　　2단계　C- 병렬된 동사를 이어줄 때 쓰는 并이 있는 C가 두 번째 문장이 된다. 즉 A와 C는 병렬 관계임을 알 수
있다.
　　　3단계　B- 앞의 내용(A, C)을 받아주는 대사 这样이 들어 있으므로 마지막 문장이 된다.
　　　따라서 어순 배열은 ACB가 된다.

단어 勇于 yǒngyú 동 용감하게 ~하다 | 面对 miànduì 동 직면하다 | 困难 kùnnan 명 어려움 | 和 hé 전 ~와 | 挑战
tiǎozhàn 명 도전 | 这样 zhèyàng 대 이렇게 | 才 cái 부 비로소 | 能 néng 조동 ~할 수 있다 | 走 zǒu 동 가다 | 路 lù
명 길 | 并 bìng 접 그리고, 또 | 过程 guòchéng 명 과정 | 学会 xuéhuì 동 습득하다 | 如何 rúhé 대 어떻게 | 克服
kèfú 동 극복하다 | 难关 nánguān 명 어려움, 난관

03

S1 S2

A 也能让他们感到很幸福
B 即使只是陪他们聊聊天
C 有时间的时候偶尔回家看看爸妈

A 그래도 그분들로 하여금 행복을 느끼게 할 수 있다
B 설령 그저 그들과 담소를 나누는 것뿐일지라도
C 시간이 있을 때, 가끔씩 부모님을 뵈러 집에 간다면
　　　　　　　　　　　　　　　　C B A

시크릿 숨은 주어 찾기 / 접속사에 주목!

해설 1단계　C- 사람 주어는 나와 있지 않지만, 시간(有时间的时候)을 언급한 C가 첫 번째 문장이 될 수 있다.
　　　2단계　B- 가설이나 양보를 나타내는 접속사를 문장에서 뽑아낼 수 있어야 한다. '即使…, 也… (설령 ~일지라
도, ~한다)' 구문의 即使가 있으므로 A보다 앞서 나온다.
　　　3단계　A- 也가 들어간 A가 B 다음에 위치한다.
　　　따라서 어순 배열은 CBA가 된다.

단어 能 néng 조동 ~할 수 있다 | 感到 gǎndào 동 느끼다, 여기다 | 幸福 xìngfú 형 행복하다 | 即使 jíshǐ 접 설령 ~하더라도
| 只是 zhǐshì 부 단지, 다만 | 陪 péi 동 동반하다, 모시다 | 聊天 liáotiān 동 잡담하다, 한담하다 | 时间 shíjiān 명 시간 |
时候 shíhou 명 때, 무렵 | 偶尔 ǒu'ěr 부 때때로, 간혹 | 回家 huíjiā 동 집으로 돌아가다

04

S1 S3

A 我提醒他，虽然这次生意失败了
B 重要的是要从这次失败中总结经验教训
C 他还是一个成功的商人

A 나는 그에게 상기시켜주기를, 비록 이번 사업은 실패
했지만
B 중요한 것은 이번 실패에서 경험과 교훈을 정리해야
한다는 것이다
C 그는 여전히 성공한 상인이다　　　A C B

시크릿 이야기 흐름과 접속사에 주목!

해설 1단계　A- A의 我(나), B의 重要的(중요한 것), C의 他(그) 모두 주어이므로 첫 번째 문장이 될 수 있으나, 접속
사 虽然(비록 ~하지만)이 들어간 문장이 첫 번째 문장이 될 확률이 높다.
　　　　　Tip 虽然, 因为, 不但 등 앞 절에 나오는 접속사가 있으면 첫 번째 문장이 될 수 있다.
　　　2단계　C- 사실에 따른 역접을 나타내는 접속사를 뽑아낼 수 있어야 한다. '虽然…, 但是… (비록 ~하지만, 그
러나 ~)'의 접속사 구문에서 但是 대신에 可是, 然而, 却, 也, 仍然, 还是 등이 등장할 수도 있
다. 따라서 还是가 들어 있는 C가 A 뒤에 위치한다.
　　　3단계　B- 重要的是(중요한 것은), 关键是(관건은) 등은 결론을 짓는 문장이므로, 마지막에 위치한다.
　　　따라서 어순 배열은 ACB가 된다.

05

A 不管在外边的世界遇到了什么困难	A 바깥 세상에서 어떤 어려움을 만났든 상관없이
B 家永远是我们心里面最安全的地方	B 집은 영원히 우리 마음 속에서 가장 안전한 곳이다
C 因为家里总是充满了爱和幸福	C 왜냐하면 집은 언제나 사랑과 행복이 가득 차 있기 때문이다 A B C

S1
S2

시크릿 이야기 흐름과 접속사에 주목!

해설 1단계 A- A의 접속사 不管(~에 관계없이)과 B의 非사람 주어 家(집), C의 因为(왜냐하면)도 모두 첫 번째 문
장에 나올 수 있다.

2단계 B- 2가지 이상의 조건을 나타내는 접속사 不管…都는 '~에 관계없이 모두'라는 뜻을 나타낸다. 都 대신
에 也, 总, 永远 등이 나올 수도 있으므로, B는 A 뒤에 위치한다.

3단계 C- 집이 우리에게 가장 안전한 안식처인 이유를 맨 마지막에 설명하고 있다. 원인은 맨 앞부분에 언급할
수도 있지만, 맨 마지막에 밝힐 수도 있다.

따라서 어순 배열은 ABC가 된다.

단어 不管 bùguǎn 접 ~에 관계없이 | 外边 wàibian 명 밖 | 世界 shìjiè 명 세상, 세계 | 遇到 yùdào 통 부닥치다, 맞닥뜨리
다 | 什么 shénme 대 무엇, 어떤 | 困难 kùnnan 명 어려움 | 家 jiā 명 집 | 永远 yǒngyuǎn 부 영원히, 언제나 | 心 xīn
명 마음 | 里面 lǐmiàn 명 속, 안쪽 | 最 zuì 부 가장, 제일 | 安全 ānquán 형 안전하다 | 地方 dìfang 명 장소, 곳 | 因为
yīnwèi 접 왜냐하면 | 总是 zǒngshì 부 늘, 언제나 | 充满 chōngmǎn 통 충만하다 | 爱 ài 통 사랑하다 | 幸福 xìngfú 형
행복하다

16 day p.71

01

A 它让我能看清我的灵魂	A 그것은 나의 영혼을 분명히 들여다 볼 수 있게 한다
B 水好像上帝，了解我们的痛苦和愿望	B 물은 마치 신과 같아서, 우리의 고통과 소망을 알고 있다
C 所以我愿意在水边思考	C 그래서 나는 물가에서 사색하는 것을 좋아한다 B A C

S1
S3

시크릿 非사람 주어 찾기 / 접속사와 인칭대사에 주목!

해설 1단계 B- 非사람 주어 水(물)가 있는 B가 첫 번째 문장이 될 수 있다.

2단계 A- 사물을 지칭하는 대사 它(그것)는 B에서 언급된 水를 의미하므로, 두 번째 문장이 된다.

3단계 C- 앞 문장에서는 물의 능력을 말해주고, 마지막 문장에서는 결과를 나타내는 접속사 所以(그래서)를 이
용하여 물의 그러한 능력 때문에 자신이 물가에서 사색하는 것을 좋아한다는 결론을 짓고 있다.

따라서 어순 배열은 BAC가 된다.

단어 能 néng 조동 ~할 수 있다 | 看清 kànqīng 통 분명히 보다 | 灵魂 línghún 명 영혼 | 好像 hǎoxiàng 부 마치 ~와 같다
| 上帝 shàngdì 명 하느님 | 了解 liǎojiě 통 자세하게 알다, 이해하다 | 痛苦 tòngkǔ 명 고통 | 愿望 yuànwàng 명 소망
| 所以 suǒyǐ 접 그래서 | 愿意 yuànyì 통 바라다, 희망하다 | 思考 sīkǎo 통 사색하다, 깊이 생각하다

02

S1

A 可以提供皮肤必要的营养，对皮肤很有好
处
B 例如，每天吃一到两个新鲜的西红柿
C 常吃西红柿可以解决一些健康问题

A 피부에 필요한 영양을 공급할 수 있어서, 피부에 아주 좋다
B 예를 들어, 매일 한두 개의 신선한 토마토를 먹으면
C 토마토를 자주 먹으면 일부 건강 문제를 해결할 수 있다

C B A

시크릿 非사람 주어 찾기 / 이야기 흐름에 주목!

해설 1단계 **C**- 常吃西红柿(토마토를 자주 먹는 것)가 非사람 주어로 첫 번째 문장이 된다.

2단계 **B**- 첫 번째 문장에서는 토마토를 자주 먹으면 건강 문제를 해결할 수 있다는 큰 전제 사실을 말하고, 두 번째 문장에서는 매일 1~2개의 토마토를 먹으면 된다는 구체적인 방법을 소개해야 자연스럽다. 例如 (예를 들면)는 최소 두 번째 이하 문장에 나오는 단어다.

3단계 **A**- B의 전제 조건에 대한 결과를 나타내므로 마지막 문장이 된다.

따라서 어순 배열은 CBA가 된다.

단어 可以 kěyǐ 조동 ~할 수 있다 | 提供 tígōng 통 제공하다 | 皮肤 pífū 명 피부 | 必要 bìyào 형 필요로 하다 | 营养 yíngyǎng 명 영양 | 对 duì 전 ~에 대해 | 好处 hǎochu 명 장점 | 例如 lìrú 통 예를 들면 | 吃 chī 통 먹다 | 新鲜 xīnxiān 형 신선하다 | 西红柿 xīhóngshì 명 토마토 | 常 cháng 부 자주 | 解决 jiějué 통 해결하다 | 一些 yìxiē 양 몇, 약간 | 健康 jiànkāng 명 건강 | 问题 wèntí 명 문제

03

S1
S2

A 也想引起人们对气候变暖问题的关注
B "地球一小时"的活动是从2007年开始的
C 除了让人们节约用电以外

A 또 기후 온난화 문제에 대한 사람들의 관심을 불러 일으키려는 것이다
B '지구 한 시간' 활동은 2007년부터 시작되었다
C 사람들이 전기 사용을 절약하게 하는 것 이외에

B C A

시크릿 非사람 주어 찾기 / 접속사에 주목!

해설 1단계 **B**- "地球一小时"的活动(지구 한 시간 활동)이 非사람 주어로 첫 번째 문장이 된다.

2단계 **C**- 말한 것 이외에 다른 것을 보충한다는 의미의 접속사를 이해해야 한다. 접속사 '除了…, 也…'는 '~을 제외하고, 또 ~하다'라는 의미를 나타낸다. 따라서 除了가 있는 C가 A 앞에 위치한다.

3단계 **A**- 접속사 除了가 있는 C → 호응하는 부사 也가 있는 A의 어순으로 배열된다.

따라서 어순 배열은 BCA가 된다.

단어 想 xiǎng 조동 ~하려고 하다 | 引起 yǐnqǐ 통 야기하다, 불러 일으키다 | 气候 qìhòu 명 기후 | 变 biàn 통 변하다, 바뀌다 | 暖 nuǎn 형 온화하다, 따뜻하다 | 关注 guānzhù 통 관심을 가지다 | 地球 dìqiú 명 지구 | 小时 xiǎoshí 명 시간 | 活动 huódòng 명 활동 | 从 cóng 전 ~부터 | 开始 kāishǐ 통 시작되다 | 除了 chúle 전 ~외에 | 节约 jiéyuē 통 절약하다 | 用 yòng 통 쓰다, 사용하다 | 电 diàn 명 전기 | 以外 yǐwài 명 이외

04

S1

A 说明你的心正注视着更高的欲望目标
B 如果你对现在的环境不满意
C 也许是金钱、地位，也许是房子、汽车

A 당신의 마음이 더 높은 욕망의 목표를 바라보고 있음을 말해준다
B 만약 당신이 현재의 상황에 만족하지 못한다면
C 어쩌면 돈, 지위일 수도 있고, 어쩌면 집, 자동차일 수도 있다

B A C

시크릿 이야기 흐름과 접속사에 주목!

해설 1단계 **B**- 접속사 如果(만약)는 가정의 의미를 나타내며 문장 맨 앞 절에 등장할 수 있으므로, 첫 번째 문장이 될 가능성이 있다.

2단계 **A**- A는 B의 현재에 대한 불만족이 어떠한 것인지를 부연설명해주므로 B 뒤에 위치한다.

3단계 **C**- 더 높은 목표가 구체적으로 '돈, 지위, 집, 자동차 등이 아닐까'라는 화자의 추측을 서술하고 있다.

따라서 어순 배열은 BAC가 된다.

05

S 1

A 从他嘴里说出来，肯定会变得十分有趣
B 即使是很普通的一件事
C 他是一个非常有幽默感的人

A 그의 입을 통해서 나오면, 분명히 아주 재미있게 바뀔 것이다
B 설령 아주 평범한 사건일지라도
C 그는 매우 유머감각이 있는 사람이다　　C B A

시크릿 사람 주어 찾기 / 이야기 흐름과 접속사에 주목!

해설 1단계 C - 사람 주어 他(그)가 첫 번째 문장이 된다. 그가 유머감각이 있다는 내용의 기본 진술문이 먼저 언급되었다.

2단계 B - 가설을 나타내는 접속사를 이해해야 한다. 접속사 即使는 '설령 ~하더라도'라는 가설의 뜻을 나타낸다. C에서 그가 어떤 사람이라는 정의를 내리고 그에 대한 부연설명을 하고 있으므로, B는 C 뒤에 위치할 수 있다.

3단계 A - 문맥상 '설령'의 가설에 반대되는 결과를 끌고 나와야 하므로, 지극히 평범한 사건일지라도(B) → 그의 입을 통해서 재미있는 이야기로 바뀐다(A)는 흐름이 자연스럽다.

따라서 어순 배열은 CBA가 된다.

단어 从 cóng 전 ~부터 | 嘴 zuǐ 명 입 | 肯定 kěndìng 부 확실히, 틀림없이 | 会 huì 조동 ~할 것이다 | 变 biàn 통 변하다, 바뀌다 | 十分 shífēn 부 매우 | 有趣 yǒuqù 형 재미있다 | 即使 jíshǐ 접 설령 ~하더라도 | 普通 pǔtōng 형 평범하다 | 事 shì 명 일 | 非常 fēicháng 부 대단히, 매우 | 幽默感 yōumògǎn 명 유머감각

17 day p.75

01

S 1
S 2
S 5

A 而且自然环境的保护做得也非常好
B 小城四季的风景都很美
C 因此每年都会吸引成千上万的游客

A 게다가 자연환경 보호도 매우 잘해놓았다
B 작은 도시의 사계절 풍경은 매우 아름답다
C 그러한 이유로 매년 수많은 여행객을 끌어들일 수 있는 것이다　　B A C

시크릿 非사람 주어 찾기 / 접속사에 주목!

해설 1단계 B - 非사람 주어인 小城四季的风景(작은 도시의 사계절 풍경)이 첫 번째 문장이 된다.

2단계 A - A와 B의 술어를 보면 很美(아름답다), 非常好(아주 좋다)로 유사한 의미의 술어가 등장하므로 나란히 배열한다. 그러나 접속사 而且(게다가)는 앞 절의 내용을 보충하고, 부사 也(~도)도 최소한 두 번째 이하 문장에 나오므로, A가 뒤에 놓여야 한다.

3단계 C - 문맥상 풍경이 아름답고(B) 자연보호도 잘 되어있어서(A), 여행객을 사로잡는다(C)는 흐름이어야 하므로 B와 A는 도시의 좋은 점(원인)을 언급하고, 결과를 나타내는 접속사 因此는 所以(그래서)의 의미로, C는 맨 마지막 문장에 나온다.

따라서 어순 배열은 BAC가 된다.

단어 而且 érqiě 접 게다가, 그뿐만 아니라 | 自然 zìrán 명 자연 | 环境 huánjìng 명 환경 | 保护 bǎohù 통 보호하다 | 做 zuò 통 하다 | 好 hǎo 형 좋다 | 四季 sìjì 명 사계 | 风景 fēngjǐng 명 풍경 | 美 měi 형 아름답다 | 因此 yīncǐ 접 그래서, 이 때문에 | 会 huì 조동 ~할 수 있다 | 吸引 xīyǐn 통 매료시키다 | 成千上万 chéngqiān shàngwàn 성어 수천수만, 대단히 많다 | 游客 yóukè 명 관광객

02	A <u>甚至</u>有人说成熟就是一种感觉，没有什么 标准	A <u>심지어</u> 어떤 사람은 성숙이라는 것은 일종의 느낌이 어서, 아무런 기준이 없다고 말한다
S1 **S2**	B 成熟的标准到底是什么 C 每个人的回答都各不相同	B 성숙하다는 것의 기준은 도대체 무엇일까 C 사람들의 대답은 모두 다를 것이다 B C A

시크릿 非사람 주어 찾기 / 이야기 흐름과 접속사에 주목!

해설 1단계 **B**- 非사람 주어인 B의 成熟的标准(성숙한 기준)과 C의 每个人的回答(사람들의 대답)가 모두 첫 번째
문장에 올 수 있다.

2단계 **C**- 이야기의 흐름을 살펴보면 B에서는 성숙의 기준이 무엇이냐는 질문을 던지고, C에서는 사람들의 대
답이 모두 다르다고 답하고 있으므로, 순서는 B → C여야 한다.

3단계 **A**- 甚至(심지어)는 최소 두 번째 문장 이하에 나오는 접속사로, 어떤 상황이 매우 심한 정도에 이르렀음
을 설명한다.

따라서 어순 배열은 BCA가 된다.

단어 甚至 shènzhì 젭 심지어, ~까지도 | 有人 yǒurén 어떤 사람, 누군가 | 成熟 chéngshú 혭 성숙하다 | 感觉 gǎnjué 동
느끼다 | 没有 méiyǒu 동 없다 | 什么 shénme 때 무엇, 어떤 | 标准 biāozhǔn 명 기준, 표준 | 到底 dàodǐ 뭔 도대체 |
回答 huídá 동 대답하다 | 各不相同 gèbù xiāngtóng 성어 서로 다르다

03	A <u>平时</u>，儿子总是在学校上课 B 只有放了假，才有可能和我们一起去旅游	A <u>평소에</u> 아들은 항상 학교에서 수업을 듣는다 B <u>방학이나 해야지</u>, 비로소 우리와 함께 여행을 갈 수 있다
S1 **S3** **S5**	C 学习很紧张，很少有时间出去玩儿	C 공부가 바빠서, 나가서 놀 시간이 매우 적어 A C B

시크릿 사람 주어 찾기 / 이야기 흐름과 접속사에 주목!

해설 1단계 **A**- 주어보다 앞에 위치할 수 있는 시간사 平时(평소)와 사람 주어 儿子(아들)가 있으므로 첫 번째 문장
이 된다.

2단계 **C**- 이야기의 흐름을 살펴보면 A와 C는 모두 '공부'에 관해 언급했고, B에서 또 다른 화제인 '여행'이 언
급되었다. 유사한 내용은 병렬되어 나올 확률이 높으므로, 어순은 A → C 가 된다.

3단계 **B**- 접속사 只有…才…는 '~해야만 비로소 ~하다'의 뜻이다. 시간적 흐름을 살펴보면 평상시(平时)와
방학 기간(放假)의 상황이 다름을 알 수 있다. 따라서 방학이 되는 상황을 맨 마지막 문장에 놓아야
한다.

따라서 어순 배열은 ACB가 된다.

단어 平时 píngshí 명 평소 | 儿子 érzi 명 아들 | 总是 zǒngshì 뭔 늘, 언제나 | 学校 xuéxiào 명 학교 | 上课 shàngkè
동 수업을 듣다 | 只有 zhǐyǒu 젭 ~해야만 | 放假 fàngjià 동 방학하다 | 才 cái 뭔 비로소 | 可能 kěnéng 혭 가능하다 |
一起 yìqǐ 뭔 같이, 함께 | 旅游 lǚyóu 동 여행하다 | 学习 xuéxí 동 공부하다 | 紧张 jǐnzhāng 혭 바쁘다, 긴박하다 | 少
shǎo 혭 적다 | 时间 shíjiān 명 시간 | 出去 chūqu 동 나가다 | 玩儿 wánr 동 놀다

04	A <u>无论</u>成功还是失败，只要付出了自己的努 力都应该获得掌声	A 성공<u>이든</u> 실패<u>든</u>, 자신의 노력을 들인 사람이라면 누 구나 박수 받아 마땅하다
S1 **S2** **S5**	B 当然，也不要忘了失败的人 C 我们要给通过自己努力获得成功的人掌声	B 물론 실패한 사람들<u>도</u> 잊지는 말아야 한다 C <u>우리</u>는 자신의 노력을 통해 성공을 거둔 사람에게 박 수를 쳐주어야 한다 C B A

시크릿 사람 주어 찾기 / 이야기 흐름에 주목!

해설 1단계 **C**- 사람 주어인 我们(우리)이 있으므로 첫 번째 문장이 될 수 있다.

2단계 **B**- 이야기의 흐름을 살펴보면 성공한 사람들에게 박수를 쳐주어야 하지만 실패한 사람들도 잊지는 말아
야 한다는 내용이 나와야 자연스러우므로, B는 C 뒤에 위치한다.

3단계 **A**- A에서 앞의 모든 내용을 다시 언급하여, 성공한 사람이든 실패한 사람이든 노력을 했다면 모두 박수를 받을만하다고 최종 결론을 맺고 있으므로, 마지막에 위치해야 한다.

따라서 어순 배열은 CBA가 된다.

단어 无论 wúlùn 웹 ~을 막론하고 | 成功 chénggōng 통 성공하다 | 还是 háishi 부 또는 | 失败 shībài 통 실패하다 | 只要 zhǐyào 웹 ~하기만 하면 | 付出 fùchū 통 바치다. 들이다 | 自己 zìjǐ 대 자기, 자신 | 努力 nǔlì 통 노력하다 | 应该 yīnggāi 조동 ~해야 한다 | 获得 huòdé 통 얻다, 취득하다 | 掌声 zhǎngshēng 명 박수 소리 | 当然 dāngrán 형 당연하다 | 忘 wàng 통 잊다 | 要 yào 조동 ~해야 한다 | 给 gěi 전 ~에게 | 通过 tōngguò 전 ~을 통하여

05

S1
S3

A 没想到竟然获得了第一名	A 뜻밖에도 1등을 했고
B 这让我又吃惊又高兴	B 이 일은 나를 깜짝 놀라게도 그리고 기쁘게도 했다
C 我本来只是想试一试而去参加比赛的	C 나는 본래 단지 시도나 한 번 해보자는 마음에 시합에 참가한 것인데 C A B

시크릿 사람 주어 찾기 / 이야기 흐름과 지시대사에 주목!

해설 1단계 **C**- 사람 주어 我(나)가 있으므로 첫 번째 문장이 된다.

2단계 **A**- 이야기의 흐름을 살펴보자!

A 1등을 거머쥠 ——— B 놀라고 기쁨 ——— C 시합에 참가함
(C의 결과)　　　　　 (A의 결과)　　　　　　(첫 번째 문장)

시합에 참가해서 1등이라는 결과를 얻은 것이므로, A는 C 뒤에 위치해야 한다.

3단계 **B**- 지시대사 这(이것)는 A의 获得了第一名(1등을 했다)을 지칭하는 것이므로 A 다음 문장에 와야 한다.

따라서 어순 배열은 CAB가 된다.

단어 没想到 méixiǎngdào 생각지 못하다 | 竟然 jìngrán 부 뜻밖에도, 의외로 | 获得 huòdé 통 얻다, 취득하다 | 第一名 dì yī míng 명 1등 | 又…又… yòu…yòu… ~하기도 하고, ~하기도 하다 | 吃惊 chījīng 통 놀라다 | 高兴 gāoxìng 형 기쁘다 | 本来 běnlái 부 원래 | 只是 zhǐshì 부 단지 | 想 xiǎng 조동 ~하려고 하다 | 试 shì 통 시험 삼아 해보다 | 参加 cānjiā 통 참가하다 | 比赛 bǐsài 명 시합, 경기

---

18 day p.76

01

S1
S2
S5

A 因此养成好的习惯要坚持	A 그래서 좋은 습관을 기르는 것은 지속해야 한다
B 一个人的习惯不是一两天养成的	B 한 사람의 습관은 하루 이틀에 만들어진 것이 아니다
C 而改掉坏的习惯也一定要坚持	C 그리고 나쁜 습관을 고치는 것 또한 반드시 지속해야 한다 B A C

시크릿 非사람 주어 찾기 / 이야기 흐름과 접속사에 주목!

해설 1단계 **B**- 非사람 주어 一个人的习惯(한 사람의 습관)이 있으므로 첫 번째 문장이 된다.

2단계 **A**- 이야기 흐름상 습관은 하루 이틀 만에 길러지는 것이 아니라는 기본 진술문 B가 먼저 나오고, 결과를 나타내는 접속사 因此(그래서)가 있는 A가 두 번째 문장이 된다.

3단계 **C**- A와 C에 要坚持(지속해야 한다)라는 동일한 내용이 나오는 것으로 보아, 두 문장이 병렬 관계임을 알 수 있다. 그런데 C에서 주어 뒤에 나오는 부사 也(또한)를 발견했다면, C가 맨 마지막 문장이 될 것임을 알 수 있다.

따라서 어순 배열은 BAC가 된다.

단어 因此 yīncǐ 접 그래서, 이 때문에 | 养成 yǎngchéng 통 길러지다 | 好 hǎo 형 좋다 | 习惯 xíguàn 명 습관 | 要 yào 조동 ~해야 한다 | 坚持 jiānchí 통 유지하다, 지속하다 | 而 ér 접 그리고 | 改掉 gǎidiào 통 고치다, 고쳐버리다 | 坏 huài 형 나쁘다 | 一定 yídìng 부 반드시

02

S1 S2 S3

A 她是我的一个同学，从小就想当一名警察
B 所以她决定，一定要找一个当警察的丈夫
C 然而由于种种原因，她没能当上警察

A 그녀는 나의 동창인데, 어릴 적부터 경찰이 되고 싶어했다
B 그래서 그녀는 반드시 경찰인 남편을 구해야겠다고 결심했다
C 그러나 여러 가지 이유 때문에, 그녀는 경찰이 되지 못했다

A C B

시크릿 사람 주어 찾기 / 이야기 흐름과 접속사에 주목!

해설 1단계 **A**- 사람 주어 她(그녀)가 있으므로 첫 번째 문장이 된다.

2단계 **C**- 이야기 흐름을 살펴보면, C는 A 뒤에 위치한다.

A 경찰이 되고 싶다 ——— B 경찰 신랑감을 구해야겠다 ——— C 경찰이 되지 못했다
(어릴 적 꿈) (또 다른 꿈) (꿈 미실현)

3단계 **B**- 의미상으로도 B가 C 뒤에 위치하지만, 접속사의 흐름을 살펴보아도 A → C 然而(그러나) → B 所以(그래서)의 순서여야 하므로, B가 제일 마지막에 온다.

따라서 어순 배열은 ACB가 된다.

단어 同学 tóngxué 몡 동창, 학우 | 从 cóng 젠 ~부터 | 想 xiǎng 조동 ~하고 싶다 | 当 dāng 동 ~이 되다 | 警察 jǐngchá 몡 경찰 | 所以 suǒyǐ 젭 그래서 | 决定 juédìng 동 결정하다 | 一定 yídìng 뷔 반드시 | 找 zhǎo 동 찾다 | 丈夫 zhàngfu 몡 남편 | 然而 rán'ér 젭 그러나 | 由于 yóuyú 젭 ~때문에 | 种种 zhǒngzhǒng 갖가지, 여러 가지 | 原因 yuányīn 몡 원인, 이유 | 能 néng 조동 ~할 수 있다

03

S1 S5

A 我从小就有写日记的习惯
B 把每一天发生的事情都记在日记本上
C 对我来说，也算是对一天的总结

A 나는 어렸을 때부터 일기를 쓰는 습관이 있다
B 매일 일어난 일들을 일기장에 쓰는 것인데
C 나에게 있어서는 하루를 정리하는 것이라고도 할 수 있다

A B C

시크릿 사람 주어 찾기 / 이야기 흐름에 주목!

해설 1단계 **A**- 사람 주어 我(나)가 있으므로 첫 번째 문장이 된다.

2단계 **B**- A와 B에는 모두 日记(일기)라는 공통의 단어가 등장하므로, 병렬로 배열될 확률이 높아진다.

A 일기 쓰는 습관이 있다 ——— B 하루의 일을 일기장에 쓴다
(기본 진술문) (A에 대한 보충설명)

3단계 **C**- A와 B의 행동은 하루를 정리하는 일이라고 생각하는 我의 관점을 말해주고 있다. 문장을 마무리 하는 내용이므로 마지막에 나오는 것이 자연스럽다.

따라서 어순 배열은 ABC가 된다.

단어 有 yǒu 동 가지고 있다 | 写 xiě 동 쓰다 | 日记 rìjì 몡 일기 | 习惯 xíguàn 몡 습관 | 发生 fāshēng 동 일어나다, 발생하다 | 事情 shìqing 몡 일, 사건 | 记 jì 동 기록하다 | 对…来说 duì…láishuō ~에게 있어서 | 算是 suànshì 동 ~라 할 수 있다, ~인 셈이다 | 对 duì 젠 ~에 대해 | 总结 zǒngjié 동 총정리하다, 총괄하다

04

S1

A 它们都是中国的"母亲河"
B 长约6300公里，比黄河长800公里
C 长江是中国的第一长河

A 이들은 모두 중국의 '어머니 강'이다
B 약 6300km에 달하며, 황허 강보다 800km 더 길다
C 창장 강은 중국에서 가장 긴 강으로

C B A

시크릿 非사람 주어 찾기 / 이야기 흐름과 인칭대사에 주목!

해설 1단계 **C**- 非사람 주어 长江(창장 강)이 있으므로 첫 번째 문장이 된다.

2단계 **B**- 이야기의 흐름을 살펴보면, A의 它们(그것들)은 창장 강과 황허 강을 가리키고 B에서는 이 둘의 길이에 대해 말하며, C에서는 창장 강에 대해 말하고 있다. B의 주어는 长江인데, 이미 첫 번째 문장(C)에서 언급했으므로 생략되었다. 여기서 6300km는 창장 강의 길이임을 알 수 있다.

3단계 **A**- 它们은 복수로 최소 2개 이상의 것을 대신하는 대사다. B에서 언급된 창장 강과 황허 강을 받으므로, B 뒤에 나와야 한다.

따라서 어순 배열은 CBA가 된다.

단어 中国 Zhōngguó 몡 중국 | 母亲河 mǔqīnhé 몡 젖줄, 어머니와 같은 강 | 长 cháng 몡 길이 | 约 yuē 뷔 대개, 대략 | 公里 gōnglǐ 얭 킬로미터(km) | 比 bǐ 젠 ~에 비해, ~보다 | 黄河 Huánghé 몡 황허 강 | 长江 Chángjiāng 몡 창장 강, 양쯔 강 | 第一 dìyī 혱 제일이다

05

S1
S5

A 喜欢音乐是他们5个人的共同爱好
B 很多年轻人都很喜欢"五月天"这个男孩组合
C 这个组合是由5个热情的男孩组成的

A 음악을 좋아하는 것이 그들 5명의 공통된 취미다
B 많은 젊은이들이 모두 '오월의 하늘'이라는 남자 그룹을 매우 좋아한다
C 이 그룹은 5명의 열정적인 남자아이들로 구성되었고

B C A

시크릿 이야기 흐름과 인칭대사에 주목!

해설 1단계 **B**- 非사람 주어 喜欢音乐(음악을 좋아하다)가 있는 A와 사람 주어 很多年轻人(많은 젊은이들)이 있는 B, 这个组合(이 그룹)가 있는 C가 모두 첫 번째 문장이 될 수 있다. 하지만 A의 인칭대사 他们(그들)과 C의 지시대사 这个는 앞에서 언급한 것을 가리키는 말이므로 B가 첫 번째 문장이 된다.

2단계 **C**- B의 组合(그룹)와 C의 组成(구성하다)은 유사한 단어이므로, 서로 나란히 병렬되어 나올 확률이 높다. C의 주어 这个组合(이 그룹)는 B의 "五月天(오월의 하늘)"을 지칭한다. 따라서 B → C의 순서가 된다.

3단계 **A**- C에서 팀의 구성원을 소개하고, A에서 그들의 취미를 구체적으로 말해주고 있으므로 C → A의 순서가 된다.

따라서 어순 배열은 BCA가 된다.

단어 喜欢 xǐhuan 동 좋아하다 | 音乐 yīnyuè 몡 음악 | 共同 gòngtóng 혱 공통의 | 爱好 àihào 몡 취미 | 多 duō 혱 많다 | 年轻人 niánqīngrén 몡 젊은이 | 男孩 nánhái 몡 남자아이 | 组合 zǔhé 몡 그룹, 조합 | 由 yóu 젠 ~으로 | 热情 rèqíng 혱 열정적이다 | 组成 zǔchéng 동 구성하다, 결성하다

---

19 day p.80

01

S1

A 有的父母对孩子的要求很严格
B 认为应该给孩子更多自己选择的机会
C 有的父母正好相反

A 어떤 부모는 아이에 대한 요구가 매우 엄격하고
B 아이에게 스스로 선택할 기회를 더 많이 줘야 한다고 생각한다
C 어떤 부모는 정반대로

A C B

시크릿 사람 주어 찾기 / 이야기 흐름에 주목!

해설 1단계 **A**- 사람 주어 有的父母가 있는 A와 C 중 하나가 첫 번째 문장이 되고, 나머지 하나는 병렬로 배치된다. '有的…, 有的… (어떤 이는 ~하고, 어떤 이는 ~한다)' 구문은 有를 두 번 사용하여, 의미가 상반되는 두 개의 상황이 있음을 표현한다.

2단계 **C**- C의 正好相反(정반대다)이 나오려면 앞에 기본 전제가 되는 문장이 있어야 하므로, A가 첫 번째 문장이 되고, C는 두 번째 문장이 된다.

3단계 **B**- C에서 A와 상반되는 부모가 있다고 하였으니, 마지막 문장으로는 A와 상반되는 것이 무엇인지 소개한 B가 와야 한다.

따라서 어순 배열은 ACB가 된다.

단어 有的 yǒude 몡 어떤 사람 | 父母 fùmǔ 몡 부모 | 孩子 háizi 몡 아이, 자녀 | 要求 yāoqiú 몡 요구 | 严格 yángé 혱 엄격하다 | 认为 rènwéi 동 여기다, 생각하다 | 应该 yīnggāi 조동 ~해야 한다 | 给 gěi 동 (~에게) 주다 | 更 gèng 뷔 더욱 | 多 duō 혱 많다 | 自己 zìjǐ 대 자기, 자신 | 选择 xuǎnzé 동 선택하다 | 机会 jīhuì 몡 기회 | 正好 zhènghǎo 뷔 마침, 공교롭게도 | 相反 xiāngfǎn 혱 상반되다

02

S2

A 我一喝酒就什么都不知道了
B 这回请你提醒我一下别喝多了
C 上次就因为喝酒把钱包丢了

A 나는 술만 마시면 아무것도 몰라
B 이번에는 네가 나한테 많이 마시지 말라고 말 좀 해줘
C 저번에는 술 때문에 지갑을 잃어버렸어

A C B

시크릿 사람 주어 찾기 / 이야기의 시간 순서에 주목!

해설 1단계 **A**- 사람 주어 我(나)가 있으므로 첫 번째 문장이 된다. '一… 就… (~하자마자 ~한다)' 접속사를 사용하여, 어떠한 습관을 묘사하였다.

2단계 **C**- 시간의 흐름을 파악해보면 上次(저번)는 과거이고, 这回(이번)는 현재이므로 C → B의 순서가 된다.

3단계 **B**- 저번에 지갑을 잃어버린 경험이 있으니, 이번에는 자신이 술을 많이 마시지 않게 옆에서 좀 말려달라고 부탁하는 내용이므로, B는 문맥상 C 뒤에 위치한다.

따라서 어순 배열은 ACB가 된다.

단어 喝 hē 동 마시다 | 酒 jiǔ 명 술 | 什么 shénme 대 무엇, 어떤 | 知道 zhīdào 동 알다 | 提醒 tíxǐng 동 일깨우다 | 别 bié 부 ~하지 마라 | 上次 shàngcì 명 지난번 | 因为 yīnwèi 전 ~때문에 | 钱包 qiánbāo 명 지갑 | 丢 diū 동 잃어버리다

03

S1

S3

A 为人们的虚拟交友提供了方便
B 网络上提供的各种免费聊天工具
C 同样，现代人的办公中也离不开它

A 사람들이 가상의 친구를 사귀는 것을 편리하게 해 주었고
B 인터넷에서 제공되는 각종 무료 채팅 프로그램은
C 마찬가지로 현대인의 업무 처리에서도 그것이 없어서는 안 된다

B A C

시크릿 숨은 주어 찾기 / 전치사구와 접속사에 주목!

해설 1단계 **B**- B는 상당히 복잡한 수식어가 있는 명사구로서 문장에서 주어가 될 수 있다.

网络上提供的 + 各种免费聊天 + 工具
관형어1　　　　 관형어2　　 피수식어

2단계 **A**- A에서 전치사 为(~을 위하여)로 시작되는 전치사구를 찾을 수 있다. 전치사구는 주어 다음에 위치하므로, B 뒤에 올 수 있다. 의미상으로도 B의 부연설명이므로 두 번째 문장으로 나오는 것이 자연스럽다.

3단계 **C**- C의 접속사 同样(마찬가지로)은 병렬된 문장이나 절 사이에 쓰여, 앞뒤의 상황이나 이치가 같거나 유사하다는 의미를 나타낸다. 의미상으로도 A와 병렬되는 내용이 나오므로, C는 A 뒤에 위치한다.

따라서 어순 배열은 BAC가 된다.

단어 为 wèi 전 ~에게, ~을 위하여 | 虚拟 xūnǐ 형 가상의 | 交友 jiāoyǒu 동 친구를 사귀다 | 提供 tígōng 동 제공하다 | 网络 wǎngluò 명 인터넷 | 各种 gèzhǒng 형 각종의 | 免费 miǎnfèi 동 무료로 하다 | 聊天 liáotiān 동 잡담하다, 한담하다 | 工具 gōngjù 명 수단, 도구 | 同样 tóngyàng 접 마찬가지로 | 现代 xiàndài 명 현대 | 办公 bàngōng 동 업무를 처리하다 | 离不开 líbukāi 동 떨어질 수 없다, 없어서는 안 된다

04

S2

A 它就长满了这面墙，绿绿的一片
B 这种植物在这个季节长得很快
C 经过短短的一个星期

A 그것은 벽면 가득히 자라 짙푸르게 뒤덮였다
B 이런 식물은 이 계절에 매우 빠르게 자란다
C 짧은 일주일 동안

B C A

시크릿 非사람 주어 찾기 / 이야기 흐름에 주목!

해설 1단계 **B**- 非사람 주어 植物(식물)가 있으므로 첫 번째 문장이 된다.

2단계 **C**- 동사 经过(~을 거치다)는 장소·시간·동작 등을 거칠 때 사용되는 표현으로, 그것을 거쳐 나타난 결과인 A보다 앞에 위치해야 한다.

3단계 **A**- C에서 짧은 일주일이라는 시간을 언급하고, A에서는 온 벽을 뒤덮었다는 결과를 서술하고 있으므로, A는 C 뒤에 위치한다.

따라서 어순 배열은 BCA가 된다.

05

S4

A 我告诉你，这种游戏方法非常简单
B 谁就赢得了比赛
C 谁在规定的时间内拿到的数量最多

A 내가 알려줄게, 이 게임 방식은 매우 간단해
B (그) 누군가가 바로 시합에서 이기는 거야
C 누군가가 규정된 시간 안에 가장 많이 갖게 되면

A C B

시크릿 사람 주어 찾기 / 이야기 흐름과 의문대사의 용법에 주목!

해설 1단계 **A**- 사람 주어인 我(나)가 있으므로 첫 번째 문장이 된다.

2단계 **C**- 谁(누구)를 사용한 '의문대사, 就 의문대사' 용법이다. 문맥상 C가 조건이고, 就가 이끄는 B가 결과이므로, C가 B 앞에 위치한다.

3단계 **B**- C 규정된 시간에 가져온 양이 가장 많은 사람 ———— B 시합에서 이긴다
　　　　　　　(B의 조건)　　　　　　　　　　　(C의 결과)

따라서 어순 배열은 ACB가 된다.

단어 告诉 gàosu 통 알리다 | 游戏 yóuxì 몡 게임 | 方法 fāngfǎ 몡 방법 | 非常 fēicháng 뷔 대단히, 매우 | 简单 jiǎndān 휑 간단하다 | 谁 shéi 때 누구 | 赢 yíng 통 승리하다 | 比赛 bǐsài 몡 경기, 시합 | 规定 guīdìng 통 규정하다 | 时间 shíjiān 몡 시간 | 拿 ná 통 얻다, 획득하다 | 数量 shùliàng 몡 수량 | 最 zuì 뷔 가장, 제일

20 day　p.81

01

S1

A 所以苦和乐没有一定的标准，都是各人的感觉不同
B 对他来说也许是乐呢
C 对我来说是苦

A 그래서 고통과 기쁨은 정해진 기준이 없고 각자의 느낌이 모두 다를 뿐이다
B 그에게는 어쩌면 기쁨일 수도 있다
C 나에게는 고통인데

C B A

시크릿 숨은 주어 찾기 / 이야기 흐름과 접속사에 주목!

해설 1단계 **C**- 주어가 없기 때문에 몇 번째 문장인지 쉽게 단정할 수 없으므로 잠시 보류해둔다.

2단계 **B**- B와 C에 공통으로 있는 对…来说(~에게 있어서)는 자신의 입장이나 견해를 밝힐 때 사용된다. 입장을 밝히는 주체자는 자신을 나타내는 我(나)가 먼저 나오고, 그 다음으로 상대방을 가리키는 你(당신)나 他(그) 등이 나올 것이므로, 순서는 C → B가 된다.

3단계 **A**- 결론을 나타내는 접속사 所以(그래서)로 마무리를 짓고 있으므로, A가 제일 마지막에 나온다.

따라서 어순 배열은 CBA가 된다.

단어 所以 suǒyǐ 젭 그래서 | 苦 kǔ 휑 고통스럽다 | 乐 lè 휑 기쁘다 | 没有 méiyǒu 통 없다 | 一定 yídìng 휑 규정되다, 일정하다 | 标准 biāozhǔn 몡 기준 | 各人 gèrén 몡 각자 | 感觉 gǎnjué 통 느끼다 | 不同 bùtóng 휑 같지 않다 | 对…来说 duì…láishuō ~에게 있어서 | 也许 yěxǔ 뷔 어쩌면

02

S2

A 我儿子的个子长得非常快
B 今年就有几条不能再穿了
C 去年百货商店打折的时候我给他买了好几条裤子

A 우리 아들의 키는 아주 빨리 자라서
B 올해 벌써 몇 벌의 옷이 입을 수 없게 되었다
C 작년 백화점 세일 때 내가 그에게 여러 벌의 바지를 사주었는데

A C B

해설 1단계 **A**- 非사람 주어인 我儿子的个子(우리 아들의 키)가 있으므로 첫 번째 문장이 된다. 여기서 我儿子的 (우리 아들의)는 주어가 아니라 수식하는 관형어고, 个子(키)가 수식을 받는 명사, 즉 주어다.

我儿子的 + 个子 + 长得非常快
관형어　　주어　　술어

2단계 **C**- 시간의 흐름을 살펴보면, C는 과거(去年)의 일이고, B는 현재(今年)의 일이다. 이미 발생한 과거의 일을 먼저 기술하고 나서 현재의 상황을 서술해야 하므로, C가 B 앞에 위치한다.

3단계 **B**- 작년에 여러 벌(好几条)의 바지를 사주었는데, 올해 그 중의 몇 벌(有几条)은 작아서 입지 못하게 되었다고 말하고 있다.

따라서 어순 배열은 ACB가 된다.

단어 儿子 érzi 몡 아들 | 个子 gèzi 몡 키 | 长 zhǎng 동 자라다 | 非常 fēicháng 뷔 대단히, 매우 | 快 kuài 혱 빠르다 | 今年 jīnnián 몡 올해 | 条 tiáo 양 긴 것을 세는 단위 | 能 néng 조동 ~할 수 있다 | 再 zài 뷔 또, 재차 | 穿 chuān 동 입다 | 去年 qùnián 몡 작년 | 百货商店 bǎihuò shāngdiàn 몡 백화점 | 打折 dǎzhé 동 할인하다 | 时候 shíhou 몡 때, 무렵 | 给 gěi 전 ~에게 | 买 mǎi 동 사다 | 好几 hǎojǐ 쉬 여러, 몇 | 裤子 kùzi 몡 바지

03

S3

A 在原有的基础上，加上了文化交流的部分	A 원래 있던 것을 기초로, 문화 교류 부분을 좀 추가하였습니다
B 王校长，我根据你的要求	B 왕 교장 선생님, 저는 교장 선생님의 요구에 따라
C 把这篇报告稍微修改了一下	C 이 보고서를 조금 수정했는데

B C A

해설 1단계 **B**- 王校长(왕 교장 선생님)은 상대방을 부르는 호칭이다. 사람 주어 我(나)가 있으므로 첫 번째 문장이 된다.

2단계 **C**- 기본어순 '주어 + 전치사구 + 술어…'에 따라 B의 전치사구 根据你的要求(당신의 요구에 근거해서) 다음에는 또 다른 전치사구가 나오거나 술어가 나와야 한다. 따라서 또 다른 전치사구가 있는 C는 주어가 있는 B 뒤에 온다.

B [我 + 根据你的要求] + C [把这篇报告 + 稍微修改了一下]
　주어　　전치사구1　　　　전치사구2　　　술어부

3단계 **A**- A는 C의 보고서 수정에 대한 보충설명이므로 맨 뒤에 위치해야 한다.

따라서 어순 배열은 BCA가 된다.

단어 原有 yuányǒu 동 원래부터 있다 | 基础 jīchǔ 몡 기초 | 加 jiā 동 더하다, 보태다 | 文化 wénhuà 몡 문화 | 交流 jiāoliú 동 교류하다 | 部分 bùfen 몡 부분 | 校长 xiàozhǎng 몡 학교장 | 根据 gēnjù 전 ~에 근거하여, ~에 따라 | 要求 yāoqiú 몡 요구 | 篇 piān 양 편, 장(글을 셀 때 쓰임) | 报告 bàogào 몡 보고서 | 稍微 shāowēi 뷔 약간, 조금 | 修改 xiūgǎi 동 고치다, 수정하다

04

S2

A 再准备四个鸡蛋	A 계란 4개를 또 준비해
B 这两个东西准备好以后，我给你做一道中国菜——西红柿炒鸡蛋	B 이 두 가지가 준비된 후에, 내가 너에게 중국 요리인 토마토 계란 볶음을 만들어줄게
C 西红柿洗干净以后	C 토마토를 깨끗이 씻은 후

C A B

해설 1단계 **C**- C의 以后(이후) 뒤에는 반드시 그 다음 동작이 나와야 하므로, 첫 번째 혹은 두 번째 문장이 될 것이다. 접속사 '先…再…(먼저 ~하고, 다시 ~하다)' 구문에서 先이 생략되고, 명사 以后로 표현되었다.

2단계 **A**- 동작의 선후를 밝히는 再(또)가 있으므로 두 번째 문장이 된다.

3단계 **B**- 먼저 요리할 재료를 준비하라고 시키고, 재료 준비가 다 되면 음식을 해주겠다고 말하고 있다.
따라서 어순 배열은 CAB가 된다.

단어 再 zài 뷔 또, 재차 | 准备 zhǔnbèi 뵝 준비하다 | 鸡蛋 jīdàn 뎽 계란 | 一会儿 yíhuìr 뎽 잠깐, 잠시 | 做 zuò 뵝 하다
| 中国 Zhōngguó 뎽 중국 | 菜 cài 뎽 요리 | 西红柿 xīhóngshì 뎽 토마토 | 炒 chǎo 뵝 볶다 | 洗 xǐ 뵝 씻다 | 干净
gānjìng 뒝 깨끗하다 | 以后 yǐhòu 뎽 이후

05

S 4

A 就会相应地梦到什么内容
B 比如，人的脚冷的时候会梦到自己在雪地行走
C 人在睡觉的时候，身体感觉到什么

A 곧 그것에 상응하는 어떠한 내용의 꿈을 꾸게 된다
B 예를 들어 사람의 발이 찰 때는 눈 위를 걷는 꿈을 꿀 수 있다
C 사람이 잠을 잘 때, 몸이 무언가를 느끼면

C A B

시크릿 숨은 주어 찾기 / 접속사와 의문대사의 용법에 주목!

해설 1단계 **C**- 시간을 나타내는 人在睡觉的时候(사람이 잠을 잘 때)와 주어 身体(몸)가 있으므로 첫 번째 문장이
된다.

2단계 **A**- C에서의 의문대사 什么는 의문을 나타내는 것이 아니라 임의의 것을 가리켜, '…什么, 就…什么
(무엇을 ~하면, 곧 무엇을 ~한다)' 구문을 이룬다. 따라서 또 다른 什么가 있는 A가 두 번째 문장이 된
다.

3단계 **B**- 比如(예를 들면)는 앞에서 언급한 내용을 구체적인 예로 보충설명하는 것이니, 맨 마지막에 나와야
한다.

따라서 어순 배열은 CAB가 된다.

단어 会 huì 뙤똥 ~할 것이다 | 相应 xiāngyìng 뵝 상응하다. 어울리다 | 梦 mèng 뎽 꿈 | 什么 shénme 똬 무엇. 어떤 | 内容
nèiróng 뎽 내용 | 比如 bǐrú 쩹 예를 들어 | 脚 jiǎo 뎽 발 | 冷 lěng 뒝 차다 | 时候 shíhou 뎽 때. 무렵 | 自己 zìjǐ 똬 자
기. 자신 | 雪地 xuědì 뎽 눈으로 덮인 지면 | 行走 xíngzǒu 뵝 걷다 | 睡觉 shuìjiào 뵝 자다 | 身体 shēntǐ 뎽 몸. 신체 |
感觉 gǎnjué 뵝 느끼다

21 day p. 86

01

S2
S4

成功是不受年龄限制的，只要你心中有希望，不怕辛苦，能够坚持不懈，不断学习，就一定能实现梦想，获得成功。

★ 什么样的人能获得成功?

A 年轻的
B 爱劳动的
C 有梦想的
D 不断努力的

성공은 나이 제한을 받지 않는다. 마음에 희망이 있고, 고생을 두려워하지 않으며, 지치지 않고 끊임없이 공부할 수 있다면, 반드시 꿈을 이루고 성공할 수 있다.

★ 어떤 사람이 성공할 수 있는가?

A 젊은 사람
B 노동을 좋아하는 사람
C 꿈이 있는 사람
D 끊임없이 노력하는 사람

시크릿 핵심어 스캔 뜨기 / 부정부사에 주목!

해설 1단계 문제의 핵심어 찾기
문제의 获得成功(성공하다)을 스캔 떠서 지문에서 찾아보면, 지문의 마지막 부분에 있다.

2단계 정답 찾기
지문에서 찾은 핵심어의 앞부분을 읽어보면 보기와 관련된 내용, 즉 不断学习(끊임없이 공부하다)를 찾을 수 있다.

3단계 단어 변환
지문의 不断学习(끊임없이 공부한다)가 보기에서는 유사한 의미인 不断努力(끊임없이 노력한다)로 바뀌어 제시되었다.

Tip 지문에 제시된 내용이 동의어나 유의어로 바뀌어 보기에 제시될 확률이 높으므로, 동의어를 많이 외우고 있어야 한다.

단어 成功 chénggōng 몡 성공 | 受 shòu 동 받다 | 年龄 niánlíng 몡 연령, 나이 | 限制 xiànzhì 동 제한하다 | 只要 zhǐyào 젭 ~하기만 하면 | 心中 xīnzhōng 몡 마음속 | 希望 xīwàng 몡 희망 | 怕 pà 동 두려워하다 | 辛苦 xīnkǔ 혱 고생스럽다 | 能够 nénggòu 조동 ~할 수 있다 | 坚持 jiānchí 동 견지하다, 고수하다 | 不懈 búxiè 혱 게으르지 않다 | 不断 búduàn 뛰 계속해서, 끊임없이 | 学习 xuéxí 동 공부하다 | 一定 yídìng 뛰 반드시, 꼭 | 能 néng 조동 ~할 수 있다 | 实现 shíxiàn 동 실현하다 | 梦想 mèngxiǎng 몡 꿈 | 获得 huòdé 동 얻다, 획득하다 | 什么样 shénmeyàng 떼 어떠한 | 年轻 niánqīng 혱 젊다 | 爱 ài 동 좋아하다, 사랑하다 | 劳动 láodòng 몡 일, 노동 | 努力 nǔlì 동 노력하다

02

S2
S4
S5

一个人想得到别人的尊重，首先应该尊重别人。只有尊重对方，重视对方，交流起来才能更轻松，愉悦。

★ 一个人想要得到尊重，应该:

A 尊重自己
B 善于交流
C 心情愉快
D 尊重别人

남에게 존중받으려면, 먼저 남을 존중해야 한다. 상대방을 존중하고 중시해야만, 더욱 편안하고 유쾌하게 교제할 수 있다.

★ 사람이 남에게 존중을 받고 싶다면, 마땅히:

A 자신을 존중한다
B 교류를 잘 해야 한다
C 기분이 좋아야 한다
D 남을 존중해야 한다

해설 **1단계** 문제의 핵심어 찾기

문제의 핵심어인 一个人想要得到尊重(사람이 존중을 받고 싶다면)을 스캔 떠서 지문에서 찾으면, 단락의 맨 앞에 위치해있다.

2단계 정답 찾기

지문에서 찾은 핵심어 이하 부분에서 应该尊重别人(마땅히 남을 존중해야 한다)라고 했으므로, D가 답이 된다.

단어 一个人 yí ge rén 한 사람 | 想 xiǎng 조동 ~하고 싶다 | 得到 dédào 동 받다 | 别人 biéren 대 남, 타인 | 尊重 zūnzhòng 동 존중하다 | 首先 shǒuxiān 부 우선, 먼저 | 应该 yīnggāi 조동 ~해야 한다 | 只有 zhǐyǒu 접 ~해야만 | 对方 duìfāng 명 상대방 | 重视 zhòngshì 동 중시하다 | 交流 jiāoliú 동 교류하다, 소통하다 | 才 cái 부 비로소, 이제야 | 更 gèng 부 더욱 | 轻松 qīngsōng 형 수월하다, 부담이 없다 | 愉悦 yúyuè 형 유쾌하다, 기쁘다 | 想要 xiǎngyào 조동 ~하려고 하다 | 自己 zìjǐ 대 자기, 자신 | 善于 shànyú 동 ~를 잘하다 | 心情 xīnqíng 명 심정, 마음

[03-04]

<table>
<tr>
<td>

　　说话看起来是很普通的一件事，但其实并不简单。急事，慢慢地说；大事，清楚地说；做不到的事，别乱说；伤害人的事，不能说；讨厌的事，对事不对人地说；开心的事，看场合说；³伤心的事，不要见人就说；别人的事，小心地说；自己的事，听听自己的心怎么说；现在的事，做了再说；将来的事，以后再说。

</td>
<td>

　　말하는 것은 평범한 일 같아 보여도, 사실은 그리 단순하지 않다. 급한 일은 천천히 말하고, 큰 일은 정확히 말하며, 할 수 없는 일을 함부로 말해선 안 된다. 남에게 상처 주는 것은 말하면 안되고, 싫어하는 일은 사람을 대상으로 말하지 않는다. 기쁜 일도 상황을 보아가며 말하고, ³슬픈 일은 만나는 사람마다 말하지 말며, 남의 일은 가려서 말하고, 자신의 일은 마음의 소리에 귀 기울여야 한다. 현재의 일은 행동으로 옮긴 뒤 말하고, 장래의 일은 나중에 다시 이야기한다.

</td>
</tr>
</table>

단어 说话 shuōhuà 동 말하다 | 看起来 kànqǐlái 동 보기에 ~하다 | 普通 pǔtōng 형 보통이다 | 件 jiàn 양 일을 셀 때 쓰임 | 事 shì 명 일 | 但 dàn 접 그러나 | 并 bìng 부 결코, 조금도 | 简单 jiǎndān 형 간단하다, 단순하다 | 急事 jíshì 명 급한 일 | 慢慢 mànmān 형 천천히 | 说 shuō 동 말하다 | 大事 dàshì 명 큰 일 | 清楚 qīngchu 형 분명하다, 조리 있다 | 做 zuò 동 하다 | 不到 búdào 동 이르지 못하다, 달성하지 못하다 | 别 bié 부 ~하지 마라 | 乱 luàn 부 함부로, 제멋대로 | 伤害 shānghài 동 해치다, 상처를 주다 | 能 néng 조동 ~해도 된다, ~할 수 있다 | 讨厌 tǎoyàn 동 싫어하다, 미워하다 | 开心 kāixīn 형 기쁘다, 즐겁다 | 看 kàn 동 보다 | 场合 chǎnghé 명 장소, 상황 | 伤心 shāngxīn 동 상심하다, 슬퍼하다 | 要 yào 조동 ~해야 된다 | 见人 jiànrén 동 사람을 만나다 | 小心 xiǎoxīn 형 신중하다, 조심스럽다 | 听 tīng 동 듣다 | 心 xīn 명 마음 | 怎么 zěnme 대 어떻게 | 现在 xiànzài 명 지금, 현재 | 再 zài 부 다시 | 将来 jiānglái 명 장래, 미래 | 以后 yǐhòu 명 이후

03

★ 遇到伤心的事应该:

A 和同事说

S2
B 不要到处说

S4
C 要告诉别人

D 自己一个人哭

★ 슬픈 일을 당했을 때는 마땅히:

A 동료와 이야기한다

B 여기저기 말하지 말아야 한다

C 남에게 알려야 한다

D 혼자 운다

시크릿 핵심어 스캔 뜨기 / 유의어에 주목!

해설 **1단계** 문제의 핵심어 찾기

문제의 伤心的事(슬픈 일)라는 말을 스캔 떠서 지문에서 찾아보면, 지문의 중간 부분에 핵심어가 있다.

2단계 정답 찾기

핵심어가 있는 부분에서 답을 찾을 수 있다. 즉 不要见人就说(만나는 사람마다 말하지 말아야 한다)라고 말하고 있다.

3단계 단어 변환

지문의 见人(사람을 만나다)이 보기에서는 到处(곳곳)라고 바뀌어 제시되었다. 따라서 답은 유사한 의미를 나타내는 B가 된다.

단어 遇到 yùdào 图 맞닥뜨리다, 마주치다 | 和 hé 젠 ~와 | 同事 tóngshì 뗑 동료 | 到处 dàochù 뗑 곳곳 | 告诉 gàosu
图 알리다 | 哭 kū 图 울다

04

★ 这段话主要说了说话的:

A 技巧	B 时间
C 简单	D 环境

★ 이 글이 주로 말하는 것은 말하기의:

A 기교	B 시간
C 단순함	D 환경

시크릿 지문 전체 내용 파악하기!

해설 지문에서는 처한 상황에 따라 말하는 방법에 대해서 설명하고 있으므로, 답은 技巧(기교, 테크닉)가 된다.

단어 主要 zhǔyào 뛴 주로 | 技巧 jìqiǎo 뗑 기교, 테크닉 | 时间 shíjiān 뗑 시간 | 环境 huánjìng 뗑 환경

22 day　p.87

01

"熟悉的地方没有风景"，因为越是熟悉的地方，越是没有新鲜感，你也不会发现它美的地方。因此，生活中不缺少美，缺少一双发现美的眼睛。

'익숙한 곳은 볼거리가 없다.' 왜냐하면 눈에 익은 곳일수록 신선함이 없어서, 당신은 그것의 아름다움을 발견할 수도 없게 되기 때문이다. 그러므로 생활 속에서 부족한 것은 아름다움이 아니라, 아름다움을 발견하는 눈이다.

★ 为什么熟悉的地方没有风景?

★ 왜 익숙한 곳은 볼거리가 없는가?

A 缺少美	A 아름다움이 부족해서
B 只适合居住	B 주거용으로만 적합해서
C 没有新鲜感	C 신선함이 없어서
D 不喜欢这个地方	D 그곳을 좋아하지 않아서

시크릿 핵심어 스캔 뜨기 / 접속사에 주목!

해설 1단계 문제의 핵심어 찾기
문제에서 熟悉的地方(익숙한 곳)을 스캔 떠서 지문에서 찾아보자. 핵심어는 문장 첫 머리에 나온다.

2단계 정답 찾기
정답은 문제의 핵심어(熟悉的地方) 바로 뒤에 나오는 因为(왜냐하면) 이하 부분에 있다. 越是没有新鲜感(더욱 신선함이 없다)이라고 말하고 있으므로, 답은 C가 된다.

Tip 질문에서 为什么(왜, 어째서)가 등장하면 지문에서 因为(왜냐하면)를 찾아가자!

단어 熟悉 shúxī 톈 익숙하다 | 地方 dìfang 뗑 장소, 곳 | 没有 méiyǒu 图 없다 | 风景 fēngjǐng 뗑 풍경, 경치 | 因为 yīnwèi 젭 왜냐하면 | 越…越… yuè…yuè… ~할수록 ~하다 | 新鲜 xīnxiān 톈 새롭다, 참신하다 | 会 huì 조통 ~할 수 있다 | 发现 fāxiàn 图 발견하다 | 它 tā 때 그것, 저것 | 美 měi 톈 아름답다 | 因此 yīncǐ 젭 그래서 | 生活 shēnghuó 뗑 생활 | 缺少 quēshǎo 图 부족하다 | 双 shuāng 톈 짝, 쌍(쌍이나 짝을 이룬 것을 세는 단위) | 眼睛 yǎnjing 뗑 눈 | 为什么 wèishénme 뛴 왜, 어째서 | 只 zhǐ 뛴 단지, 다만 | 适合 shìhé 图 적합하다, 알맞다 | 居住 jūzhù 图 거주하다 | 喜欢 xǐhuan 图 좋아하다

<table>
<tr><td>

02

S2
S4
S5

</td><td>

老李这几年做生意赚了不少钱，但是他拿出很大一部分用于帮助那些经济困难的人，大家都很尊敬他。

★ 大家为什么尊敬老李？

A 很诚实
B 帮助穷人
C 他是富人
D 会做生意

</td><td>

라오리는 최근 장사를 해서 적잖은 돈을 벌었지만, 그중 상당 부분을 경제적으로 어려운 사람을 돕는 데 사용해서, 모두가 그를 존경한다.

★ 사람들은 왜 라오리를 존경하는가?

A 성실해서
B 가난한 사람을 도와서
C 부자여서
D 장사를 잘 해서

</td></tr>
</table>

시크릿 핵심어 스캔 뜨기 / 역접의 접속사에 주목!

해설 **1단계** 문제의 핵심어 찾기

문제의 핵심어 尊敬老李(라오리를 존경한다)란 말을 지문에서 찾아보면, 마지막 부분에 尊敬他(그를 존경한다)라고 나와있다.

2단계 정답 찾기

但是(그러나) 같은 역접의 접속사가 나오면 그 이하의 내용이 주된 내용이므로, 但是 뒷부분에서 답을 찾으면 된다. 따라서 帮助那些经济困难的人(경제적으로 어려운 사람을 돕는다)가 답이 된다.

3단계 단어 변환

지문의 经济困难的人(경제적으로 어려운 사람)이라는 말이, 보기에서는 穷人(가난한 사람)이라고 제시되었다.

Tip 但是，不过，可是，而과 같은 역접의 접속사가 나오면, 그 이하 부분을 주목해서 봐야 한다.

단어 几 jǐ ㈜ 몇(10 이하의 수를 물을 때 쓰임) | 年 nián 영 년, 해 | 赚 zhuàn 동 (돈을) 벌다 | 不少 bùshǎo 형 적지 않다, 많다 | 钱 qián 영 돈 | 但是 dànshì 접 그러나 | 拿 ná 동 (재물 등을) 내놓다, 제공하다 | 部分 bùfen 영 부분 | 用于 yòngyú 동 ~에 사용하다 | 经济 jīngjì 영 경제, 살림살이 | 困难 kùnnan 형 (생활이) 어렵다, 곤궁하다 | 大家 dàjiā 대 모두 | 尊敬 zūnjìng 동 존경하다 | 为什么 wèishénme 부 왜, 어째서 | 诚实 chéngshí 형 성실하다 | 帮助 bāngzhù 동 돕다 | 穷人 qióngrén 영 가난한 사람 | 富人 fùrén 영 부자 | 会 huì 조동 ~할 것이다 | 做生意 zuò shēngyi 동 장사하다

<table>
<tr><td>

03

S2
S3
S5

</td><td>

谁的童年都有很美丽的梦想，但是随着我们长大了，那些美丽的梦想也悄悄地离我们远去了。

★ 当我们长大后：

A 不喜欢做梦了
B 梦想也长大了
C 梦想就不美丽了
D 忘记了过去的梦想

</td><td>

누구나 유년시절에는 아름다운 꿈을 품지만, 우리가 성장함에 따라 그러한 아름다운 꿈도 조용히 우리로부터 멀어져갔다.

★ 우리가 성장한 후에는 :

A 꿈을 꾸기 싫어진다
B 꿈도 성장한다
C 꿈이 아름답지 않다
D 과거의 꿈을 잊는다

</td></tr>
</table>

시크릿 핵심어 스캔 뜨기 / 변화된 어휘에 주목!

해설 **1단계** 문제의 핵심어 찾기

문제의 长大后(성장한 후)를 스캔 떠서 지문에서 찾아보자. 但是(그러나) 이하 부분에 长大(성장하다)라는 단어가 있다.

2단계 정답 찾기

长大(성장하다) 이하 부분에 성장한 후에 대한 설명이 나와 있다. 那些美丽的梦想也悄悄地离我们远去了(그러한 아름다운 꿈도 조용히 우리로부터 멀어져갔다)라고 답을 제시하고 있다.

3단계 단어 변환

지문의 悄悄地离我们远去了(조용히 우리로부터 멀어져갔다)라는 말이, 보기에는 忘记(잊다)로 바뀌어 제시되었다.

단어 谁 shéi 대 누구 | 童年 tóngnián 명 어린 시절 | 有 yǒu 동 있다 | 美丽 měilì 형 아름답다 | 梦想 mèngxiǎng 명 꿈 | 但是 dànshì 접 그러나 | 随着 suízhe 동 ~에 따라서 | 长大 zhǎngdà 동 성장하다 | 悄悄 qiāoqiāo 형 조용하다, 은밀하다 | 离 lí 전 ~에서, ~로부터 | 远 yuǎn 형 멀다 | 后 hòu 형 후의, 다음의 | 喜欢 xǐhuan 동 좋아하다 | 做梦 zuòmèng 동 꿈을 꾸다 | 忘记 wàngjì 동 잊어버리다 | 过去 guòqù 명 과거

04

S2 S4 S5

社会的发展离不开经济的发展，但是经济发展的同时不能忘了环境保护。如果环境被污染了，经济再发展，也得不到一个美好的环境。

★ 这段话主要说的是经济发展和什么的关系?

A 环境保护　　　B 社会发展
C 交通条件　　　D 生活水平

사회 발전은 경제 발전과 뗄 수 없다. 하지만 경제 발전과 동시에 환경보호를 잊어선 안 된다. 만일 환경이 오염된다면, 경제가 아무리 발전해도 아름다운 환경을 가질 수 없을 것이다.

★ 이 글에서 주로 이야기하는 것은 경제 발전과 무엇의 관계인가?

A 환경보호　　　B 사회 발전
C 교통 조건　　　D 생활 수준

시크릿 핵심어 스캔 뜨기 / 역접의 접속사에 주목!

해설 1단계 문제의 핵심어 찾기

문제의 핵심어 经济发展(경제 발전)을 스캔 떠서 지문에서 찾아보면, 접속사 但是(그러나) 앞에 나와 있다.

2단계 정답 찾기

但是는 역접의 접속사로, 그 이하 부분에서 답을 찾으면 된다. 즉 不能忘了环境保护(환경보호를 잊어선 안 된다)가 답이 된다.

Tip 역접을 나타내는 접속사(但是)가 나오면 그 이하 부분에 주목하자!

단어 社会 shèhuì 명 사회 | 发展 fāzhǎn 동 발전하다 | 离不开 líbukāi 동 떨어질 수 없다 | 经济 jīngjì 명 경제 | 但是 dànshì 접 그러나 | 同时 tóngshí 부 동시에 | 能 néng 조동 ~해도 된다, ~할 수 있다 | 忘 wàng 동 잊다, 소홀히 하다 | 环境 huánjìng 명 환경 | 保护 bǎohù 동 보호하다 | 如果 rúguǒ 접 만약 | 被 bèi 전 (~에게) ~를 당하다 | 污染 wūrǎn 동 오염되다 | 再 zài 부 더, 아무리 | 得 dé 동 얻다, 받다 | 不到 búdào 동 도달하지 못하다, 이르지 못하다 | 美好 měihǎo 형 아름답다 | 话 huà 명 이야기 | 主要 zhǔyào 부 주로 | 说 shuō 동 이야기하다 | 什么 shénme 대 무슨, 무엇 | 关系 guānxi 명 관계 | 交通 jiāotōng 명 교통 | 条件 tiáojiàn 명 조건 | 生活 shēnghuó 명 생활 | 水平 shuǐpíng 명 수준

23 day p.91

01

S2 S3 S4

大熊猫是一种有着独特黑白相间毛色的活泼动物，它是熊科的一个分支。成年熊猫长约120到190厘米，体重85到125公斤，主要以竹子为食。

★ 关于熊猫，我们可以知道什么?

판다는 검은색과 흰색이 섞인 독특한 털을 가진 활달한 동물로, 곰 과에 속한다. 성년 판다의 몸 길이는 약 120~190cm이고, 체중은 85~125kg이며, 대나무를 주식으로 한다.

★ 판다에 관해 우리가 알 수 있는 것은?

	보기	지문	해설
A	主要吃草 주로 풀을 먹는다	主要以竹子为食 대나무를 주식으로 한다	대나무(竹子)는 나무이므로, 풀(草)이라고 하기엔 무리가 있다.
B	皮毛是黑色的 털이 검은색이다	黑白相间毛色 검은색과 흰색이 섞인 털 색	흑백의 털이 섞여 있다고 했으므로, 털이 검은색이라고 할 수 없다.
C	身高不到120厘米 키는 120cm가 안 된다	长约120到190厘米 몸 길이가 약 120~190cm이다	판다는 몸 길이가 120~190cm정도 된다고 했으므로, 120cm에 못 미친다(不到)는 말은 지문의 내용과 일치하지 않는다.
D	成年后85公斤以上 성년이 된 후에는 85kg 이상이다	体重85到125公斤 체중은 85~125kg	체중이 85~125kg이라고 했으므로 85kg 이상이라고도 말할 수 있다. 따라서 D가 답이 된다.

A 主要吃草   A 주로 풀을 먹는다
B 皮毛是黑色的   B 털이 검은색이다
C 身高不到120厘米   C 키는 120cm가 안 된다
D 成年后85公斤以上   D 성년이 된 후에는 85kg 이상이다

시크릿 스캔 뜨기 / 병렬된 정보 대조 작업하기!

해설 1단계 熊猫(판다)와 관련하여 지문과 일치하는 내용을 묻고 있으므로, '대조 작업'을 해야 한다.
2단계 대조 작업을 통해 답이 D라는 것을 알 수 있다.

단어 熊猫 xióngmāo 몡 판다 | 种 zhǒng 몡 종, 종류 | 有着 yǒuzhe 통 가지고 있다 | 独特 dútè 혱 독특하다 | 黑白 hēibái 몡 흑백 | 相间 xiāngjiàn 통 서로 뒤섞이다 | 毛 máo 몡 털 | 色 sè 몡 색깔 | 活泼 huópo 혱 활기차다, 활달하다 | 动物 dòngwù 몡 동물 | 熊 xióng 몡 곰 | 科 kē 몡 과 (생물학상의 분류 명목) | 分支 fēnzhī 몡 분과, 갈라져 나온 것 | 成年 chéngnián 몡 성년 | 长 cháng 혱 길다 | 约 yuē 뮈 대개, 대략 | 厘米 límǐ 양 센티미터(cm) | 体重 tǐzhòng 몡 체중 | 到 dào 통 도달하다, 이르다 | 公斤 gōngjīn 양 킬로그램(kg) | 主要 zhǔyào 뮈 주로, 대부분 | 以… 为… yǐ…wéi… ~을 ~으로 삼다 | 竹子 zhúzi 몡 대나무 | 食 shí 몡 음식 | 关于 guānyú 젠 ~에 관해서 | 可以 kěyǐ 조통 ~할 수 있다 | 吃 chī 통 먹다 | 草 cǎo 몡 풀 | 皮毛 pímáo 몡 모피, 털가죽 | 黑色 hēisè 몡 검은색 | 以上 yǐshàng 몡 이상 | 身高 shēngāo 몡 키, 몸 길이 | 不到 búdào 통 이르지 못하다 | 后 hòu 혱 후의, 나중의

02

S2 S3 S4

为了省钱交学费，他每天只吃米饭，也根本不敢谈恋爱。他想，上大学可真费钱啊，但无论怎样，打工也好，不谈恋爱也好，只要有钱读完大学，自己就已经算是<u>很幸福很幸福</u>的人了。

돈을 아껴 학비를 내기 위해서, 그는 매일 맨밥만 먹고 연애할 엄두도 내지 못했다. 그는 대학 다니는 데 돈이 정말 많이 들지만, 아르바이트를 해도 좋고, 연애를 안 해도 상관없으니, 대학을 마칠 돈만 있다면, 자신은 이미 아주 아주 행복한 사람이라고 생각했다.

★ 对他来说，什么是最大的幸福？

★ 그에게 있어서 무엇이 가장 큰 행복인가?

A 成绩好   A 성적이 좋은 것
B 能吃到菜   B 음식을 먹을 수 있는 것
C 有钱交学费   C 학비 낼 돈이 있는 것
D 可以谈恋爱   D 연애를 할 수 있는 것

해설 **1단계** 핵심어는 幸福(행복)다. 문제에서 행복이 무엇이냐고 물었지만, 우리의 기준이 아닌, 他(그)의 입장에서 가장 큰 행복이 무엇인지를 알아내야 한다. 따라서 '대조 작업'으로 파악해야 한다.

2단계 대조 작업을 통해 답이 C라는 것을 알 수 있다.

	보기	지문	해설
A	成绩好 성적이 좋은 것	×	지문에서 언급되지 않았다.
B	能吃到菜 음식을 먹는 것	只吃米饭 맨밥만 먹는다	그가 원하는 것은 반찬이나 요리가 아니다.
C	有钱交学费 학비 낼 돈이 있는 것	只要有钱读完大学 대학을 마칠 돈만 있다면	그는 학교를 마칠 돈만 있다면 이미 무척 행복한 사람이라고 생각했다. 따라서 답은 C다.
D	可以谈恋爱 연애를 할 수 있는 것	不谈恋爱也好 연애를 안 해도 상관없다	연애 또한 하지 않아도 상관없다고 생각했다.

단어 为了 wèile 젠 ~을 위해서 | 省钱 shěngqián 통 돈을 아끼다 | 米饭 mǐfàn 명 쌀밥 | 根本 gēnběn 뷔 전혀, 아예 | 不敢 bùgǎn 감히 ~하지 못하다 | 谈恋爱 tán liàn'ài 연애하다 | 大学 dàxué 명 대학 | 可 kě 뷔 정말로 | 费钱 fèiqián 형 돈이 들다 | 无论 wúlùn 젭 ~에 상관없이 | 怎样 zěnyàng 대 어떻다, 어떠하다 | 打工 dǎgōng 통 아르바이트하다 | …也好…也好 … yě hǎo … yě hǎo ~도 좋고, ~도 좋다 | 只要 zhǐyào 젭 단지 ~하기만 하면 | 读完 dúwán 통 학업을 마치다 | 算是 suànshì 통 ~인 셈이다 | 幸福 xìngfú 명 행복 | 成绩 chéngjì 명 성적 | 交 jiāo 납부하다, 내다 | 学费 xuéfèi 명 학비

[03~04]

心理学家对颜色与人的心理健康进行了研究。研究表明在一般情况下，³红色表示快乐、热情，它使人情绪热烈、饱满，激发爱的情感。³黄色表示快乐、明亮，使人兴高采烈，充满喜悦之情。绿色表示和平，使人的心里有安定、恬静、温和之感。蓝色给人以安静、凉爽、舒适之感，使人心胸开朗。灰色使人感到郁闷、空虚。³黑色使人感到庄严、沮丧和悲哀。白色使人有素雅、纯洁、轻快之感。⁴总之各种颜色都会给人的情绪带来一定的影响，使人的心理活动发生变化。

심리학자들이 색깔과 심리 건강에 대해 연구를 했다. 연구에 따르면, 일반적으로 ³빨간색은 즐거움과 열정을 나타내고, 사람의 정서를 열정적이고 충만하게 하며 애정을 유발한다고 한다. ³노란색은 즐거움, 명랑함을 나타내고, 사람을 신바람 나고 기쁨으로 가득하게 한다. 평화를 나타내는 녹색은 심리를 안정시키고 고요하게 해주며, 온화한 느낌을 준다. 파란색은 차분함, 시원함, 편안함을 주고, 마음을 밝게 해준다. 회색은 사람을 답답하고 공허하게 하고, ³검은색은 엄숙함과 낙담, 슬픔을 느끼게 한다. 흰색은 점잖고 깨끗하며, 밝은 느낌을 주게 한다. ⁴결론적으로 모든 색은 저마다 우리 정서에 어느 정도 영향을 미치며, 인간의 심리활동을 변화시킬 수 있다.

단어 心理学家 xīnlǐxuéjiā 명 심리학자 | 对 duì 젠 ~에 대해서 | 颜色 yánsè 명 색깔 | 与 yǔ 젠 ~와 | 心理 xīnlǐ 명 심리 | 健康 jiànkāng 명 건강 | 进行 jìnxíng 통 진행하다 | 研究 yánjiū 통 연구하다 | 表明 biǎomíng 통 표명하다 | 一般 yìbān 형 일반적이다 | 情况 qíngkuàng 명 상황 | 红色 hóngsè 명 빨간색 | 表示 biǎoshì 통 의미하다, 나타내다 | 热情 rèqíng 형 열정적이다 | 情绪 qíngxù 명 정서, 기분 | 热烈 rèliè 형 열렬하다 | 饱满 bǎomǎn 형 충만하다 | 激发 jīfā 통 (감정을) 불러일으키다 | 爱 ài 통 사랑하다 | 情感 qínggǎn 명 감정 | 黄色 huángsè 명 노란색 | 快乐 kuàilè 형 즐겁다, 유쾌하다 | 明亮 míngliàng 형 밝다, 빛나다 | 兴高采烈 xìnggāocǎiliè 성어 매우 기쁘다, 신바람이 나다 | 充满 chōngmǎn 통 충만하다, 넘치다 | 喜悦 xǐyuè 형 기쁘다 | 情 qíng 명 감정 | 绿色 lǜsè 명 녹색 | 和平 hépíng 명 평화 | 安定 āndìng 형 안정되다 | 恬静 tiánjìng 형 평안하고 고요하다 | 温和 wēnhé 형 온화하다 | 感 gǎn 명 느낌 | 蓝色 lánsè 명 파란색 | 安静 ānjìng 형 조용하다 | 凉爽 liángshuǎng 형 시원하다, 서늘하다 | 舒适 shūshì 형 쾌적하다, 편하다 | 心胸 xīnxiōng 명 마음 | 开朗 kāilǎng 형 쾌활하다, 명랑하다 | 灰色 huīsè 명 회색 | 感到 gǎndào 통 느끼다 | 郁闷 yùmèn 형 우울하다 | 空虚 kōngxū 형 허전하다, 공허하다 | 黑色 hēisè 명 검은색 | 庄严 zhuāngyán 형 장엄하다 | 沮丧 jǔsàng 형 낙담하다 | 悲哀 bēi'āi 형 슬프고 애통하다 | 白色 báisè 명 흰색 | 素雅 sùyǎ 형 점잖다, 우아하다 | 纯洁 chúnjié 형 순수하고 맑다 | 轻快 qīngkuài 형 가뿐하다, 경쾌하다 | 总之 zǒngzhī 젭 요컨대, 한마디로 말하면 | 各种 gèzhǒng 형 각종의 | 带来 dàilái 통 가져오다 | 一定 yídìng 형 상당한, 어느 정도의 | 影响 yǐngxiǎng 명 영향 | 活动 huódòng 명 활동 | 发生 fāshēng 통 일어나다 | 变化 biànhuà 명 변화

03 ★ 黑色会让人心情怎样?　　　　　　★ 검은색은 기분을 어떻게 하는가?

S2
S3
S4

A 伤心　　　　　　B 幸福　　　　　A 슬프게 한다　　　　B 행복하게 한다
C 激动　　　　　　D 快乐　　　　　C 감동하게 한다　　　D 즐겁게 한다

시크릿 핵심어 스캔 뜨기 / 대조 작업하기 / 변환된 어휘에 주목!

해설　1단계　黑色(검은색)가 미치는 영향에 대해 묻고 있으므로, 보기의 감정을 하나씩 지문에 대조해봐야 한다.
　　　2단계　대조 작업을 통해 답이 A라는 것을 알 수 있다.

	보기	지문	해설
A	伤心 슬프게 한다	沮丧和悲哀 낙담과 슬픔	沮丧은 '낙담하다', 悲哀는 '슬프고 애통하다'라는 의미를 나타내며, 伤心과 비슷한 뜻이다. 따라서 답은 A다.
B	幸福 행복하게 한다	×	幸福란 말이 지문에 직접적으로 언급되지는 않았지만, 빨간색과 노란색은 즐거움을 나타낸다고 했으므로, '행복'의 감정은 빨간색이나 노란색에 가깝다는 것을 알 수 있다.
C	激动 감동하게 한다	×	지문에 언급되지 않았다.
D	快乐 즐겁게 한다	红色表示快乐 빨간색은 즐거움을 나타낸다 黄色表示快乐 노란색은 즐거움을 나타낸다	'즐거움(快乐)'은 빨간색과 노란색을 설명할 때 언급된 감정이었다.

Tip 보기의 단어 변환은 모든 문제 유형에서 다 나올 수 있으므로, 지문과 다른 단어라고 해서 답을 지나치는 실수를 해서는 안 된다.

단어　会 huì 조동 ~할 수 있다 | 怎样 zěnyàng 대 어떠한가 | 心情 xīnqíng 명 기분 | 伤心 shāngxīn 통 상심하다, 슬퍼하다 | 激动 jīdòng 통 감동하다, 흥분하다

04 ★ 这段话的主要内容是什么?　　　　★ 이 글의 주요 내용은 무엇인가?

S1
S3

A 身体健康　　　　　　　　　　　A 몸 건강
B 颜色的不同　　　　　　　　　　B 색깔의 차이
C 人的想象力　　　　　　　　　　C 사람의 상상력
D 颜色影响心情　　　　　　　　　D 색깔은 기분에 영향을 준다

시크릿 지문 전체 내용, 중심생각 파악하기!

해설　总之(결론적으로) 이하 부분에는 보통 글의 결론이 나온다. 여기서는 색깔은 '사람의 정서에 어느 정도 영향을 미칠 수 있다(会给人的情绪带来一定的影响)'고 했으므로, 답은 D가 된다.

단어　主要 zhǔyào 형 주요한, 주된 | 内容 nèiróng 명 내용 | 什么 shénme 대 무엇 | 身体 shēntǐ 명 몸, 신체 | 不同 bùtóng 형 다르다 | 想象力 xiǎngxiànglì 명 상상력 | 影响 yǐngxiǎng 통 영향을 주다

01

S1 S2 S3 S4

当地有很多少数民族，他们都很热情地接待我们，带我们去学骑马，喝羊奶，跳当地舞蹈，我们过得非常开心。

현지에는 여러 소수민족이 있고, 모두 우리를 따뜻하게 맞이해주었다. 그들은 우리에게 말 타는 법을 가르쳐주었고, 양 젖도 마시고 현지 춤도 추며, 우리는 매우 즐거운 시간을 보냈다.

★ 他们在当地干什么了?

★ 그들은 현지에서 무엇을 했는가?

A 唱歌
B 去骑马
C 喝咖啡
D 学少数民族语言

A 노래를 불렀다
B 말을 타러 갔다
C 커피를 마셨다
D 소수민족 언어를 배웠다

시크릿 병렬된 정보 대조 작업하기!

해설 1단계 在当地干什么了?(현지에서 무엇을 했는가?)라는 광범위한 질문이므로, '대조 작업' 비법을 써야 한다.
2단계 대조 작업을 통해 답이 B라는 것을 알 수 있다.

	보기	지문	해설
A	唱歌 노래하다	跳当地舞蹈 현지 춤을 추다	지문에서 '춤'이라는 단어가 '노래'를 연상시켜 착각을 일으킬 수 있으나 답은 아니다.
B	去骑马 말을 타러 가다	学骑马 말타는것을 배우다	말 타는 것을 배우는 것과 말을 탄다는 말은 일맥상통한다. 따라서 답은 B다.
C	喝咖啡 커피를 마시다	喝羊奶 양 젖을 마시다	'마신다'는 행위는 일치하나, 커피가 아닌 양 젖을 마셨다.
D	学少数民族语言 소수민족 언어를 배우다	×	学语言은 언급되지 않았다.

단어 当地 dāngdì 圕 현지, 그 지방 | 少数民族 shǎoshù mínzú 圕 소수민족 | 热情 rèqíng 圐 친절하다 | 接待 jiēdài 圄 접대하다, 응접하다 | 带 dài 圄 이끌다, 통솔하다 | 去 qù 圄 가다 | 学 xué 圄 배우다 | 骑马 qímǎ 圄 말을 타다 | 喝 hē 圄 마시다 | 羊奶 yángnǎi 圕 양 젖 | 跳 tiào 圄 뛰다, 도약하다 | 舞蹈 wǔdǎo 圕 춤, 무용 | 过 guò 圄 지내다, 보내다 | 非常 fēicháng 圊 대단히, 아주 | 开心 kāixīn 圐 즐겁다, 유쾌하다 | 干 gàn 圄 (어떤 일을) 하다 | 什么 shénme 때 무슨, 어떤 | 唱歌 chànggē 圄 노래 부르다 | 咖啡 kāfēi 圕 커피 | 语言 yǔyán 圕 언어

02

S2 S3 S4

中国有56个民族，与汉族相比，其他民族的人数非常少，习惯上被叫做"少数民族"，这些少数民族都有着自己的习惯和文化，其中许多民族还有自己的语言和文字。

중국에는 56개 민족이 있다. 한족(漢族)에 비해 다른 민족들의 인구는 매우 적어서, 통상 '소수민족'이라 부른다. 이들 소수민족은 모두 자신만의 풍습과 문화가 있으며, 그중 많은 민족들이 자신들의 언어와 문자를 가지고 있기도 하다.

★ 根据这段话，中国少数民族:

★ 이 글에 따르면, 중국의 소수민족은:

A 习惯差不多
B 比汉族人数多
C 有不同的文化
D 都没有文字和语言

A 풍습이 비슷하다
B 한족보다 인구가 많다
C 서로 다른 문화를 가지고 있다
D 모두 문자와 언어가 없다

해설 1단계 문제에서 少数民族(소수민족)에 관한 포괄적인 내용을 묻고 있으므로, '대조 작업'이 필요하다.
      2단계 대조 작업을 통해 답이 C라는 것을 알 수 있다.

	보기	지문	해설
A	习惯差不多 풍습이 비슷하다	有着自己的习惯和文化 자신만의 풍습과 문화가 있다	习惯(풍습)이라는 단어가 제시되기는 했지만, 내용이 정반대다.
B	比汉族人数多 한족보다 인구가 많다	人数非常少 인구가 매우 적다	한족과 비교했을 때, 소수민족의 인구는 매우 적다고 하였다.
C	有不同的文化 서로 다른 문화를 가지고 있다	有着自己的习惯和文化 자신만의 풍습과 문화가 있다	민족마다 자신의 문화가 있다는 것은 서로 다른 문화가 있다는 뜻이다. 따라서 답은 C다.
D	都没有文字和语言 모두 문자와 언어가 없다	其中许多民族还有自己的语言和文字 그중 많은 민족이 자신들의 언어와 문자를 가지고 있다	많은 민족들이 여전히 자신들의 언어와 문자를 가지고 있다고 언급되었다.

단어 中国 Zhōngguó 몡 중국 | 民族 mínzú 몡 민족 | 与 yǔ 젭 ~와 | 汉族 Hànzú 몡 한족 | 相比 xiāngbǐ 동 비교하다 | 其他 qítā 떼 기타 | 人数 rénshù 사람 수 | 少 shǎo 혱 적다 | 习惯 xíguàn 몡 습관, 풍습 | 叫做 jiàozuò 동 ~라고 불리다 | 少数民族 shǎoshù mínzú 몡 소수민족 | 自己 zìjǐ 떼 자신 | 文化 wénhuà 몡 문화 | 其中 qízhōng 떼 그중 | 许多 xǔduō 혱 매우 많다 | 还 hái 뷔 여전히, 아직 | 文字 wénzì 몡 문자 | 差不多 chàbuduō 혱 비슷하다 | 比 bǐ 젠 ~에 비해, ~보다 | 不同 bùtóng 혱 다르다

03

森林对于环境的作用非常大，它可以提供给空气水分，保持空气湿润。森林还可以固定土壤，防止水土流失，因此我们要保护森林，爱护环境。

숲은 환경에 대한 역할이 대단히 커서, 공기에 수분을 공급하고, 공기 중 습도를 유지해준다. 또 토양을 고정시켜 물과 흙이 유실되는 것을 방지해주므로, 우리는 숲을 보호하고 환경을 소중히 해야 한다.

★ 森林对环境的作用是什么?

A 保持绿色   B 防止火灾
C 形成河流   D 使空气湿润

★ 숲은 환경에 어떤 역할을 하는가?

A 푸르름을 유지한다   B 화재를 방지한다
C 하류를 형성한다   D 공기를 습하게 한다

해설 1단계 숲이 환경에 미치는 영향(森林对环境的作用)을 찾아야 하므로, '대조 작업'이 필요하다.
      2단계 대조 작업을 통해 답이 D라는 것을 알 수 있다.

	보기	지문	해설
A	保持绿色 푸르름을 유지한다	保持空气湿润 공기의 습도를 유지시킨다	유지해준다(保持)는 이야기가 나왔지만 공기(空气)에 대한 내용일 뿐, '绿色'는 언급되지 않았다.
B	防止火灾 화재를 방지한다	防止水土流失 물과 흙의 유실을 방지한다	수분과 토양의 유실을 방지한다고 언급되었지만, 화재(火灾)란 말은 없었다.
C	形成河流 하류를 형성한다	×	지문에 언급되지 않은 내용이다.
D	使空气湿润 공기를 습하게 한다	保持空气湿润 공기의 습도를 유지시킨다	지문에서 언급된 그대로 보기에 제시되었다. 따라서 답은 D다.

단어 森林 sēnlín 몡 숲, 산림 | 对于 duìyú 젠 ～에 대해 | 环境 huánjìng 몡 환경 | 作用 zuòyòng 몡 작용, 영향 | 可以 kěyǐ 조통 ～할 수 있다 | 提供 tígōng 통 제공하다 | 空气 kōngqì 몡 공기 | 水分 shuǐfèn 몡 수분 | 保持 bǎochí 통 유지하다 | 湿润 shīrùn 통 습윤하다, 촉촉하다 | 还 hái 뷔 또, 게다가 | 固定 gùdìng 통 고정시키다, 정착시키다 | 土壤 tǔrǎng 몡 토양 | 防止 fángzhǐ 통 방지하다 | 水土 shuǐtǔ 몡 수분과 토양 | 流失 liúshī 통 유실되다 | 因此 yīncǐ 젭 이 때문에, 그래서 | 要 yào 조통 ～해야 한다 | 保护 bǎohù 통 보호하다 | 爱护 àihù 통 사랑하고 보호하다 | 什么 shénme 데 무엇, 어떤 | 绿色 lǜsè 몡 녹색 | 火灾 huǒzāi 몡 화재 | 形成 xíngchéng 통 형성되다, 이루어지다 | 河流 héliú 몡 하류 | 使 shǐ 통 (～에게) ～하게 하다

04

<table>
<tr><td>

这家商店专门销售各式筷子，用各种材料和多种颜色制成的筷子，品种多样，质量也不错。既可以放在家里用，也可以买来送给亲朋好友，因此受到了顾客们的欢迎。

</td><td>

이 상점은 각종 젓가락을 전문적으로 판매한다. 여러 가지 재료와 색으로 만들어진 젓가락들은 품종이 다양하고, 품질도 좋다. 가정에서 사용할 수도 있고, 구입해서 가까운 이들에게 선물할 수도 있어, 소비자에게 인기를 얻었다.

</td></tr>
</table>

Ⓢ1 Ⓢ3 Ⓢ4

★ 这家店的筷子怎么样?

A 非常贵	B 质量很好
C 品种单一	D 不能用做礼物

★ 이 상점의 젓가락은 어떠한가?

A 무척 비싸다	B 품질이 좋다
C 품종이 단일하다	D 선물로 사용할 수 없다

시크릿 스캔 뜨기 / 병렬된 정보 대조 작업하기!

해설 1단계 이 상점의 젓가락(筷子)에 관한 포괄적인 내용을 묻고 있으므로, '대조 작업'을 해야 한다.

2단계 대조 작업을 통해 답이 B라는 것을 알 수 있다.

	보기	지문	해설
A	非常贵 무척 비싸다	×	가격에 대해서는 지문에 언급되지 않았다.
B	质量很好 품질이 좋다	质量也不错 품질도 좋다	不错라는 말에 부정부사(不)가 있어서 부정적인 단어라고 착각할 수 있지만, 不错는 '괜찮다, 좋다'라는 의미로 보기의 很好와 같은 뜻이다. 따라서 답은 B다.
C	品种单一 품종이 단일하다	品种多样 품종이 다양하다	单一(단일하다)는 多样(다양하다)과 반대되는 단어다.
D	不能用做礼物 선물로 사용할 수 없다	可以买来送给亲朋好友 가까운 이들에게 선물할 수 있다	지문의 送(선물하다)은 보기의 礼物와 상통하는 의미로 지문에서는 이 젓가락을 친척과 친구들에게 선물할 수 있다고 하였다.

단어 家 jiā 양 집, 점포 등을 세는 단위 | 商店 shāngdiàn 몡 상점 | 专门 zhuānmén 뷔 전문적으로 | 销售 xiāoshòu 통 판매하다 | 各式 gèshì 몡 각종의 | 筷子 kuàizi 몡 젓가락 | 用 yòng 통 쓰다, 사용하다 | 各种 gèzhǒng 몡 각종의 | 材料 cáiliào 몡 재료 | 和 hé 젠 ～와 | 颜色 yánsè 몡 색깔 | 制 zhì 통 만들다, 제조하다 | 品种 pǐnzhǒng 몡 품종, 제품의 종류 | 多样 duōyàng 톙 다양하다 | 质量 zhìliàng 몡 품질, 질 | 不错 búcuò 톙 좋다, 괜찮다 | 既…也… jì…yě… ～하고 (또) ～하다 | 可以 kěyǐ 조통 ～할 수 있다 | 放 fàng 통 놓아두다 | 家里 jiāli 몡 집, 집안 | 买 mǎi 통 사다 | 送 sòng 통 주다, 선물하다 | 亲朋 qīnpéng 몡 친척과 친구 | 好友 hǎoyǒu 몡 친한 친구 | 因此 yīncǐ 젭 이 때문에, 그래서 | 受到 shòudào 통 받다 | 顾客 gùkè 몡 손님 | 欢迎 huānyíng 통 환영하다 | 店 diàn 몡 상점 | 怎么样 zěnmeyàng 어떠하다 | 贵 guì 톙 비싸다 | 单一 dānyī 톙 단일하다 | 能 néng 조통 ～할 수 있다 | 用做 yòngzuò 통 ～에 쓰이다 | 礼物 lǐwù 몡 선물

01

S3
S4

道歉并不仅是一句简单的"对不起"，而需要让对方看见你是在真心地道歉，这样才能得到他人的谅解。

★ 怎样才能得到人们的原谅?

A 不用道歉
B 只说对不起
C 最好简单地说
D 要真心地道歉

사과는 "미안합니다"라는 간단한 한마디만이 아니라 또 당신이 진심으로 사과하고 있음을 상대방에게 보여야 한다. 그래야 타인의 양해를 얻을 수 있다.

★ 어떻게 사람들의 용서를 받을 수 있는가?

A 사과할 필요 없다
B 미안하다고 말만 한다
C 간단히 말하는 것이 가장 좋다
D 진심으로 사과한다

시크릿 핵심어 스캔 뜨기 / 접속사에 주목!

해설 **1단계** 문제 분석
핵심어는 人们的原谅(사람들의 용서)이다. 어떻게 해야 용서받을 수 있는지에 대한 내용을 찾아야 한다.

2단계 접속사 분석
并不仅…而需要…는 '결코 ~만이 아니라, 또한 ~이 필요하다'라는 점층관계를 나타내며, 뒷부분에 좀 더 중요한 내용을 담고 있다.

3단계 정답 찾기
'미안합니다(对不起)'라는 말 뿐만 아니라, '진심으로 사과하는 것(真心地道歉)'이 필요하다고 했다. 따라서 답은 D가 된다.

단어 道歉 dàoqiàn 동 사과하다 | 并 bìng 부 결코 | 不仅 bùjǐn 접 ~뿐만 아니라 | 句 jù 양 마디, 구(언어를 세는 단위) | 简单 jiǎndān 형 단순하다, 간단하다 | 对不起 duìbuqǐ 동 미안합니다 | 需要 xūyào 동 필요하다 | 让 ràng 동 ~하게 하다 | 对方 duìfāng 명 상대방 | 看见 kànjiàn 동 보다 | 真心 zhēnxīn 명 진심 | 才 cái 부 비로소 | 能 néng 조동 ~할 수 있다 | 得到 dédào 동 얻다, 받다 | 谅解 liàngjiě 동 양해하다 | 原谅 yuánliàng 동 용서하다 | 只 zhǐ 부 단지, 오직 | 说 shuō 동 말하다 | 最好 zuìhǎo 형 가장 좋다 | 要 yào 조동 ~해야 한다 | 看 kàn 동 보다

02

S3
S4

飞机比火车快，那是理所当然的，但是有时坐火车会比坐飞机更快，因为一般城市的飞机场都要比火车站远很多，加上去的时间，坐火车有时会更快。

★ 坐火车为什么更快?

A 飞机太慢
B 火车站更近
C 机场正在施工
D 火车速度更快

비행기가 기차보다 빠른 것이 당연하지만, 어떤 때는 기차를 타는 것이 비행기를 타는 것보다 빠르다. 왜냐하면 일반적으로 도시의 공항은 기차역보다 매우 멀리 떨어져 있어서, 가는 시간을 더하면, 때로는 기차를 타는 것이 더 빠를 수도 있다.

★ 왜 기차를 타는 것이 더 빠른가?

A 비행기가 너무 느려서
B 기차역이 더 가까워서
C 공항이 공사 중이여서
D 기차 속도가 더 빨라서

시크릿 핵심어 스캔 뜨기 / 접속사에 주목!

해설 **1단계** 문제 분석
핵심어는 火车更快(기차가 더 빠르다)이며, 기차를 타는 것이 더 빠른 이유를 찾아야 한다.

2단계 접속사 분석
为什么(왜, 어째서)는 因为(왜냐하면)와 함께 나온다. 지문에서 因为를 찾아가면, 기차를 타는 것이 비행기를 타는 것보다 더 빠른 이유가 나와 있다.

3단계 정답 찾기
지문의 '공항이 기차역보다 많이 멀다(飞机场都要比火车站远很多)'라는 말이, 보기에서는 '기차역이 더 가깝다(火车站更近)'라는 말로 바뀌어 제시되었다.

단어 飞机 fēijī 명 비행기 | 比 bǐ 전 ~에 비해, ~보다 | 火车 huǒchē 명 기차 | 快 kuài 형 빠르다 | 理所当然 lǐsuǒdāngrán 성어 당연히 그렇다 | 有时 yǒushí 부 때로, 간혹 | 坐 zuò 동 타다 | 更 gèng 부 더, 훨씬 | 因为 yīnwèi 접 왜냐하면 | 一般 yìbān 형 일반적이다 | 城市 chéngshì 명 도시 | 飞机场 fēijīchǎng 명 공항 | 要 yào 조동 ~할 것이다 | 火车站 huǒchēzhàn 명 기차역 | 远 yuǎn 형 멀다 | 加 jiā 동 더하다 | 时间 shíjiān 명 시간 | 太 tài 부 너무 | 会 huì 조동 ~할 것이다 | 慢 màn 형 느리다 | 近 jìn 형 가깝다 | 机场 jīchǎng 명 공항 | 正在 zhèngzài 부 지금 ~하고 있다 | 施工 shīgōng 동 공사하다 | 速度 sùdù 명 속도

[03-04]

<table>
<tr><td>

丽江受到很多人的欢迎。³什么时候去丽江旅游最好呢？我觉得每年的³12月到第二年的3月是最好的时间。因为那时交通、饮食和住宿等都是比较便宜的。温度大概在-5℃到18℃之间，早晚温差比较大。主要是看雪景，白天都是蓝天白云的，照相照出来的效果特别好。

</td><td>

리장은 많은 사람들에게 사랑받는다. ³언제 리장으로 여행 가는 게 가장 좋을까? 나는 매년 ³12월에서 이듬해 3월까지가 가장 적절하다고 생각한다. 그때가 교통, 음식, 숙박 등 가격이 모두 저렴한 시기기 때문이다. 기온은 대략 -5℃에서 18℃사이로, 아침과 저녁의 일교차가 다소 크다. 주요 볼거리는 설경이고, 낮에는 쪽빛 하늘에 흰 구름을 볼 수 있어, 사진을 찍으면 무척 잘 나온다.

</td></tr>
</table>

단어 问 wèn 동 질문하다 | 什么时候 shénme shíhou 언제 | 去 qù 동 가다 | 旅游 lǚyóu 동 여행하다 | 最好 zuìhǎo 형 가장 좋다 | 觉得 juéde 동 ~라고 여기다 | 每年 měinián 명 매년 | 到 dào 동 이르다 | 时间 shíjiān 명 시간 | 那时 nàshí 대 그 무렵, 그때 | 交通 jiāotōng 명 교통 | 饮食 yǐnshí 명 음식 | 和 hé 전 ~와 | 住宿 zhùsù 동 숙박하다 | 等 děng 조 등, 따위 | 便宜 piányi 형 (값이) 싸다 | 温度 wēndù 명 온도 | 大概 dàgài 부 대개 | 之间 zhījiān 명 (~의) 사이 | 早晚 zǎowǎn 명 아침과 저녁 | 温差 wēnchā 명 온도차, 일교차 | 大 dà 형 크다 | 主要 zhǔyào 형 주요한, 주된 | 看 kàn 동 보다, 구경하다 | 雪景 xuějǐng 명 설경 | 白天 báitiān 명 낮 | 蓝天 lántiān 명 푸른 하늘 | 白云 báiyún 명 흰 구름 | 照相 zhàoxiàng 동 사진을 찍다 | 效果 xiàoguǒ 명 효과 | 特别 tèbié 부 특히, 아주 | 好 hǎo 형 좋다

03

★ 什么时候去丽江比较好？

A 2月	B 5月
C 9月	D 11月

★ 언제 리장을 가는 게 가장 좋은가?

A 2월	B 5월
C 9월	D 11월

S4
S5

시크릿 핵심어 스캔 뜨기!

해설 1단계 문제 분석
핵심어는 什么时候去丽江(리장에 언제 가는 것)이며, 지문에서 언제라는 시기를 언급한 부분을 찾아야 한다.
2단계 날짜에 관한 단어가 언급된 곳을 찾아간다. 매년 12월에서 이듬해 3월(每年的12月到第二年的3月)까지가 가장 적절하다고 말하고 있다.
3단계 정답 찾기
12월부터 그 다음해 3월까지의 기간에 포함되는 시기를 보기에서 고르면, A가 답이 된다.

단어 比较 bǐjiào 부 비교적

04

★ 通过这段话我们可以知道丽江：

A 游客多	B 交通不方便
C 少数民族多	D 照片不好看

★ 이 글에서 리장에 대해 알 수 있는 것은:

A 여행객이 많다	B 교통이 불편하다
C 소수민족이 많다	D 사진이 볼품없다

S1
S4

해설 **1단계** 문제 분석

전반적인 내용을 묻고 있으므로, 전체 내용을 파악해야 한다.

2단계 접속사 분석

因为는 '왜냐하면'이라는 의미로, 뒷부분에는 어떤 사실에 대한 이유가 나온다. 지문에서는 교통, 음식, 숙박비 등이 제일 저렴한 시기(那时交通、饮食和住宿等都是比较便宜的)라고 했다. 지문 맨 앞부분의 '丽江受到很多人的欢迎(리장은 많은 사람들에게 사랑받는다)'이라는 말은 그만큼 많은 사람들이 리장으로 여행을 간다는 뜻이다.

3단계 정답 찾기

많은 사람들이 리장을 여행하기 좋은 시기를 궁금해하고, 또 리장 여행 비용은 시기에 따라 차이가 난다는 점으로 미루어, 리장은 여행객이 많이 오는 관광도시임을 알 수 있다. 나머지 보기들은 지문에 언급되지 않았거나, 내용과 반대로 제시되었으므로, 답이 될 수 있는 것은 A밖에 없다.

단어 通过 tōngguò 전 ~를 통해 | 可以 kěyǐ 조동 ~할 수 있다 | 游客 yóukè 명 여행객 | 方便 fāngbiàn 형 편리하다 | 少数民族 shǎoshù mínzú 명 소수민족 | 照片 zhàopiàn 명 사진 | 好看 hǎokàn 형 아름답다

26 day p.100

01

S1
S3
S4

不管是经济、政治还是社会，对一个国家的发展都会起到非常重要的作用。但是最关键的还是教育。

★ 这段话在讨论什么?

A 经济不重要
B 教育最重要
C 政治才是关键
D 除了教育，没有重要的

경제, 정치든 아니면 사회든, 모두 한 국가의 발전에 아주 중요한 역할을 한다. 그러나 가장 관건은 역시 교육이다.

★ 이 글은 무엇에 대해 논하는가?

A 경제는 중요치 않다
B 교육이 가장 중요하다
C 정치가 바로 관건이다
D 교육 이외에는 중요한 것이 없다

해설 **1단계** 문제 분석

이 글에서 무엇을 논하고 있는지(讨论什么)를 알아야 한다.

2단계 접속사 분석

但是(그러나)는 역접의 접속사로, 그 뒤에 나오는 내용이 핵심이다. 역접의 접속사가 나오면 뒤의 내용을 집중적으로 봐야 한다. 여기서는 但是 뒤에서 가장 관건은 역시 교육(最关键的还是教育)이라고 말하고 있다.

Tip 본문에 언급된 또 다른 접속사 不管…都는 '~에 관계없이 모두'라는 의미로, 조건관계를 나타내는 접속사다.

3단계 정답 찾기

가장 중요한 관건은 교육(教育)이라고 했으므로 B가 답임을 알 수 있다. D에는 교육(教育)이라는 단어가 제시되어 있지만 교육이 관건이라는 말이 나머지 것들이 중요하지 않다는 것은 아니므로 답이 될 수 없다.

단어 不管A 还是B bùguǎn A háishi B 접 A든지 아니면 B든지 | 经济 jīngjì 명 경제 | 政治 zhèngzhì 명 정치 | 社会 shèhuì 명 사회 | 对 duì 전 ~에 대해 | 国家 guójiā 명 국가 | 发展 fāzhǎn 동 발전하다 | 都 dōu 부 모두, 전부 | 会 huì 조동 ~할 것이다 | 起到 qǐdao 동 초래하다, 일으키다 | 非常 fēicháng 부 대단히, 아주 | 重要 zhòngyào 형 중요하다 | 作用 zuòyòng 명 작용 | 最 zuì 부 가장, 제일 | 关键 guānjiàn 명 관건, 핵심 | 教育 jiàoyù 명 교육 | 讨论 tǎolùn 동 토론하다 | 才 cái 부 비로소, 겨우 | 除了 chúle 전 ~을 제외하고

一个人是否**成熟**，不是看他的年龄，而是看他是否能很好地解决问题。不管遇到什么事情，都能沉着稳重，不慌张，冷静地处理好事情，解决问题，这才是最关键的。

S1
S3
S4

★ 一个人**成熟**是看：

A 职业　　　　　　B 外貌
C 年龄大小　　　　D 能不能解决问题

한 사람의 성숙 여부는 나이가 아니라, 문제 해결을 잘 할 수 있는지 여부에 의해 결정된다. 어떤 일을 만나도 침착하고 신중하며, 당황하지 않고 냉정하게 일을 잘 처리할 수 있는가, 이것이야말로 가장 중요하다.

★ 한 사람의 성숙 여부를 보는 것은 :

A 직업　　　　　　B 외모
C 나이의 많고 적음　D 문제를 해결할 수 있는가

시크릿 핵심어 스캔 뜨기 / 전체 내용 파악하기 / 접속사에 주목!

해설 1단계　문제 분석

핵심어는 成熟(성숙하다)다. '어떤 사람을 성숙하다'라고 판단할 수 있는 기준이 무엇인지 찾아야 한다.

2단계　접속사 분석

不是 A 而是 B는 'A가 아니라 B다'라는 의미로, B 부분의 내용이 핵심이 된다.

3단계　정답 찾기

성숙한 사람을 판단하는 것은 나이(不是 이하 부분)가 아니라 문제를 잘 해결할 수 있느냐(而是 이하 부분)다.

Tip 본문에 언급된 또 다른 접속사 不管…都…는 '~에 관계없이 ~하다'라는 의미로, 조건관계를 나타낸다.

단어 一个人 yí ge rén 한 사람 | 是否 shìfǒu 图 ~인지 아닌지 | 成熟 chéngshú 图 성숙하다 | 不是A 而是B búshì A érshì B A가 아니라 B다 | 看 kàn 동 ~라고 보다, ~에 달리다 | 年龄 niánlíng 명 나이 | 解决 jiějué 동 해결하다 | 问题 wèntí 명 문제 | 遇到 yùdào 동 만나다 | 事情 shìqing 명 일, 사건 | 沉着 chénzhuó 图 침착하다 | 稳重 wěnzhòng 图 신중하다 | 慌张 huāngzhāng 图 당황하다 | 冷静 lěngjìng 图 냉정하다, 침착하다 | 处理 chǔlǐ 동 처리하다 | 职业 zhíyè 명 직업 | 外貌 wàimào 명 외모 | 大小 dàxiǎo 명 크기(나이의 많고 적음) | 能 néng 조동 ~할 수 있다

现在社会上很多人根据流行时尚搭配自己的服装，打扮自己。其实，流行的衣服不一定就是漂亮的，只有适合自己的衣服才是最漂亮的。

S1
S3
S4

★ 什么样的衣服**最漂亮**?

A 舒适的
B 颜色漂亮的
C 时尚流行的
D 适合自己的

현대 사회에서는 많은 사람들이 유행에 따라 옷을 입고 자신을 꾸미는데, 사실 유행하는 옷이라고 반드시 예쁜 것은 아니고, 자신에게 어울리는 옷이야말로 가장 예쁜 옷이다.

★ 어떤 옷이 가장 예쁜가?

A 편한 옷
B 색깔이 예쁜 옷
C 유행하는 옷
D 자신에게 어울리는 옷

시크릿 핵심어 스캔 뜨기 / 접속사에 주목!

해설 1단계　문제 분석

가장 예쁜 옷은 어떠한 옷인지(什么样的衣服最漂亮)를 찾아내야 한다.

2단계　접속사 분석

只有…才…는 '반드시 ~해야만, ~하다'라는 의미로, 유일한 조건을 나타낸다.

3단계　정답 찾기

자신에게 어울리는 옷이야말로 가장 예쁜 옷(只有适合自己的衣服才是最漂亮的)이라고 나왔다. C는 지문에 언급된 내용이지만, 유행하는 것이 반드시 예쁘다고는 할 수 없다고 했으므로, 답은 D다.

단어 现在 xiànzài 명 현재 | 社会 shèhuì 명 사회 | 根据 gēnjù 전 ~에 근거하여 | 流行 liúxíng 동 유행하다 | 时尚 shíshàng 명 시대적 유행 | 搭配 dāpèi 동 조합하다, 맞추다 | 服装 fúzhuāng 명 복장, 의상 | 打扮 dǎban 동 꾸미다, 치장하다 | 其实 qíshí 图 사실 | 衣服 yīfu 명 옷 | 不一定 bùyídìng 图 ~한 것은 아니다 | 漂亮 piàoliang 图 예쁘다 | 只有 zhǐyǒu 접 ~해야만 | 适合 shìhé 동 알맞다, 어울리다 | 才 cái 图 비로소 | 舒适 shūshì 图 편하다 | 颜色 yánsè 명 색깔

04

S1
S3
S4

阅读能力好的人不但容易找到工作，而且工资也比较高。另外，阅读考试的分数往往还能反映一个国家的教育水平。

★ 阅读能力高的人一般：

A 收入高   B 烦恼少
C 经验丰富   D 年龄比较大

독해 능력이 좋은 사람은 취업이 쉬울 뿐 아니라, 게다가 월급도 비교적 높다. 이 외에도 독해 시험 점수는 종종 한 나라의 교육수준을 반영할 수 있기도 하다.

★ 독해 능력이 높은 사람은 일반적으로：

A 수입이 높다   B 고민이 적다
C 경험이 풍부하다   D 나이가 비교적 많다

시크릿 핵심어 스캔 뜨기 / 접속사에 주목!

해설   1단계   문제 분석
핵심어는 阅读能力高(독해 능력이 높다)다. 독해 능력이 높은 사람에 대한 내용을 찾아야 한다.

2단계   접속사 분석
不但…而且…는 '~일 뿐만 아니라, 게다가 ~이다'라는 의미로, 점층관계를 나타낸다.

3단계   정답 찾기
독해 능력이 높은 사람은 일자리를 구하기 쉽고, 월급도 비교적 높다고 했으므로, 답은 A다. 지문에 언급된 工资(월급)가 보기에서 收入(수입)라는 단어로 바뀌어 제시되었다.

단어   阅读 yuèdú 통 열독하다 | 能力 nénglì 명 능력 | 不但 búdàn 접 ~뿐만 아니라 | 容易 róngyì 형 ~하기 쉽다 | 找 zhǎo 통 찾다. 구하다 | 工作 gōngzuò 명 직업, 일자리 | 而且 érqiě 접 게다가 | 工资 gōngzī 명 월급 | 高 gāo 형 높다 | 另外 lìngwài 접 이 외에 | 考试 kǎoshì 명 시험 | 分数 fēnshù 명 점수 | 往往 wǎngwǎng 부 자주, 종종 | 还 hái 부 여전히, 아직도 | 能 néng 조동 ~할 수 있다 | 反映 fǎnyìng 통 반영하다 | 国家 guójiā 명 국가, 나라 | 教育 jiàoyù 명 교육 | 水平 shuǐpíng 명 수준 | 一般 yìbān 형 일반적이다 | 收入 shōurù 명 수입 | 烦恼 fánnǎo 형 걱정하다 | 少 shǎo 형 적다 | 经验 jīngyàn 명 경험 | 年龄 niánlíng 명 나이 | 丰富 fēngfù 형 풍부하다 | 比较 bǐjiào 부 비교적

27 day   p.104

01

S1
S3

与别人握手的时候，要注意按顺序一个一个来。如果你与一个人握手的同时，又拿另一只手去握别人，是极其不礼貌的。

★ 握手时应注意：

A 要站着   B 不戴帽子
C 按照顺序   D 同时用两只手

다른 사람과 악수를 할 때는 순서대로 한 명씩 하는 것에 주의해야 한다. 만약 한 손으로 악수를 하는 동시에, 다른 한 손으로 또 다른 사람과 악수를 하는 것은 아주 무례한 행동이다.

★ 악수를 할 때 마땅히 주의해야 할 점은：

A 일어서 있어야 한다   B 모자를 쓰지 않는다
C 순서대로 한다   D 동시에 두 손으로 한다

시크릿 핵심어 스캔 뜨기 / 중요 단어(注意)에 주목!

해설   1단계   핵심어는 握手(악수하다)다.
2단계   악수에 관한 문장에서 중요 단어를 찾는다. 문제의 应注意(마땅히 주의해야 한다)라는 말을 지문에서 찾아보면, 지문에는 要注意로 제시되어 있다. 중요 단어 뒷부분의 按顺序(순서에 따르다)라는 말이 C에 제시되어 있다.

3단계   정답 찾기
지문에서 按(~에 따라서)이라고 언급된 1음절 단어가, 보기에는 2음절(按照)로 바뀌어 제시되었다.

단어   握手 wòshǒu 통 악수하다 | 时候 shíhou 명 때 | 要 yào 조동 ~해야 한다 | 注意 zhùyì 통 주의하다 | 按 àn 전 ~에 따라서 | 顺序 shùnxù 명 순서 | 如果 rúguǒ 접 만약 | 又 yòu 부 또, 동시에 | 拿 ná 통 잡다 | 另 lìng 대 다른, 이외의 | 只 zhī 양 쪽, 짝(쌍으로 이루어진 것 중 하나를 세는 단위) | 手 shǒu 명 손 | 去 qù 통 가다 | 握 wò 통 (손으로) 잡다 | 极其 jíqí 부 아주, 대단히 | 礼貌 lǐmào 명 예의 바르다 | 应 yīng 조동 마땅히 ~해야 한다 | 站 zhàn 통 서다 | 戴 dài 통 착용하다, 쓰다 | 帽子 màozi 명 모자 | 按照 ànzhào 전 ~에 의해, ~에 따라 | 同时 tóngshí 명 동시에 | 用 yòng 통 사용하다

有一个人去应聘的时候，经过走廊时看见有一个杯子掉在地上，就捡起来扔进了垃圾桶里。那家公司的经理看到了这一切，就录用了这个人。经理对他说："有一个好习惯是非常重要的。"

어떤 사람이 회사에 면접을 보러 갔을 때, 복도를 지나다가 땅에 떨어진 컵을 보고는 바로 주워서 쓰레기통에 넣었다. 이 모든 것을 지켜 본 사장은 그를 바로 고용했다. 사장은 그에게 "좋은 습관을 갖는 것은 아주 중요한 것이죠."라고 말했다.

★ 他为什么被录用了?

A 外貌好　　　　B 很会打扫
C 成绩优秀　　　D 有好的习惯

★ 그는 왜 채용되었는가?

A 잘 생겨서　　　　B 청소를 잘해서
C 성적이 우수해서　D 좋은 습관을 갖고 있어서

시크릿 중요 단어(重要)에 주목!

해설 1단계 '그'가 채용된(被录用了) 이유를 찾아야 한다.

2단계 지문에서 중요 단어는 사장의 말에 있다.

3단계 정답 찾기

지문 마지막의 사장의 말에서 사장이 중요(重要)하다고 생각하는 것, 즉 좋은 습관(好习惯)을 그가 가졌기 때문에 입사하게 되었다는 것을 알 수 있다. 따라서 답은 D가 된다.

단어 应聘 yìngpìn 图 지원하다 | 时候 shíhou 몡 때, 무렵 | 经过 jīngguò 图 지나다 | 走廊 zǒuláng 몡 복도 | 看见 kànjiàn 图 보다 | 杯子 bēizi 잔, 컵 | 掉 diào 图 떨어지다 | 地上 dìshàng 몡 땅 | 捡 jiǎn 图 줍다 | 扔 rēng 图 던지다 | 垃圾桶 lājītǒng 몡 쓰레기통 | 家 jiā 집, 점포 등을 세는 단위 | 公司 gōngsī 몡 회사 | 经理 jīnglǐ 몡 사장 | 看到 kàndào 图 보다 | 一切 yíqiè 데 모든, 전부 | 录用 lùyòng 图 채용하다 | 有 yǒu 图 있다 | 习惯 xíguàn 몡 습관 | 外貌 wàimào 몡 외모 | 好 hǎo 閔 훌륭하다, 아름답다 | 会 huì 조통 ~을 잘하다 | 打扫 dǎsǎo 图 청소하다 | 成绩 chéngjì 몡 성적 | 优秀 yōuxiù 閔 우수하다

[03-04]

　　要想减肥，一定要³少吃，多运动。少吃不代表不吃，要吃东西，而且要科学地吃。³关键是多运动，并不是每天都要运动，每个星期有两三次就可以。减肥⁴一定要坚持，如果运动几天就算了，那是没有效果的。

다이어트를 하고 싶으면, 반드시 ³적게 먹고 운동을 많이 해야 한다. 적게 먹는다는 것은 굶는 것이 아니다. 음식을 먹어야 하고, 게다가 과학적으로 섭취해야 한다. ³중요한 것은 운동을 많이 하는 것인데, 매일 해야 하는 것은 아니고, 일주일에 2~3번이면 충분하다. 다이어트는 ⁴반드시 꾸준히 해야 하며, 며칠 운동하다 포기하면 효과를 거둘 수 없다.

단어 减肥 jiǎnféi 图 살을 빼다, 다이어트하다 | 一定 yídìng 图 반드시, 꼭 | 要 yào 조통 ~해야 한다 | 吃 chī 图 먹다 | 运动 yùndòng 몡 운동 | 代表 dàibiǎo 图 나타내다, 대표하다 | 东西 dōngxi 몡 사물, 물건 | 而且 érqiě 쩝 게다가 | 科学 kēxué 閔 과학적이다 | 关键 guānjiàn 몡 관건, 핵심 | 并 bìng 图 결코, 전혀 | 星期 xīngqī 몡 주, 주일 | 可以 kěyǐ 閔 좋다, 나쁘지 않다 | 坚持 jiānchí 图 유지하다, 견지하다 | 如果 rúguǒ 쩝 만약 | 算 suàn 图 그만두다 | 没有 méiyǒu 图 없다 | 效果 xiàoguǒ 몡 효과

03
⑤1
⑤2
⑤3

★ 减肥要怎么样?

A 不吃
B 呆在家里
C 一周运动几次
D 每天都要运动

★ 다이어트는 어떻게 해야 하는가?

A 굶는다
B 집에 있는다
C 일주일에 몇 차례 운동한다
D 매일 운동해야 한다

시크릿 핵심어 스캔 뜨기 / 중요 단어(关键)에 주목!

해설 1단계 다이어트(减肥)를 하려면 어떻게 해야 하는지를 찾아야 한다.

2단계 핵심어 减肥(다이어트)가 나오는 부분에서 중요단어 关键(중요한 것)을 찾을 수 있다.

매일 운동해야 하는 것이 아니라 일주일에 2~3번이면 된다(每个星期有两三次就可以)고 했으므로, 답은 C가 된다.

Tip 단어 변환: 每个星期 매 주 = 一周 일주일 / 两三次 두세 번 = 几次 몇 번

단어 呆 dāi 통 머물다 | 家里 jiāli 명 집, 집안 | 周 zhōu 명 주, 주일

04

★ 减肥想要有效果，要怎么样?

A 每天跑步
B 坚持下去
C 少吃不运动
D 多吃有营养的

★ 다이어트 효과를 거두려면 어떻게 해야 하는가?

A 매일 달린다
B 꾸준히 한다
C 적게 먹고 운동하지 않는다
D 영양가 있는 음식을 많이 먹는다

시크릿 핵심어 스캔 뜨기 / 병렬된 정보 대조 작업하기!

해설 1단계 다이어트의 효과(效果)를 거두려면 어떻게 해야 하는지 찾아야 하므로, '대조 작업'을 해야 한다.

2단계 대조 작업을 통해 답이 B라는 것을 알 수 있다.

	보기	지문	해설
A	每天跑步 매일 달린다	并不是每天都要运动 매일 운동해야 하는 것은 아니다	지문에서는 운동을 매일 할 필요는 없다고 말했다.
B	坚持下去 꾸준히 한다	减肥一定要坚持 다이어트는 반드시 꾸준히 해야 한다	다이어트는 꾸준히 해야 한다고 언급하였다. 따라서 답은 B다.
C	少吃不运动 적게 먹고 운동하지 않는다	一定要少吃，多运动 반드시 적게 먹고, 운동을 많이 해야 한다	적게 먹으라는 내용은 일치하지만, 지문에서는 운동을 많이 해야 한다고 했다.
D	多吃有营养的 영양가 있는 음식을 많이 먹는다	×	지문에 언급되지 않은 내용이다.

단어 营养 yíngyǎng 명 영양 | 跑步 pǎobù 통 달리다

---

28 day

p.105

01

新闻报道中的数字是用来说明的，因此必须十分准确，不能有错误。数字准确，才能表现出新闻报道的"真"，因此数字对新闻来说非常重要。

뉴스 보도의 수치는 설명을 위한 것이기 때문에, 반드시 매우 정확해야 하고 착오가 있어서는 안 된다. 수치가 정확해야만 뉴스 보도의 '진실성'이 표현될 수 있으므로, 뉴스에 있어 수치는 아주 중요한 것이다.

★ 新闻报道中的数字应该怎样?

A 多一点　　　B 随便使用
C 不能出错　　D 尽量不要出现

★ 뉴스 보도의 수치는 어떠해야 하는가?

A 많아야 한다　　　B 마음대로 사용한다
C 잘못되면 안 된다　D 되도록 없어야 한다

해설 **1단계** 핵심어는 报道中的数字(보도의 수치)다.

2단계 문제에 제시된 应该(마땅히 ~해야 한다)를 지문에서 찾아보면, 지문에는 必须(반드시 ~해야 한다), 不能(~해서는 안 된다)이라는 말로 바뀌어서 나왔다.

3단계 정답 찾기

지문에 有错误(착오가 생기다)라고 제시된 내용이, 보기에는 出错(잘못되다)라고 바뀌어 제시되었다. 따라서 답은 C다.

단어 新闻 xīnwén 뗑 뉴스 | 报道 bàodào 뗑 보도 | 数字 shùzì 뗑 숫자 | 用来 yònglái 튕 ~에 쓰다 | 说明 shuōmíng 튕 설명하다 | 因此 yīncǐ 젭 그래서, 이 때문에 | 必须 bìxū 튀 반드시 ~해야 한다 | 十分 shífēn 튀 매우, 아주 | 准确 zhǔnquè 휑 정확하다 | 能 néng 조튕 ~할 수 있다 | 有 yǒu 튕 있다, 생기다 | 错误 cuòwù 뗑 잘못, 착오 | 才 cái 튕 비로소 | 表现 biǎoxiàn 튕 표현하다, 나타내다 | 真 zhēn 휑 진실이다, 사실이다 | 对…来说 duì…láishuō ~에게 있어서 | 非常 fēicháng 튀 아주, 대단히 | 重要 zhòngyào 휑 중요하다 | 应该 yīnggāi 조튕 ~해야 한다 | 随便 suíbiàn 튀 마음대로, 아무렇게나 | 使用 shǐyòng 튕 사용하다 | 出错 chūcuò 튕 실수하다, 잘못되다 | 尽量 jǐnliàng 튀 가능한 한, 되도록 | 要 yào 조튕 ~해야 한다 | 出现 chūxiàn 튕 나타나다, 출현하다

02

有些人总是对自己的<u>性格</u>不满意，总想改变它，<u>其实</u>性格没有什么真正的好与坏，<u>关键</u>是找到适合自己性格的事情。

어떤 사람들은 늘 자신의 性格에 항상 불만을 갖고 바꾸고 싶어한다. 사실 성격에는 어떠한 좋고 나쁨도 없으며, 중요한 것은 자신의 성격에 맞는 일을 찾는 것이다.

★ 关于性格:

★ 성격에 관련하여:

A 各有特点
B 没有人感到满意
C 有好的也有坏的
D 根本不可能改变

A 각자 특징이 있다
B 아무도 만족하지 않는다
C 좋고 나쁨이 있다
D 근본적으로 바꿀 수 없다

해설 **1단계** 핵심어 性格(성격)를 스캔 떠서 지문과 일치하는 내용을 찾아야 한다.

2단계 关键은 '관건'이라는 의미를 나타내며, 이 지문의 중요 단어이다. 뒷부분에 핵심내용이 나온다.

3단계 대조 작업을 통해 답이 A라는 것을 알 수 있다.

	보기	지문	해설
A	各有特点 각자 특징이 있다	适合自己性格的事情 자기 성격에 맞는 일	자신에게 맞는 일을 찾으면 된다고 했으므로, 성격은 저마다의 특징이 있다고 할 수 있다. 따라서 답은 A다.
B	没有人感到满意 아무도 만족하지 않는다	有些人…不满意 어떤 사람들은 만족하지 못한다	어떤 사람들은 만족하지 못하는 것이지, 모든 사람이 만족 못하는 것은 아니다.

단어 有些 yǒuxiē 떼 일부, 어떤 것 | 总是 zǒngshì 튀 늘, 언제나 | 对 duì 젠 ~에 대해 | 自己 zìjǐ 떼 자신 | 性格 xìnggé 뗑 성격 | 满意 mǎnyì 튕 만족하다 | 总 zǒng 튀 늘, 언제나 | 想 xiǎng 조튕 ~하고 싶다 | 改变 gǎibiàn 튕 고치다, 바꾸다 | 其实 qíshí 튀 사실 | 真正 zhēnzhèng 휑 진정한, 진짜의 | 好 hǎo 휑 좋다 | 与 yǔ 젠 ~와 | 坏 huài 휑 나쁘다 | 关键 guānjiàn 뗑 관건, 핵심 | 找 zhǎo 튕 찾다 | 适合 shìhé 튕 적합하다, 알맞다 | 事情 shìqing 뗑 일, 사건 | 关于 guānyú 젠 ~에 관해서 | 各 gè 튀 각각 | 特点 tèdiǎn 뗑 특징 | 感到 gǎndào 튕 느끼다, 여기다 | 根本 gēnběn 튀 전혀, 도무지 | 可能 kěnéng 휑 가능하다

03

S1
S3

一个脾气不好的人不一定让人厌烦，不过却不容易跟人做朋友。因为谁也不喜欢和动不动就生气的人在一起。

★ 脾气不好的人:

A 让人讨厌
B 很难交朋友
C 不喜欢别人
D 喜欢交朋友

성격이 안 좋은 사람이라고 반드시 사람들이 싫어하는 것은 아니다. 단지 다른 사람과 친구 되기가 어려울 뿐이다. 왜냐하면 걸핏하면 화를 내는 사람과 함께 있는 것을 좋아하는 사람은 없기 때문이다.

★ 성격이 안 좋은 사람은:

A 미움 받는다
B 친구를 사귀기 어렵다
C 남을 좋아하지 않는다
D 친구 사귀기를 좋아한다

시크릿 핵심어 스캔 뜨기 / 중요 단어(부정부사, 접속사 등)에 주목!

해설
1단계 핵심어는 脾气不好的人(성격이 나쁜 사람)이다.
2단계 不过는 '그러나'라는 뜻의 역접 접속사로, 뒷부분에 핵심내용이 나온다. 却 역시 역접의 의미를 나타내는 부사다. 1음절 단어기 때문에 쉽게 지나칠 수 있으므로 조심해야 한다.
3단계 대조 작업을 통해 답이 B라는 것을 알 수 있다.

	보기	지문	해설
A	让人讨厌 미움 받는다	不一定让人厌烦 사람들이 꼭 싫어하는 것은 아니다	不一定은 '꼭 ~한 것은 아니다'라는 의미로, 보기의 내용은 지문의 내용과 일치하지 않는다.
B	很难交朋友 친구를 사귀기 힘들다	不容易跟人做朋友 다른 사람과 친구 되기가 어렵다	지문의 不容易(쉽지 않다)라는 말이 보기에서는 很难(어렵다)으로 바뀌어 제시되었고, 做朋友(친구가 되다)라는 말은 交朋友(친구를 사귀다)로 바뀌어 제시되었다. 따라서 답은 B다.

단어 脾气 píqi 명 성격, 성질 | 不一定 bùyídìng 부 (반드시) ~한 것은 아니다 | 厌烦 yànfán 동 싫증나다, 짜증나다 | 不过 búguò 접 그러나, 하지만 | 却 què 부 ~지만, ~하지만 | 容易 róngyì 형 쉽다 | 做 zuò 동 (어떤 관계가) 되다, (어떤 관계를) 맺다 | 因为 yīnwèi 접 왜냐하면 | 谁 shéi 대 누구 | 和 hé 전 ~와 | 动不动 dòngbudòng 부 걸핏하면, 자주 | 生气 shēngqì 동 화내다 | 一起 yìqǐ 부 함께, 같이 | 讨厌 tǎoyàn 동 싫어하다 | 难 nán 형 어렵다 | 交朋友 jiāo péngyou 동 친구를 사귀다 | 喜欢 xǐhuan 동 좋아하다 | 别人 biéren 대 남, 타인

04

S1
S3

压力是个很有意思的东西，当你感到压力的时候，你会不想做任何事，压力很大的时候，工作效率就会变得很低。

★ 压力大时，我们:

A 情绪低落
B 想做任何事
C 工作效果差
D 觉得很有趣

스트레스란 아주 흥미로운 것이다. 당신이 스트레스를 받았을 때는 아무것도 하고 싶지 않고, 스트레스가 심할 때는 업무 효율이 아주 낮아진다.

★ 스트레스가 심할 때, 우리는 :

A 기분이 가라앉는다
B 뭐든지 하고 싶다
C 업무 효과가 떨어진다
D 흥미롭다고 느낀다

시크릿 핵심어 스캔 뜨기 / 중요 단어(부정부사)에 주목!

해설
1단계 스트레스가 심할 때(压力大时) 어떠한지를 찾아야 한다. 지문에 压力大라는 말이 언급된 부분을 찾아간다.
2단계 대조 작업을 통해 답이 C라는 것을 알 수 있다.

	보기	지문	해설
B	想做任何事 뭐든지 하고 싶다	不想做任何事 아무것도 하고 싶지 않다	지문에는 부정부사가 함께 나와 不想(~하기 싫다)이라고 언급되었으므로, 보기는 지문과 반대되는 내용이다.
C	工作效果差 업무 효과가 떨어진다	工作效率就会变得很低 업무 효율이 아주 낮아진다	지문의 效率(효율)라는 말이, 보기에서는 效果(효과)라고 바뀌어 제시되었다. 따라서 답은 C다.

단어 压力 yālì 몡 스트레스 | 有意思 yǒuyìsi 혱 재미있다 | 东西 dōngxi 몡 물건, 사물 | 当…的时候 dāng…de shíhou ~일 때 | 感到 gǎndào 동 느끼다, 여기다 | 会 huì 조동 ~할 것이다 | 想 xiǎng 조동 ~하고 싶다 | 做 zuò 동 하다 | 任何 rènhé 대 어떠한 | 事 shì 몡 일 | 工作 gōngzuò 몡 근무, 업무 | 效率 xiàolǜ 몡 능률, 효율 | 变 biàn 동 변화하다 | 低 dī 혱 낮다, 뒤떨어지다 | 情绪 qíngxù 몡 정서, 기분 | 低落 dīluò 동 떨어지다, 하락하다 | 效果 xiàoguǒ 몡 효과 | 差 chà 혱 나쁘다, 좋지 않다 | 觉得 juéde 동 ~라고 느끼다 | 有趣 yǒuqù 혱 재미있다

29 day
p. 109

01

S1 S3

森林里有这样一种植物，它开的花比普通的花要大，花很香。它利用散发的花香吸引一些小动物，然后将它们吃掉。

★ 关于这种植物我们可以知道：

A 花很香
B 花很漂亮
C 下雨天开花
D 动物吃这花

숲에는 이런 식물이 하나 있다. 이 식물이 피우는 꽃은 보통 꽃보다 크고 향기로운 꽃을 피우는데, 널리 퍼지는 꽃향기를 이용해 작은 동물들을 유인한 후, 이들을 잡아 먹는다.

★ 이 식물에 관해 알 수 있는 것은:

A 향기가 좋다
B 꽃이 예쁘다
C 비가 오면 꽃이 핀다
D 동물이 이 꽃을 먹는다

시크릿 핵심어 스캔 뜨기 / 전체 내용 파악하기!

해설 **1단계** 문제 분석
이 식물(这种植物)에 관해서 지문과 일치하는 내용을 찾아야 한다.

2단계 오답 제외
지문에서 이 식물이 작은 동물을 잡아먹는다(将它们吃掉)고 했으므로, D는 지문의 내용과 반대여서 답이 아니다.

3단계 정답 찾기
이 식물의 꽃은 보통 꽃보다 크고 향기롭다고(花要大, 花很香) 했으므로, 답은 A가 된다.

단어 森林 sēnlín 몡 산림 | 植物 zhíwù 몡 식물 | 花 huā 몡 꽃 | 比 bǐ 전 ~에 비해 | 普通 pǔtōng 혱 보통이다, 일반적이다 | 要 yào 조동 ~할 것이다 | 香 xiāng 혱 향기롭다 | 利用 lìyòng 동 이용하다 | 散发 sànfā 동 퍼지다, 내뿜다 | 吸引 xīyǐn 동 끌어당기다, 매혹시키다 | 动物 dòngwù 몡 동물 | 然后 ránhòu 접 그 다음에 | 将 jiāng 전 ~을 | 吃掉 chīdiào 동 먹어버리다, 해치우다 | 可以 kěyǐ 조동 ~할 수 있다 | 漂亮 piàoliang 혱 아름답다 | 下雨 xiàyǔ 동 비가 오다 | 开花 kāihuā 동 꽃이 피다

02

S1
S4

小张到了下班时间都没走，因为他怎么也<u>联系不上</u>他的客户，我查了一下我的手机，<u>原来是</u>他把客户的手机号码少记了一个数。

★ 小张<u>为什么联系不上</u>客户?

A 手机坏了
B 已经下班了
C 电话号码错了
D 小张没有电话

샤오장은 아무리 해도 고객과 <u>연락</u>이 닿지 않아, 퇴근 시간이 되어서도 가지 못했다. 내가 휴대전화를 확인해봤더니, <u>알고 보니</u> 샤오장이 고객의 휴대전화 번호를 한 자리 빠트린 것이었다.

★ 샤오장은 <u>왜</u> 고객과 <u>연락</u>이 닿지 않았는가?

A 휴대전화가 고장 나서
B 이미 퇴근해서
C 전화번호가 잘못돼서
D 샤오장에게 전화가 없어서

시크릿 전체 내용 파악하기 / 변환된 어휘에 주목!

해설 1단계 문제 분석
고객과 연락이 되지 않는 이유(为什么)를 찾아야 한다.

2단계 의미 파악
原来는 '알고 보니'라는 의미로, 뒷부분에 어떤 일에 대한 사실이 나온다.

3단계 단어 변환
지문의 숫자 하나를 빠트렸다(少记了一个数)는 말이 보기에서는 电话号码错了(전화번호가 잘못됐다)라고 제시되었다.

단어 到 dào 图 이르다 | 时间 shíjiān 图 시간 | 走 zǒu 图 떠나다 | 因为 yīnwèi 젭 왜냐하면 | 怎么 zěnme 때 어떻게, 어째서 | 下班 xiàbān 图 퇴근하다 | 联系 liánxì 图 연락하다 | 客户 kèhù 图 고객, 거래처 | 查 chá 图 찾아보다 | 手机 shǒujī 图 휴대전화 | 原来 yuánlái 得 알고 보니 | 号码 hàomǎ 图 번호 | 少 shǎo 图 모자라다 | 记 jì 图 적다, 기록하다 | 数 shù 图 숫자 | 坏 huài 图 고장 나다 | 已经 yǐjing 得 이미, 벌써 | 电话号码 diànhuà hàomǎ 图 전화번호 | 错 cuò 图 틀리다 | 没有 méiyǒu 图 없다 | 电话 diànhuà 图 전화

[03-04]

有一个胖人³<u>想减肥</u>，他去找医生寻找解决办法。医生建议他每天跑8公里，跑300天就能减34公斤，⁴<u>300天后</u>那个人打电话说，"医生我真的减下来了，但我离家有2400公里了，我应该怎么回家呢?"

한 뚱보가 ³<u>다이어트를 하려고</u>, 의사를 찾아가 방법을 물었다. 의사는 그에게 매일 8km씩 달리면 300일 동안 34kg을 감량할 수 있을 거라고 제안했다. ⁴<u>300일이 지나고</u> 그 뚱보는 전화를 걸어 말하기를 "선생님, 정말 살이 빠졌어요! 그런데 집에서부터 2400km나 달려왔으니, 이제 어떻게 집으로 돌아가나요?"라고 했다.

단어 胖 pàng 휑 뚱뚱하다 | 想 xiǎng 조동 ~하고 싶다 | 减肥 jiǎnféi 图 살을 빼다 | 找 zhǎo 图 찾다 | 医生 yīshēng 图 의사 | 寻找 xúnzhǎo 图 찾다, 구하다 | 解决 jiějué 图 해결하다 | 办法 bànfǎ 图 방법 | 建议 jiànyì 图 제안하다, 건의하다 | 跑 pǎo 图 달리다 | 公里 gōnglǐ 양 킬로미터(km) | 能 néng 조동 ~할 수 있다 | 减 jiǎn 图 빼다, 줄이다 | 公斤 gōngjīn 양 킬로그램(kg) | 后 hòu 휑 뒤의, 후의 | 打电话 dǎ diànhuà 전화하다 | 说 shuō 图 말하다 | 真 zhēn 得 실제로, 확실히 | 但 dàn 젭 그러나 | 应该 yīnggāi 조동 ~해야 한다 | 回家 huíjiā 图 집으로 돌아가다

03

S1
S3

★ 那个人<u>为什么要跑步</u>?

A 太胖了
B 去旅行
C 参加比赛
D 锻炼身体

★ 그 사람은 <u>왜 달리기를 했는가</u>?

A 너무 뚱뚱해서
B 여행 가려고
C 대회에 참가해서
D 체력 단련을 하려고

시크릿 전체 내용 파악하기 / 힌트어 간접 제시!

해설 1단계 문제 분석
이 사람이 달리기를 하려고 하는 이유를 찾아야 한다.

2단계 정답 찾기
지문의 첫 부분에 뚱보가 다이어트를 하려고 한다(有一个胖人想减肥)고 언급되었다.

단어 跑步 pǎobù 图 달리다 | 太 tài 图 너무, 아주 | 旅行 lǚxíng 图 여행하다 | 参加 cānjiā 图 참가하다 | 比赛 bǐsài 图 경기 | 锻炼 duànliàn 图 (몸을) 단련하다 | 身体 shēntǐ 图 신체

04

★ 他跑完之后出现了什么新问题?

A 身体变差
B 离家太远
C 浪费了时间
D 体重没有变化

★ 달리기가 끝나자 어떤 문제가 생겼는가?

A 몸이 약해졌다
B 집에서 너무 멀어졌다
C 시간을 낭비했다
D 체중 변화가 없었다

시크릿 전체 내용 파악하기!

해설 1단계 문제 분석
이 사람에게 새롭게 생긴 문제(新问题)가 무엇인지를 찾아야 한다. 지문에 문제(问题)라는 단어가 직접적으로 제시되지 않았으므로, 전체적인 내용을 이해해야만 답을 찾을 수 있다.

2단계 의미 파악 / 정답 찾기
이 사람은 의사에게 전화해서 집에서 2400km 떨어진 곳에 있다면서, 어떻게 집에 돌아가냐고 묻고 있다. 이 말의 의미는 달리기를 하다가 집에서 너무 먼 곳까지 왔다는 의미이므로, 답은 B가 된다.

단어 完 wán 图 끝내다, 완수하다 | 之后 zhīhòu 图 ~후, ~ 다음 | 出现 chūxiàn 图 나타나다 | 新 xīn 图 새롭다 | 问题 wèntí 图 문제 | 变 biàn 图 변화하다, 바뀌다 | 差 chà 图 나쁘다, 좋지 않다 | 离 lí 图 ~에서, ~로부터 | 家 jiā 图 집 | 远 yuǎn 图 멀다 | 浪费 làngfèi 图 낭비하다 | 时间 shíjiān 图 시간 | 体重 tǐzhòng 图 체중 | 变化 biànhuà 图 변화

---

30 day　p.110

01

很多人都说便宜没好货, 好货不便宜。其实好的东西也可以用很便宜的价钱买下来。比如, 春天的时候, 冬天的衣服都开始打折, 那时候买到的衣服质量又好, 价钱又便宜。

★ 质量好的东西怎么样?

A 太贵了
B 不打折
C 价格很高
D 有时很便宜

많은 사람들은 흔히 '싼 게 비지떡'이고 좋은 물건은 비싸다고 하지만, 사실 좋은 물건도 얼마든지 싸게 살 수 있다. 예를 들어 봄철에는 겨울 옷이 모두 세일에 들어가는데, 이때 옷을 사면 품질도 좋고 가격도 저렴하다.

★ 품질이 좋은 물건은 어떠한가?

A 너무 비싸다
B 세일하지 않는다
C 가격이 매우 높다
D 어떤 때는 무척 싸다

해설 **1단계** 문제 분석

질이 좋은 물건(质量好的东西)이 어떠한지를 찾아야 한다.

2단계 핵심내용 파악

其实(사실)는 역접의 의미를 가진 부사로, 뒤에 오는 내용이 핵심이 된다. 其实 뒷부분을 중점적으로 파악해보자.

3단계 정답 찾기

예를 든 내용(比如 이하 부분)을 보면 봄에 질 좋은 겨울 옷을 싸게 살 수 있다고 언급했으므로, 때로는 질이 좋은 물건도 싸게 살 수 있다는 의미다.

단어 便宜 piányi 혱 (값이) 싸다 | 好货 hǎohuò 몡 좋은 물건 | 其实 qíshí 뷔 사실 | 东西 dōngxi 몡 물건 | 可以 kěyǐ 조동 ~할 수 있다 | 用 yòng 동 쓰다, 사용하다 | 买 mǎi 동 사다 | 比如 bǐrú 젭 예를 들어 | 春天 chūntiān 몡 봄 | 时候 shíhou 몡 때, 무렵 | 冬天 dōngtiān 몡 겨울 | 衣服 yīfu 몡 옷 | 开始 kāishǐ 동 시작하다 | 打折 dǎzhé 동 할인하다 | 质量 zhìliàng 몡 질, 품질 | 又 yòu 뷔 또한, 더하여 | 贵 guì 혱 비싸다 | 价格 jiàgé 몡 가격 | 高 gāo 혱 높다 | 有时 yǒushí 뷔 때로, 어떤 때

02

S1 S2 S3

我有一个苹果，你有一个香蕉，把我的给你，把你的给我，我们还是仅有一个水果。我有一个想法，你有一个想法，把我的想法告诉你，把你的想法告诉我，我们就有了两个想法。

나에게 사과가 하나 있고, 너에게 바나나가 하나 있다. 내 것을 너에게 주고 네 것을 나에게 준다 해도, 우리는 여전히 하나의 과일을 가졌을 뿐이다. 나에게 생각이 하나 있고, 너에게 생각이 하나 있다. 내가 가진 생각을 너에게 말해주고 네가 가진 생각을 나에게 말해주면, 우리는 두 가지의 생각을 갖게 된다.

★ 这段话说了什么?

A 多吃水果
B 友谊的宝贵
C 交流的重要性
D 把秘密告诉别人

★ 이 글에서 말하는 것은?

A 과일을 많이 먹자
B 우정의 소중함
C 교류의 중요성
D 남에게 비밀을 말해야 한다

해설 **1단계** 문제 분석

지문에서 이야기하고자 하는 바가 무엇인지를 파악해야 한다. 이 문제는 전체 글을 읽고 내용을 이해해야만 답을 고를 수 있다.

2단계 의미 파악

지문에서는 두 사람이 서로의 생각을 나누는 것(交流)이 물질을 나눠 갖는 것보다 의미있다는 얘기를 하고 있으므로, 답은 C가 된다.

단어 苹果 píngguǒ 몡 사과 | 香蕉 xiāngjiāo 몡 바나나 | 给 gěi 동 (~에게) ~을 주다 | 还是 háishi 뷔 여전히, 아직도 | 仅有 jǐnyǒu 동 오직 ~밖에 없다 | 水果 shuǐguǒ 몡 과일 | 想法 xiǎngfa 몡 생각 | 友谊 yǒuyì 몡 우정 | 宝贵 bǎoguì 혱 중시하다, 소중하다 | 交流 jiāoliú 동 교류하다 | 重要性 zhòngyàoxìng 몡 중요성 | 秘密 mìmì 몡 비밀 | 告诉 gàosu 동 알리다 | 别人 biéren 떼 남, 타인

03

S1 S3

任何事情只要在过程中努力了，那结果一般也都不错。不过现代人太注重结果，而常常忽视过程。

어떤 일이든 그 과정에서 노력했다면, 대부분 좋은 결과를 얻는다. 하지만 현대인들은 결과를 너무 중시한 나머지, 종종 과정에 소홀하곤 한다.

★ 关于过程，我们：

★ 과정에 대해 우리는:

A 值得关注	B 不用重视		A 주목해야 한다	B 중시할 필요 없다
C 不用努力	D 看得太重		C 노력할 필요 없다	D 너무 중시한다

시크릿 전체 내용 파악하기!

해설 **1단계** 문제 분석

과정(过程)에 대해서 어떻게 해야 하는지를 찾아야 한다. 이 문제는 답이 지문에 직접적으로 드러나지 않기 때문에, 전체 내용을 이해해야만 답을 고를 수 있다.

2단계 긍정 · 부정 파악

전체적으로 과정을 긍정적으로 여기는 내용이므로, 부정적인 단어가 포함된 B와 C는 답이 될 수 없다.

3단계 정답 찾기

지문에서 현대인들은 과정을 소홀히 한다(常常忽视过程)고 했으므로, 작가가 하고자 하는 말은 과정을 중시해야 한다는 것이다.

단어 任何 rènhé 때 어떠한 | 事情 shìqing 명 일, 사건 | 只要 zhǐyào 접 ~하기만 하면 | 过程 guòchéng 명 과정 | 努力 nǔlì 통 노력하다 | 结果 jiéguǒ 명 결과 | 一般 yìbān 형 일반적이다 | 不错 búcuò 형 좋다, 괜찮다 | 不过 búguò 접 그러나 | 现代 xiàndài 명 현대 | 注重 zhùzhòng 통 중시하다 | 而 ér 접 ~하고, 그리고 | 常常 chángcháng 분 종종, 항상 | 忽视 hūshì 통 경시하다, 홀시하다 | 关于 guānyú 전 ~에 관해서 | 值得 zhíde 통 ~할 만한 가치가 있다 | 关注 guānzhù 통 관심을 가지다 | 不用 búyòng 분 ~할 필요가 없다 | 重视 zhòngshì 통 중시하다 | 看 kàn 통 ~라고 생각하다 | 重 zhòng 통 중시하다

04

S1
S3

网络是一个虚拟的世界，也就是说，不是现实的世界。但是现在很多人过分地沉迷于网络，分不清虚拟和现实，耽误学习和工作，甚至长时间不吃饭，不睡觉。

★ 关于网络，我们可以知道什么？

A 对工作很有帮助
B 人们不喜欢网络
C 网络有很多坏处
D 网络是现实的世界

인터넷은 가상의 세계, 다시 말해 현실이 아닌 세계다. 하지만 현재 많은 사람들이 인터넷에 과도하게 빠져, 가상과 현실을 제대로 구분하지 못하고 학업이나 업무를 그르치거나, 심지어 장시간 동안 식사나 수면을 거르기도 한다.

★ 인터넷에 대해 우리가 알 수 있는 것은?

A 업무에 매우 도움이 된다
B 사람들은 인터넷을 좋아하지 않는다
C 인터넷에는 여러 가지 나쁜 점이 있다
D 인터넷은 현실 세계다

시크릿 전체 내용 파악하기!

해설 **1단계** 문제 분석

인터넷(网络)에 관해서 지문과 일치하는 보기를 골라야 한다.

2단계 의미 파악 / 정답 찾기

지문에서는 인터넷이 사람들의 생활에 미치는 부정적인 측면에 대해 나열하고 있다. 마지막에 제시한 예들(分不清虚拟和现实, 耽误学习和工作, 甚至长时间不吃饭, 不睡觉)은 모두 인터넷의 부정적인 면이므로, 답은 C가 된다.

단어 网络 wǎngluò 명 인터넷, 네트워크 | 虚拟 xūnǐ 형 가상의 | 世界 shìjiè 명 세계 | 现实 xiànshí 명 현실 | 但是 dànshì 접 그러나 | 现在 xiànzài 명 지금, 현재 | 过分 guòfèn 통 지나치다 | 沉迷 chénmí 통 깊이 빠지다, 미혹되다 | 分不清 fēnbuqīng 확실히 분간하지 못하다 | 耽误 dānwu 통 일을 그르치다 | 学习 xuéxí 통 공부하다 | 甚至 shènzhì 분 심지어, ~조차도 | 长 cháng 형 길다 | 时间 shíjiān 명 시간 | 吃饭 chīfàn 통 밥을 먹다 | 睡觉 shuìjiào 통 (잠을) 자다 | 对 duì 전 ~에게, ~에 대해 | 工作 gōngzuò 명 일, 업무 | 帮助 bāngzhù 통 돕다 | 喜欢 xǐhuan 통 좋아하다 | 坏处 huàichu 명 결점, 나쁜 점

제1부분　p. 111~112

[01-05]

A 偶尔	B 经验	A 이따금	B 경험
C 印象	D 坚持	C 인상	D 견지하다
E 详细	F 一共	E 상세하다	F 전부

단어　偶尔 ǒu'ěr 📖 이따금, 때때로 | 经验 jīngyàn 📖 경험 | 印象 yìnxiàng 📖 인상 | 坚持 jiānchí 📖 견지하다, 지속하다 | 详细 xiángxì 📖 상세하다, 자세하다 | 一共 yígòng 📖 모두, 전부

01

这篇文章, (　　　)介绍了国际经济的发展方向, 值得阅读。

이 글은 국제 경제의 발전 방향을 (E 상세하게) 소개해서 읽어볼 가치가 있다.

시크릿　술어 介绍了 앞에 위치하는 부사어로는 '어떻게' 소개했는지를 묘사하는 형용사가 나올 확률이 높다.

해설　어떤 동작을 '꼼꼼하게 하다'는 仔细라는 표현을 쓰지만, '내용이 자세하고 상세하다'는 详细를 써야 한다.

단어　篇 piān 📖 편 | 文章 wénzhāng 📖 글, 문장 | 介绍 jièshào 📖 소개하다 | 国际 guójì 📖 국제 | 经济 jīngjì 📖 경제 | 发展 fāzhǎn 📖 발전하다 | 方向 fāngxiàng 📖 방향 | 值得 zhíde 📖 ~할만한 가치가 있다 | 阅读 yuèdú 📖 (출판물을) 읽다, 보다

02

我算过了, (　　　)5辆车, 肯定超过100人了。

내가 계산해봤는데 (F 전부) 5대의 차량이니까, 분명 100명을 초과할 거야.

시크릿　명사 술어(5辆车) 앞은 부사 자리다.

해설　수량사는 그 자체로 '명사 술어문'이 될 수 있다. 수량사와 함께 나올 수 있는 부사로는 一共(전부), 至少(적어도), 几乎(거의), 差不多(거의)가 있으니 꼭 암기해둔다.

단어　算 suàn 📖 계산하다 | 过 guo 📖 ~한 적이 있다 | 辆 liàng 📖 대 | 肯定 kěndìng 📖 틀림없이, 확실히 | 超过 chāoguò 📖 초과하다

03

她和我第一次约会的时候, 就给我留下了很好的(　　　)。

그녀는 처음 나와 데이트할 때 나에게 아주 좋은 (C 인상)을 남겼다.

시크릿　구조조사 的 이하 부분의 빈칸에는 명사가 와야 한다.

해설　동사 留下(남기다)와 어울리는 목적어는 印象(인상)이 된다. 'A 给 B 留下~印象(A가 B에게 ~한 인상을 남기다)'이라는 표현은 4급뿐 아니라 5급에서도 자주 출제되는 구문이므로, 반드시 외워두어야 한다.

단어　第一次 dì yī cì 📖 맨 처음 | 约会 yuēhuì 📖 약속, 데이트 | 就 jiù 📖 바로 | 留下 liúxià 📖 남기다

04

小黄经常打网球、羽毛球，（　　　）也打打乒乓球。

샤오황은 테니스와 배드민턴을 자주 치고 탁구도 (A 이따금) 친다.

시크릿 부사 也 앞의 빈칸은 또 다른 부사 자리다.

해설 앞 절에 있는 부사 经常과 대비되도록, 偶尔(가끔)이라는 부사가 어울린다.

단어 经常 jīngcháng 🕮 자주 ┃ 打 dǎ 🕮 치다 ┃ 网球 wǎngqiú 🕮 테니스 ┃ 羽毛球 yǔmáoqiú 🕮 배드민턴 ┃ 乒乓球 pīngpāngqiú 🕮 탁구

05

他各方面都不错，关键是缺少社会（　　　）。

그는 모든 면에서 다 좋으나, 관건은 사회 (B 경험)이 부족하다는 것이다.

시크릿 빈칸에는 동사 缺少의 목적어, 즉 명사가 와야 된다.

해설 동사 缺少(부족하다) 뒤에 있는 빈칸에는 목적어가 될 수 있는 명사가 와야 한다. B의 经验(경험)과 C의 印象(인상) 중 社会(사회)와 어울리는 명사는 经验(경험)이다.

단어 各 gè 🕮 각 ┃ 方面 fāngmiàn 🕮 방면, 분야 ┃ 都 dōu 🕮 모두 ┃ 不错 búcuò 🕮 좋다, 괜찮다 ┃ 关键 guānjiàn 🕮 관건 ┃ 缺少 quēshǎo 🕮 부족하다 ┃ 社会 shèhuì 🕮 사회

[06-10]

A 扔	B 份	A 던지다	B 부
C 温度	D 安排	C 온도	D 배정하다
E 恐怕	F 准时	E 아마 ~일 것이다	F 시간에 맞다

단어 扔 rēng 🕮 던지다, 내버리다 ┃ 份 fèn 🕮 부(신문·간행물·문서 등을 세는 데 쓰임) ┃ 温度 wēndù 🕮 온도 ┃ 安排 ānpái 🕮 배치하다, 배정하다 ┃ 恐怕 kǒngpà 🕮 아마 ~일 것이다 [부정적인 결과를 추측하거나 염려함] ┃ 准时 zhǔnshí 🕮 (규정된) 시간에 맞다

06

A: 您可真够（　　　）的，正好8点。
B: 那就好，我还以为迟到了。

A: 정말 (F 시간을 딱 맞추셨네요). 딱 8시예요.
B: 그렇다면 다행이네요. 저는 지각하는 줄 알았어요.

시크릿 부사 可, 真够 뒤의 빈칸은 형용사 술어 자리다.

해설 뒤 절의 正好(꼭 알맞다)와 일맥상통하는 형용사 准时(시간에 맞다)가 타당하다.

단어 够 gòu 🕮 제법, 비교적 ┃ 正好 zhènghǎo 🕮 (시간·수량·정도 등이) 딱 좋다, 꼭 알맞다 ┃ 以为 yǐwéi 🕮 여기다, 생각하다 ┃ 迟到 chídào 🕮 지각하다

07

A: 把铅笔和词典都放书包里，收拾好，别到处乱（　　　）。
B: 爸爸，您说话越来越像妈妈了。

A: 연필과 사전을 모두 가방에 넣고 잘 정리해. 아무데나 (A 던져두지) 말고.
B: 아빠, 아빠가 하시는 말씀이 점점 엄마와 똑같아져요.

시크릿 부사 乱 다음에는 동사 술어가 와야 한다.

해설 앞 절에서는 가방 안에 물건을 잘 챙겨 넣으라고 당부하고, 뒤 절에서는 '~하지 마라'라고 했으니 앞의 收拾好(잘 챙기다)와 상반되는 표현인 扔(던져두다)이 답이 된다.

단어 铅笔 qiānbǐ 🕮 연필 ┃ 词典 cídiǎn 🕮 사전 ┃ 放 fàng 🕮 놓다 ┃ 书包 shūbāo 🕮 책가방 ┃ 收拾 shōushi 🕮 정리하다 ┃ 到处 dàochù 🕮 도처, 곳곳 ┃ 乱 luàn 🕮 제멋대로, 마구 ┃ 越来越 yuèláiyuè 🕮 점점 ~하다

<table>
<tr><td>08</td><td>A: 叔叔，方向是不是反了。我们应该往东，
这是往西。
B: （   ）是你弄错了吧，现在是往东。</td><td>A: 아저씨, 방향이 반대인 거 아니에요? 우리는 동쪽으로 가야 되는데 이건 서쪽이잖아요.
B: (E 아마도) 네가 잘못 알고 있는 거겠지. 지금 가는 방향이 동쪽이야.</td></tr>
</table>

시크릿 술어 是 앞에 나오는 빈칸은 부사 자리다.

해설 부사 恐怕(아마)는 어떤 일에 대해 부정적인 결과를 추측하거나 염려할 때 사용하므로, 뒤에 你弄错了(네가 잘못 알았다)라는 부정적인 결과와 잘 어울린다.

단어 叔叔 shūshu 몡 아저씨 | 方向 fāngxiàng 몡 방향 | 反 fǎn 혱 반대의 | 应该 yīnggāi 조동 ~해야 한다 | 往 wǎng 전 ~쪽으로 | 弄错 nòngcuò 동 잘못 알다

<table>
<tr><td>09</td><td>A: 张小姐，我们上午9点半有个活动，请给我们（   ）一个会议室。
B: 好的，您估计有多少人参加?</td><td>A: 미스 장, 오전 9시 반에 행사가 있으니, 회의실을 하나 (D 배정해)줘.
B: 알겠습니다. 대략 몇 명이나 참석할 것 같으세요?</td></tr>
</table>

시크릿 전치사구인 给我们 이하 부분에는 동사 술어가 나와야 한다.

해설 동사 安排(배정하다, 안배하다)는 时间(시간)·工作(일)·人员(인원)·会议室(회의실) 등을 적절하게 배정할 때 쓸 수 있다.

단어 活动 huódòng 몡 활동, 행사 | 会议室 huìyìshì 몡 회의실 | 估计 gūjì 동 예측하다 | 多少 duōshao 대 얼마(수량을 물을 때 쓰임) | 参加 cānjiā 동 참가하다

<table>
<tr><td>10</td><td>A: 你帮我把这些文章复印一下吧，要3（   ）。
B: 办公室的打印机坏了，我去楼下复印，一会儿给您送去。</td><td>A: 나 대신 이 글들을 복사 좀 해줘. 3(B 부)가 필요해.
B: 사무실의 프린터가 고장이 났어요. 제가 아래층에 가서 복사해서 좀 있다 갖다 드릴게요.</td></tr>
</table>

시크릿 '수사 + 양사'의 어순에 따라 수사 뒤에는 양사가 나와야 한다.

해설 复印(복사하다)을 할 때 사용하는 양사로는 张, 份이 있다. 张은 낱장을 뜻하고, 份은 여러 장이 한 세트나 묶음으로 된 것을 의미한다. 앞 절에서 这些文章(이 글들)이라며 복수로 말했으므로, 份을 쓴다.

단어 帮 bāng 동 돕다 | 这些 zhèxiē 대 이것들 | 文章 wénzhāng 몡 글, 문장 | 复印 fùyìn 동 복사하다 | 办公室 bàngōngshì 몡 사무실 | 打印机 dǎyìnjī 몡 프린터 | 坏 huài 동 고장 나다 | 楼下 lóuxià 몡 아래층 | 一会儿 yíhuìr 몡 곧 | 送 sòng 동 보내다

제2부분

p.113~114

<table>
<tr><td>11</td><td>A 结果第二天就感冒了，又是咳嗽，又是发烧
B 所以在外边儿玩了很长时间
C 她从来没见过这么大的雪，特别兴奋</td><td>A 결국 이튿날 감기에 걸려 기침도 하고 열도 났다
B 그래서 밖에서 오랫동안 놀았는데
C 그녀는 그렇게 많은 눈을 본 적이 없어서 매우 신이 났다

        C B A</td></tr>
</table>

시크릿 사람 주어 찾기 / 접속사에 주목!

해설 **1단계** C- 사람 주어 她(그녀)가 있으므로 첫 번째 문장이 된다.
      2단계 B- 접속사 所以(그래서)는 최소 두 번째 문장에 와야 하는 접속사다.

3단계　**A**- 밖에서 오랫동안 논 결과로 다음날 감기에 걸렸다. 结果(결과)는 일반적으로 맨 마지막 문장에 나온다. 따라서 어순 배열은 CBA가 된다.

단어　结果 jiéguǒ 몡 결과, 결국 | 感冒 gǎnmào 됭 감기에 걸리다 | 咳嗽 késou 됭 기침하다 | 发烧 fāshāo 됭 열이 나다 | 所以 suǒyǐ 젭 그래서 | 外边 wàibian 몡 바깥쪽, 밖 | 从来 cónglái 믐 지금까지, 여태껏 | 雪 xuě 몡 눈 | 特别 tèbié 믐 유달리, 특히 | 兴奋 xīngfèn 혱 흥분하다

12	A　是参加人数最多的一次 B　这次艺术节吸引了3000多人参加 C　亚洲艺术节于9月21日在北京举办	A　참가 인원이 제일 많은 예술제였다 B　이번 예술제는 3000여 명의 사람들을 끌어 모았고 C　아시아 예술제는 9월 21일 베이징에서 개최되었다 C　B　A

시크릿　非사람 주어 찾기 / 지시대사에 주목!

해설　1단계　**C**- 亚洲(아시아)라는 특정한 지명이 艺术节(예술제)라는 非사람 주어를 꾸며주므로, 첫 번째 문장이 된다.

　　　2단계　**B**- 这次(이번)는 지시대사로 亚洲를 지칭하기 때문에 두 번째 문장이 된다.

　　　3단계　**A**- 参加人数(참가 인원)에 대해서 A와 B 모두 언급되어 있으므로 병렬로 나열될 가능성이 크기 때문에, 나머지 A가 세 번째 문장이 된다.

　　　따라서 어순 배열은 CBA가 된다.

단어　参加 cānjiā 됭 참가하다 | 人数 rénshù 몡 사람 수 | 最 zuì 믐 가장 | 这次 zhècì 대 이번 | 艺术节 yìshùjié 몡 예술제 | 吸引 xīyǐn 됭 매료시키다, 끌어들이다 | 亚洲 Yàzhōu 몡 아시아 | 于 yú 젼 ~에 | 举办 jǔbàn 됭 개최하다

13	A　它通过两个年轻人的爱情故事 B　反映了当时的社会情况 C　《红楼梦》是中国著名的长篇小说	A　그것은 두 젊은이의 사랑 이야기를 통해 B　당시의 사회 상황을 반영했다 C　『홍루몽』은 중국의 유명한 장편 소설이다 C　A　B

시크릿　非사람 주어 찾기 / 지시대사에 주목!

해설　1단계　**C**- 『홍루몽』이라는 책 이름이 非사람 주어다. 일반 서술문이므로 첫 번째 문장이 될 가능성이 크다.

　　　2단계　**A**- 대사 它(그것)가 들어 있는 문장은 두 번째 이하 부분에 나와야 한다. 通过…故事는 전치사 + 명사의 구조이므로 술어가 필요하다.

　　　3단계　**B**- A의 술어인 反映了(반영했다)가 나와 있어 세 번째 문장이 된다.

　　　따라서 어순 배열은 CAB가 된다.

단어　通过 tōngguò 젼 ~를 통해 | 年轻人 niánqīngrén 몡 젊은이 | 爱情 àiqíng 몡 사랑 | 故事 gùshi 몡 이야기 | 反映 fǎnyìng 됭 반영하다 | 当时 dāngshí 몡 당시 | 社会 shèhuì 몡 사회 | 情况 qíngkuàng 몡 상황 | 著名 zhùmíng 혱 저명하다, 유명하다 | 长篇 chángpiān 몡 장편 | 小说 xiǎoshuō 몡 소설

14	A　游泳和爬山都是很好的运动 B　都会收到很好的效果 C　选择其中任何一个并且坚持下去	A　수영과 등산은 모두 좋은 운동이다 B　모두 좋은 효과를 얻을 수 있다 C　그중 하나를 선택하여 꾸준히 지속하면 A　C　B

시크릿　非사람 주어 찾기 / 지시대사에 주목!

해설　1단계　**A**- 명사 游泳和爬山(수영과 등산)이 非사람 주어로 첫 번째 문장이 된다.

　　　2단계　**C**- 앞에 나온 수영과 등산 중 선택을 하는 것이므로 두 번째 문장이 된다.

　　　3단계　**B**- 收到很好的效果(좋은 효과를 얻을 수 있다)는 문장이 결론이 된다.

　　　따라서 어순 배열은 ACB가 된다.

단어 游泳 yóuyǒng 圆 수영 | 爬山 páshān 圆 등산 | 运动 yùndòng 圆 운동 | 收到 shōudào 图 얻다 | 效果 xiàoguǒ 圆 효과 | 选择 xuǎnzé 图 선택하다 | 其中 qízhōng 団 그 중 | 任何 rènhé 団 어떠한 | 并且 bìngqiě 쩝 게다가 | 坚持 jiānchí 图 견지하다

15

A 你现在改变主意
B 她肯定会非常失望的
C 上个星期六你就说女儿生日时要带她去游乐园

A 당신이 지금에 와서 생각을 바꾼다면
B 그녀는 분명 많이 실망할 거예요
C 지난주 토요일에 당신은 딸 생일날 놀이동산에 데려간다고 말해놓고

C A B

시크릿! 사람 주어 찾기 / 이야기의 시간 순서에 주목!

해설 1단계 C- 시간사 上个星期(지난주)와 주어 你(당신)가 함께 있으므로 첫 번째 문장이 된다.
2단계 A- 시간사의 흐름을 잡아야 한다. '上个星期(과거) → 现在(현재) → 会…的(미래의 추측)'의 순서대로 A가 두 번째 문장이 된다.
3단계 B- 아직 발생하지 않은 미래를 추측하는 조동사 会…的(~할 것이다)가 있으므로, 맨 마지막 문장이 된다.
따라서 어순 배열은 CAB가 된다.

단어 现在 xiànzài 圆 지금 | 改变 gǎibiàn 图 변하다. 바꾸다 | 主意 zhǔyi 圆 생각 | 肯定 kěndìng 囝 확실히 | 非常 fēicháng 囝 대단히, 많이 | 失望 shīwàng 图 실망하다 | 生日 shēngrì 圆 생일 | 游乐园 yóulèyuán 圆 유원지, 놀이동산

16

A 秋冬季节，皮肤容易干燥
B 这是很多人都烦恼的事
C 为了远离这一烦恼，我们应该注意多喝水

A 가을, 겨울철에 피부는 쉽게 건조해진다
B 이것은 많은 사람들이 고민하는 일이다
C 이 고민으로부터 멀어지기 위해서 우리는 물을 많이 마셔야 한다

A B C

시크릿! 비사람 주어 찾기 / 지시대사에 주목!

해설 1단계 A- 시간사 秋冬季节(가을, 겨울철)와 비사람 주어 皮肤(피부)가 있으므로 첫 번째 문장이 된다.
2단계 B- 지시대사 这(이것)는 A의 '피부가 건조해지는 것'을 의미하므로, 두 번째 문장이 된다.
3단계 C- 고민을 해결하기 위해서 해야할 일은 물을 많이 마시는 거라고 결론짓고 있다.
따라서 어순 배열은 ABC가 된다.

단어 秋 qiū 圆 가을 | 冬 dōng 圆 겨울 | 季节 jìjié 圆 계절 | 皮肤 pífū 圆 피부 | 容易 róngyì 圈 쉽다 | 干燥 gānzào 圈 건조하다 | 烦恼 fánnǎo 圈 고민스럽다. 걱정스럽다 | 远离 yuǎnlí 图 멀어지다 | 应该 yīnggāi 图图 마땅히 ~해야 한다 | 注意 zhùyì 图 주의하다 | 喝 hē 图 마시다 | 水 shuǐ 圆 물

17

A 只有尝过了生活中的酸、甜、苦、辣之后
B 最后变得成熟起来
C 我们才能更清楚地认识自己

A 삶의 신맛·단맛·쓴맛·매운맛을 맛본 후에야
B 마지막에는 성숙하게 변한다
C 우리는 비로소 자신을 더 정확하게 알 수 있고

A C B

시크릿! 사람 주어 찾기 / 시간사의 위치에 주목!

해설 1단계 A- 사람 주어 我们(우리)이 있는 C가 첫 번째 문장이 될 것이라 생각할 수 있지만, 시간을 나타내는 표현 …之后(~후에)가 단독으로 구문을 이룬 A가 첫 번째 문장이 된다.
2단계 C- '시간사 → 주어'의 순서에 의거하여, 사람 주어 我们(우리)이 있는 C가 두 번째 문장이 된다.
3단계 B- 最后(마지막에, 최후에)라는 표현도 일반적으로 맨 마지막 문장에 잘 나오니 꼭 암기해두자.
따라서 어순 배열은 ACB가 된다.

단어 只有 zhǐyǒu 쩝 ~해야만 | 尝 cháng 图 맛보다 | 生活 shēnghuó 圆 생활 | 酸 suān 圈 시다 | 甜 tián 圈 달다 | 苦 kǔ 圈 쓰다 | 辣 là 圈 맵다 | 之后 zhīhòu 圆 ~후에 | 最后 zuìhòu 圆 최후, 맨 마지막 | 变 biàn 图 변하다 | 成熟 chéngshú 圈 성숙하다 | 更 gèng 囝 더욱 | 清楚 qīngchu 圈 뚜렷하다 | 认识 rènshi 图 인식하다

<table>
<tr><td>18</td><td>A 每天都吸引了大量游客
B 动物园的这几只熊猫
C 在寒暑假的时候，来参观的游客尤其多</td><td>A 매일 많은 여행객을 끌어 모으는데
B 동물원의 이 몇 마리 판다는
C 겨울방학과 여름방학 때 오는 여행객이 특히 많다
 B A C </td></tr>
</table>

시크릿 숨은 주어 찾기 / 이야기 흐름에 주목!

해설 1단계　**B**- '动物园的这几只熊猫(동물원의 판다 몇 마리)'라는 주어구가 있으므로 첫 번째 문장이 될 수 있다.

2단계　**A**- 판다가 여행객을 끌어들인다는 첫 번째 문장의 술어가 되므로 두 번째 문장이 된다.

3단계　**C**- 여행객은 늘 많지만, 특히 여름방학과 겨울방학이라고 말하고 있다.

따라서 어순 배열은 BAC가 된다.

단어 吸引 xīyǐn 동 매료시키다. 사로잡다 ┃ 大量 dàliàng 형 대량의 ┃ 游客 yóukè 명 여행객 ┃ 动物园 dòngwùyuán 명 동물원 ┃ 几 jǐ 수 몇 ┃ 只 zhī 양 마리 ┃ 熊猫 xióngmāo 판다 ┃ 寒暑假 hánshǔjià 명 여름방학과 겨울방학 ┃ 参观 cānguān 동 참관하다 ┃ 尤其 yóuqí 부 특히, 더욱이

<table>
<tr><td>19</td><td>A 每个人都有烦恼
B 只不过有的人把它写在脸上
C 有的人把它放在心间</td><td>A 누구나 고민은 있다
B 단지 어떤 사람은 그것을 얼굴에 써놓고 있고
C 어떤 사람은 마음에 담아둘 뿐이다
 A B C </td></tr>
</table>

시크릿 사람 주어 찾기 / 이야기 흐름에 주목!

해설 1단계　**A**- 每个人(모든 사람)은 주어가 되므로 첫 번째 문장이 된다.

2단계　**B**- 유사한 표현 有的人은 B와 C에 모두 있으므로 병렬로 나열한다. B의 只不过(단지 ~에 불과하다)가 앞에 나와야하므로, B가 두 번째 문장이 된다.

3단계　**C**- 나머지 C가 세 번째 문장이 된다.

따라서 어순배열은 ABC가 된다.

단어 烦恼 fánnǎo 명 고민 ┃ 只不过 zhǐbúguò 부 단지 ~일 뿐이다 ┃ 写 xiě 동 쓰다 ┃ 脸 liǎn 명 얼굴 ┃ 放 fàng 동 두다. 놓다 ┃ 心间 xīnjiān 명 마음속. 심중

<table>
<tr><td>20</td><td>A 最能说的人不一定是最有能力的人
B 这是因为我们有两只耳朵、一张嘴
C 本来就是让我们多听少说的</td><td>A 가장 말을 잘하는 사람이 가장 능력 있는 사람이라고는 할 수 없다
B 이것은 우리가 두 개의 귀와 하나의 입을 가진 이유가
C 원래 많이 듣고 적게 말하라는 것이기 때문이다
 A B C </td></tr>
</table>

시크릿 사람 주어 찾기 / 지시대사에 주목!

해설 1단계　**A**- 사람 주어 最能说的人(가장 말을 잘하는 사람)이 있으므로 첫 번째 문장이 된다.

2단계　**B**- 지시대사 这(이것)가 있으므로 두 번째 문장이 된다.

3단계　**C**- 두 개의 귀와 하나의 입이 있는 이유가 많이 듣고 적게 말하라는 의미임을 밝히고 있다.

따라서 어순 배열은 ABC가 된다.

단어 最 zuì 부 가장 ┃ 能 néng 조동 ~할 수 있다 ┃ 不一定 bùyídìng 부 반드시 ~는 아니다 ┃ 能力 nénglì 명 능력 ┃ 因为 yīnwèi 접 왜냐하면 ┃ 本来 běnlái 부 본래, 원래 ┃ 让 ràng 동 ~하게 하다 ┃ 多 duō 형 많다 ┃ 听 tīng 동 듣다 ┃ 少 shǎo 형 적다

21

很多时候，我们要做一些自己不愿意做甚至很讨厌的事情，这个时候，就需要我们要有耐心，有责任心，并且要有一个愉快的心情。

★ 遇到不喜欢做的事情应该：

A 有耐心
B 有勇气
C 放弃不做
D 给别人做

아주 많은 경우에, 우리는 우리가 원하지 않는 일이나 심지어 싫어하는 일까지 해야 하는 경우가 있다. 이때 우리는 인내심과 책임감 그리고 유쾌한 마음가짐을 가질 필요가 있다.

★ 하기 싫은 일을 만났을 때 우리는：

A 인내심을 가져야 한다
B 용기가 있어야 한다
C 포기하고 안 해야 한다
D 다른 사람을 시켜야 한다

시크릿 핵심어 스캔 뜨기 / 전체 내용 파악하기

해설 문제에 제시된 不喜欢做的事情(하기 싫은 일)은 지문의 不愿意做(하기를 원치 않는), 讨厌的事情(싫어하는 일)과 의미가 상통한다. 또한 원하지 않는 일을 할 때는 인내심과 책임감 그리고 유쾌한 마음을 가져야 한다고 했으므로 답은 A다. 耐心(인내심)의 뜻을 잘 몰랐더라도, '스캔 뜨기' 비법을 사용하여 답을 골라낼 수 있다.

단어 一些 yìxiē 형 약간 | 愿意 yuànyì 동 바라다, 원하다 | 甚至 shènzhì 부 심지어 | 讨厌 tǎoyàn 동 싫어하다 | 需要 xūyào 동 필요하다 | 耐心 nàixīn 명 인내심 | 责任心 zérènxīn 명 책임감 | 并且 bìngqiě 접 게다가 | 愉快 yúkuài 형 유쾌하다, 기쁘다 | 遇到 yùdào 동 만나다 | 勇气 yǒngqì 명 용기 | 放弃 fàngqì 동 포기하다

22

我买了新房子搬进去之后，想把原来的老房子租出去，可是奇怪的是一直都没有人给我打电话，后来看了一眼我写的广告才发现，我的电话号码中少了一个数字。

★ 为什么没有人给他打电话？

A 家具太破
B 房子太小
C 地方不好
D 号码写错了

나는 새집을 사서 이사 온 후에 원래 살던 집을 세 놓으려 했으나, 이상하게도 나한테 전화를 하는 사람이 줄곧 한 명도 없었다. 나중에 내가 쓴 광고를 한 번 보고서야 내 전화번호에 숫자 하나가 빠져 있는 것을 발견했다.

★ 왜 그에게 전화하는 사람이 없었는가？

A 가구가 너무 낡아서
B 집이 너무 작아서
C 위치가 좋지 않아서
D 전화번호를 잘못 적어서

시크릿 핵심어 스캔 뜨기 / 전체 내용 파악하기

해설 집을 세 놓았지만 그에게 전화하는 사람이 없어(没有人给他打电话) 이상하게 여겼는데, 알고 보니 자신이 낸 광고에 전화번호 숫자 하나가 빠져 있었다. 즉 전화번호를 잘못 쓴 것이다. '스캔 뜨기' 비법을 사용하여 지문의 내용과 의미가 상통하는 답을 보기에서 골라낼 수 있다.

단어 新 xīn 형 새롭다 | 房子 fángzi 명 집 | 搬 bān 동 이사하다 | 之后 zhīhòu 명 ~뒤, ~후 | 原来 yuánlái 부 알고 보니, 원래 | 租 zū 동 세내다 | 可是 kěshì 접 그러나 | 奇怪 qíguài 형 이상하다 | 电话 diànhuà 명 전화 | 后来 hòulái 명 나중, 훗날 | 广告 guǎnggào 명 광고 | 发现 fāxiàn 동 발견하다 | 号码 hàomǎ 명 번호 | 家具 jiājù 명 가구 | 破 pò 동 해지다, 낡다 | 地方 dìfang 명 장소, 곳

23

这个杂志的内容还算精彩，照片也很漂亮，(但)它的缺点是价格定得太高。通过对人们的调查发现，人们往往是因为感觉太贵而放弃买这本杂志。

★ 这本杂志怎么样？

A 有缺点　　　　　B 内容不好
C 很受欢迎　　　　D 是关于健康的

이 잡지는 내용도 재미있는 편이고 사진도 예쁘지만, 가격을 너무 비싸게 정했다는 단점이 있다. 사람들을 대상으로 한 조사를 통해서, 사람들은 이 잡지가 너무 비싸다고 생각해서, 구입을 포기하는 경우가 많다는 것을 발견할 수 있었다.

★ 이 잡지는 어떠한가?

A 단점이 있다　　　　B 내용이 안 좋다
C 사랑받는다　　　　D 건강에 관한 것이다

시크릿 핵심어 스캔 뜨기 / 역접의 접속사에 주목!

해설 앞 부분에서 이 잡지(这个杂志)는 내용도 좋은 편이고, 사진도 멋지다고 장점을 말하지만 역접의 접속사 但(그러나) 이하 부분에 이 잡지책은 가격이 너무 높게 책정되어 있다는 단점(它的缺点是价格定得太高)이 언급되어 있다. 보기에서는 价格高(가격이 높다)를, 太贵(비싸다)라고 하시 않고, 有缺点(단점이 있다)으로 변환하여 제시했다.

Tip 但(그러나) 같은 역접의 접속사가 나오면 그 이하의 내용이 핵심이므로, 접속사 뒷부분에서 답을 찾으면 된다.

단어 杂志 zázhì 圐 잡지 | 内容 nèiróng 圐 내용 | 精彩 jīngcǎi 圀 멋지다 | 照片 zhàopiàn 圐 사진 | 漂亮 piàoliang 圀 예쁘다 | 但 dàn 圙 그러나 | 缺点 quēdiǎn 圐 단점 | 价格 jiàgé 圐 가격 | 定 dìng 圐 정하다 | 通过 tōngguò 圙 ~을(를) 통해 | 调查 diàochá 圐 조사하다 | 发现 fāxiàn 圐 발견하다 | 因为 yīnwèi 圙 ~해서, ~때문에 | 感觉 gǎnjué 圐 느끼다 | 放弃 fàngqì 圐 포기하다 | 受 shòu 圐 받다 | 欢迎 huānyíng 圐 환영하다 | 关于 guānyú 圙 ~에 관해서 | 健康 jiànkāng 圐 건강

24

西红柿的味道很好。我们通过"西"可以知道，它最早不是中国的，是从西方来的。西红柿又叫"洋柿子"，看"洋"我们也可以知道，它是从西方来的。

★ 根据这段话，我们可以知道西红柿：

A 很难吃　　　　　B 没有叶子
C 没有营养　　　　D 从西方来的

토마토는 맛이 아주 좋다. 우리는 '서(西)'라는 단어를 통해, 토마토의 원산지가 중국이 아니라 서양이라는 것을 알 수 있다. 토마토는 또한 서양 감(洋柿子)이라고도 하는데 여기서 '양(洋)'이라는 단어를 보면, 역시 토마토가 서양에서 온 것임을 알 수 있다.

★ 이 글에 의하면 토마토는：

A 맛이 없다　　　　B 잎이 없다
C 영양이 없다　　　D 서양에서 왔다

시크릿 핵심어 스캔 뜨기 / 핵심 문장에 주목!

해설 西红柿를 글자 그대로 풀이하면 서양(西)에서 들여온 붉은(红) 감(柿)이라는 뜻이다. 서양에서 왔다(从西方来的)는 말이 지문에 2번이나 언급되어 있다.

Tip 우리나라에서는 토마토를 과일처럼 먹는 경우가 많지만, 중국에서는 요리에 많이 사용한다. 그중 西红柿炒鸡蛋(토마토 계란 볶음)은 만들기도 쉽고 맛도 좋아 서민 가정에서 즐겨 먹는 음식이다.

단어 西红柿 xīhóngshì 圐 토마토 | 味道 wèidao 圐 맛 | 通过 tōngguò 圙 ~을(를) 통해 | 从 cóng 圙 ~부터 | 西方 xīfāng 圐 서쪽 | 洋 yáng 圐 서양 | 柿子 shìzi 圐 감 | 叶子 yèzi 圐 잎 | 营养 yíngyǎng 圐 영양

25

年轻人穿衣打扮很喜欢追求流行的东西，但是流行总是在变，你不可能一直跟着流行走。只要选择适合自己的，看起来很舒服，就可以了。

젊은 사람들은 유행에 따라 옷을 입고 꾸미는 것을 좋아한다. 하지만 유행은 늘 변하기 때문에, 계속 유행만을 쫓아갈 수는 없다. 그저 자신에게 맞고, 편안하게 보이는 옷을 선택하면 된다.

★ 穿衣应该选择:

A 漂亮的　　　　B 流行的
C 朴素的　　　　D 适合自己的

★ 옷을 입을 때 선택해야 하는 것은:

A 예쁜 것　　　　B 유행하는 것
C 소박한 것　　　D 자신에게 맞는 것

시크릿 핵심어 스캔 뜨기 / 접속사에 주목!

해설 옷을 입을때 마땅히 어떤 선택을 해야 하는지를 찾아내야 한다. 중심 생각은 마지막 부분에 나올 가능성이 높다. 옷은 자신에게 어울리고 편해 보이면 된다고 했으므로 답은 D가 된다.

단어 年轻人 niánqīngrén 명 젊은이 | 穿 chuān 동 입다 | 衣 yī 명 옷 | 打扮 dǎban 동 꾸미다, 치장하다 | 追求 zhuīqiú 동 추구하다 | 流行 liúxíng 형 유행하다 | 总是 zǒngshì 부 늘 | 一直 yìzhí 부 계속 | 只要 zhǐyào 접 ~하기만 하면 | 选择 xuǎnzé 동 선택하다, 고르다 | 适合 shìhé 동 적합하다 | 看起来 kànqǐlái 동 보아하니 ~하다 | 舒服 shūfu 형 편안하다 | 朴素 pǔsù 형 소박하다, 화려하지 않다

26

他想吸引大家的注意力，就故意提高声音说话。果然，大家都放下手里的工作，开始听他讲。

그는 다른 사람들의 주의를 끌려고, 일부러 목소리를 높여 말했다. 그랬더니 과연 모두들 손에서 일거리를 놓고, 그의 말을 듣기 시작했다.

★ 他是怎么吸引大家的注意的?

A 打电话
B 提高声音
C 加班工作
D 主动和别人握手

★ 그는 어떻게 사람들의 주의를 끌었는가?

A 전화를 했다
B 목소리를 높였다
C 야근을 했다
D 다른 사람과 주동적으로 악수했다

시크릿 핵심어 스캔 뜨기

해설 문제에 제시된 吸引大家的注意(다른 사람들의 주의를 끌다)를 지문에서 찾아보면 바로 뒤에 힌트나 답이 숨어 있기 마련이다. 그는 목소리를 높여(故意提高声音说话) 사람들의 주의를 끌었다.

단어 吸引 xīyǐn 동 끌어당기다, 사로잡다 | 注意力 zhùyìlì 명 주의력 | 故意 gùyì 부 고의로 | 果然 guǒrán 부 과연 | 放下 fàngxià 동 (물건을) 내려놓다 | 工作 gōngzuò 명 일 | 加班 jiābān 동 초과 근무하다, 특근하다 | 主动 zhǔdòng 형 주동적인 | 别人 biéren 대 (일반적인) 남, 다른 사람 | 握手 wòshǒu 동 악수하다

27

年龄的增长并不代表越来越成熟。很多人20多岁了还是不能照顾自己，有些人十几岁就步入社会，赚钱养家。穷人的孩子早当家，他们也许没有很多钱，却可能比富人家的孩子经历得更多。

나이가 많아진다고 해서, 점점 더 성숙해 지는 것은 결코 아니다. 많은 사람들이 20살이 넘어서도 자기 자신조차 보살피지 못하는가 하면, 열몇 살 밖에 안되어 사회에 진출해 돈을 벌고 가장의 노릇을 하는 이들도 있다. 가난한 집안의 아이들은 일찍부터 집안일을 맡아서 하기 때문에, 돈은 아마 많지는 않겠지만, 부유한 집안의 아이들보다는 오히려 경험이 훨씬 많다.

★ 穷人家的孩子:

★ 가난한 집안의 아이들은:

A 很可怜　　　　B 经验丰富
C 都很聪明　　　D 都很辛苦

A 매우 불쌍하다　　　B 경험이 많다
C 매우 똑똑하다　　　D 다들 고생한다

 핵심어 스캔 뜨기 / 중요 단어에 주목!

해설 가난한 아이들은 일찍부터 사회로 나가 돈을 벌고 가족을 부양하기 때문에, 비록 많은 돈은 없을지라도 부잣집의 아이들보다 경험이 많다고 말하고 있다. 却(하지만, 오히려) 같은 부사가 나오면 그 이하의 내용이 핵심이므로, 却 뒤의 부분에서 답을 찾으면 된다. 지문에 经历得更多(경험이 더 많다)라고 나온 말이 보기에서는 经验丰富 (경험이 많다)라고 제시되었다.

단어 年龄 niánlíng 몡 연령 | 增长 zēngzhǎng 통 증가하다 | 并 bìng 뿐 결코 | 代表 dàibiǎo 통 대표하다 | 越来越 yuèláiyuè 점점 ~하다 | 成熟 chéngshú 톙 성숙하다 | 照顾 zhàogù 통 보살피다 | 步入 bùrù 통 걸어 들어가다, 진입하다 | 社会 shèhuì 몡 사회 | 赚钱 zhuànqián 통 돈을 벌다 | 养家 yǎngjiā 통 (가족을) 부양하다 | 穷人 qióngrén 몡 가난한 사람 | 当家 dāngjiā 통 집안일을 맡아 처리하다 | 也许 yěxǔ 뿐 어쩌면, 아마 | 却 què 뿐 오히려, 반대로 | 经历 jīnglì 몡 경력 | 可怜 kělián 톙 가련하다 | 丰富 fēngfù 톙 풍부하다 | 聪明 cōngming 톙 똑똑하다 | 辛苦 xīnkǔ 톙 고생스럽다

---

28 读书的时候有两种不好的做法：一个是读什么信什么，一个是信什么读什么。第一种做法会让我们缺少多想多问的能力，另一种做法会让我们的阅读范围变得很窄。

★ 读书应该：

A 信任读者
B 快速阅读
C 去图书馆
D 扩大阅读范围

책을 읽을 때 두 가지 좋지 않은 버릇이 있다. 하나는 책을 읽고 뭐든지 믿는 것과, 하나는 믿는 것만 읽는 것이다. 첫 번째 방법은 많이 생각하고 질문하는 능력을 감소시키고, 두 번째 방법은 우리들의 독서 범위를 좁게할 수 있다.

★ 책을 읽을 때는 마땅히:

A 독자를 믿어야 한다
B 빨리 읽어야 한다
C 도서관에 가야 한다
D 독서 범위를 넓혀야 한다

 전체 내용 파악하기 / 중요 단어에 주목!

해설 제시된 2가지 독서 방법은 모두 잘못된 것이다. 첫 번째 방법은 사고하고 묻는 능력이 부족해질 수 있고, 두 번째 방법은 책 읽는 범위가 좁아질 수 있다고 했으므로 이러한 좋지 않은 결과가 나오지 않도록 하려면 책 읽는 범위를 넓혀야 한다.

Tip 의문대사를 2번 사용하여, 임의의 어떤 것을 지칭할 수 있다.
读什么信什么: [직역] 무엇을 읽으면, 무엇을 믿는다 → 읽는 것마다 모두 믿는다
信什么读什么: [직역] 무엇을 믿으면, 무엇을 읽는다 → 믿는 것만 읽는다

단어 读书 dúshū 통 독서하다 | 做法 zuòfǎ 몡 방법 | 信 xìn 통 믿다 | 缺少 quēshǎo 통 부족하다 | 能力 nénglì 몡 능력 | 另 lìng 대 다른 것 | 阅读 yuèdú 통 읽다 | 范围 fànwéi 몡 범위 | 窄 zhǎi 톙 (폭이) 좁다 | 信任 xìnrèn 통 신뢰하다 | 读者 dúzhě 몡 독자 | 快速 kuàisù 톙 빠르다 | 图书馆 túshūguǎn 몡 도서관 | 扩大 kuòdà 통 확대하다, 넓히다

29

自然界的动物和植物，为了保护自己，会随着环境的变化改变自己的样子或颜色，来适应周围环境。

자연계의 동식물은 자신을 보호하기 위하여, 환경의 변화에 따라 자신의 모양과 색깔을 바꿔 주변의 환경과 조화를 이룬다.

★ 动植物改变自己的颜色是为了：

★ 동식물이 자신의 색깔을 바꾸는 것은:

A 变漂亮
B 更健康
C 引起注意
D 不被发现

A 예뻐지기 위해서다
B 더욱 건강해지기 위해서다
C 시선을 끌기 위해서다
D 발견되지 않기 위해서다

시크릿 핵심어 스캔 뜨기

해설 문제에서 为了(목적)가 나왔으므로, 지문에서도 为了가 있는 부분을 찾으면 된다. 동식물들은 천적의 먹잇감이 되지 않기 위해 몸의 색깔이나 모양을 변화시킨다. 즉 保护自己(자신을 보호하다)는 천적에게 발견되지 않기 위함임을 유추할 수 있어야 한다. 지문에서 为了保护自己라고 나온 말이 보기에서는 不被发现(발견되지 않는다)이라고 제시되었다.

단어 自然界 zìránjiè 몡 자연계 | 动物 dòngwù 몡 동물 | 植物 zhíwù 몡 식물 | 为了 wèile 젠 ~을 위하여 | 保护 bǎohù 됭 보호하다 | 随着 suízhe 됭 ~을 따라서 | 环境 huánjìng 몡 환경 | 变化 biànhuà 몡 변화 | 改变 gǎibiàn 됭 변하다, 바꾸다 | 样子 yàngzi 몡 모양 | 颜色 yánsè 몡 색깔 | 适应 shìyìng 됭 적응하다 | 周围 zhōuwéi 몡 주위 | 健康 jiànkāng 혱 건강하다 | 引起 yǐnqǐ 됭 (주의를) 끌다 | 注意 zhùyì 됭 주의하다 | 被 bèi 젠 ~에 의해 | 发现 fāxiàn 됭 발견하다

30

这个演员长得很帅，唱歌、跳舞也很好，但是演戏演得真不怎么样。我看过他演的几部片子，真的很一般。

이 배우는 잘생기고 노래도 잘하고 춤도 잘 추는데, 연기력은 정말 별로다. 그가 연기한 영화를 몇 편 봤는데 정말 평범했다.

★ 关于这个演员，我们可以知道什么？

★ 이 배우에 관해 알 수 있는 것은?

A 唱歌不行　　　　B 长得太丑
C 不太有名　　　　D 演得不好

A 노래를 못한다　　　B 너무 못 생겼다
C 별로 유명하지 않다　D 연기를 못한다

시크릿 핵심어 스캔 뜨기 / 접속사에 주목!

해설 앞부분에 나온 이 연기자의 3가지 장점 长得很帅, 唱歌、跳舞也很好에 의하면 A와 B는 답이 될 수 없다. 독해에서는 但是, 可是(그러나)와 같은 역접의 접속사가 아주 중요한데, 핵심내용이 이 접속사 이하 부분에 나오기 때문이다. 이 연기자는 연기자로서 가장 중요한 연기를 잘하지 못한다고 했고, 不怎么样(별로다), 一般(평범하다)은 不太好, 不好(좋지 않다)와 의미가 일맥상통한다.

단어 演员 yǎnyuán 몡 배우 | 长 zhǎng 됭 생기다 | 帅 shuài 혱 잘생기다 | 唱歌 chànggē 됭 노래 부르다 | 跳舞 tiàowǔ 됭 춤을 추다 | 但是 dànshì 젭 그러나 | 演戏 yǎnxì 됭 연기하다 | 不怎么样 bùzěnmeyàng 혱 별로다 | 部 bù 양 부 (서적·영화·등을 셀 때 쓰임) | 片子 piānzi 몡 영화 | 一般 yìbān 혱 보통이다, 평범하다 | 丑 chǒu 혱 못생기다 | 有名 yǒumíng 혱 유명하다

31

这个人决定画这棵树时，他在这棵树前站了很久，看了很久。然后拿起笔开始画，画的速度真是让人吃惊，不到十分钟就画好了。

이 사람이 이 나무를 그리기로 결정했을 때, 그는 이 나무 앞에 오랫동안 서서 한참을 보았다. 그런 후 연필을 꺼내 들고 그리기 시작했는데 그리는 속도가 매우 빨라 사람들을 깜짝 놀라게 했고, 10분도 안 되서 그림을 완성하였다.

★ 这个人画画怎么样？

★ 이 사람은 그림 그리는 것이 어떠한가?

| A 很有特点 | B 准备很快 |
| C 画得不好 | D 让人生气 |

| A 특징이 있다 | B 준비가 빠르다 |
| C 그림을 못 그린다 | D 사람을 화나게 한다 |

해설 이 화가의 특징은 그림을 그리기 전에 그릴 대상을 바라보고 준비하는 데 오랜 시간을 소요하지만, 실상 그림을 그릴 때는 아주 짧은 시간에 그림을 완성한다.

	보기	지문	해설
B	准备很快 준비가 빠르다	站了很久，看了很久 오랫동안 서서 한참을 본다	그릴 대상을 한참 동안 바라본다고 하였다.
C	画得不好 그림을 못 그린다	×	그린 그림이 어떤지는 언급되지 않았다.
D	让人生气 사람을 화나게 한다	让人吃惊 사람을 놀라게 한다	막상 그리기 시작하면 속도가 매우 빨라 사람을 놀라게 한다고 했다.

따라서 이 화가가 그림 그리는 것은 일반 화가와는 다른 특징이 있으므로, 답은 A다.

단어 决定 juédìng 图 결정하다 | 棵 kē 양 그루, 포기(식물을 세는 단위) | 然后 ránhòu 접 그런 후에 | 速度 sùdù 명 속도 | 吃惊 chījīng 图 놀라다 | 特点 tèdiǎn 명 특징 | 准备 zhǔnbèi 图 준비하다 | 让 ràng 图 ~하게 하다 | 生气 shēngqì 图 화내다

32

遇到困难而且一时无法解决时，人的脾气往往会变得很坏。但是这个时候，不要发脾气，首先要冷静，想想问题究竟出在哪里。然后尽量让自己轻松一下，出去呼吸一下新鲜空气，散散步。

어려운 문제에 부딪쳐 일시적으로 해결할 수 없을 때, 사람들의 성격은 종종 나빠지곤 한다. 하지만 이럴 때 화를 내지 말고 먼저 냉정하게 어디가 잘못되었는지 생각해봐야 한다. 그런 다음 최대한 마음을 편안히 하고, 밖으로 나가서 신선한 공기를 마시고 산책을 한다.

★ 遇到困难首先要做什么?

A 放松下来
B 以后再说
C 找警察帮忙
D 找到问题的原因

★ 어려움이 닥쳤을 때 우선 무엇을 해야 하는가?

A 마음을 편히 가진다
B 나중에 말한다
C 경찰을 찾아 도움을 청한다
D 문제의 원인을 찾는다

해설 문제에 있는 부사 首先(먼저)이 있는 부분을 찾아가면 힌트를 찾을 수 있다. 어려움에 부딪쳤을 때는 침착하게 문제점이 어디에 있는지 찾아야 한다고 말했다. 轻松一下(마음을 편하게 갖는다)는 문제의 원인을 찾은 다음에 해야 할 행동이므로 A는 답이 아니다. 접속사 首先…然后…(먼저 ~하고, 나중에 ~하다)에 유의한다.

단어 遇到 yùdào 图 만나다 | 困难 kùnnan 명 어려움, 곤란 | 而且 érqiě 접 게다가, ~뿐만 아니라 | 一时 yìshí 부 잠시, 일시적으로 | 无法 wúfǎ 图 방법이 없다 | 解决 jiějué 图 해결하다 | 脾气 píqì 명 성격 | 坏 huài 형 나쁘다, 좋지 않다 | 首先 shǒuxiān 부 먼저 | 冷静 lěngjìng 형 냉정하다 | 问题 wèntí 명 문제 | 究竟 jiūjìng 부 도대체 | 尽量 jǐnliàng 부 가능한 한 | 轻松 qīngsōng 형 홀가분하다, 편안하다 | 呼吸 hūxī 图 호흡하다 | 新鲜 xīnxiān 형 신선하다 | 散步 sànbù 图 산책하다 | 以后 yǐhòu 명 이후 | 再说 zàishuō 图 나중에 다시 이야기하다 | 警察 jǐngchá 명 경찰 | 帮忙 bāngmáng 图 돕다, 도와주다

33

在教孩子用筷子的时候，要提醒孩子不能用筷子敲盘子、碗等，而且不能用筷子指着别人，这样会让别人感觉你很没有礼貌。

★ 用筷子时应注意什么？

A 要用右手
B 不要用刀
C 用前要洗手
D 不要指着别人

아이에게 젓가락 사용을 가르칠 때 젓가락으로 접시나 그릇 등을 두드리면 안 되고, 더욱이 젓가락으로 사람을 가리켜서는 안 된다고 알려줘야 한다. 이렇게 행동한다면, 다른 사람들로 하여금 예의가 없다고 느끼게 하기 때문이다.

★ 젓가락 사용시 무엇에 주의해야 하는가?

A 오른손을 사용해야 한다
B 나이프를 쓰지 않아야 한다
C 쓰기 전에 손을 씻어야 한다
D 다른 사람을 가리키지 말아야 한다

시크릿 핵심어 스캔 뜨기 / 전체 내용 파악하기

해설 젓가락 사용법에서 주의해야 할 점은 젓가락으로 접시나 그릇을 두드리거나, 다른 사람을 가리켜서는 안 되는 것인데, 이것은 예의가 없는 행동으로 다른 사람을 불쾌하게 만들 수 있기 때문이라고 설명하고 있다.

단어 教 jiāo 동 가르치다 | 筷子 kuàizi 명 젓가락 | 时候 shíhou 명 때 | 提醒 tíxǐng 동 일깨우다 | 敲 qiāo 동 두드리다 | 盘子 pánzi 명 쟁반 | 而且 érqiě 접 게다가 | 指 zhǐ 동 가리키다 | 别人 biéren 대 남, 다른 사람 | 感觉 gǎnjué 동 느끼다, 생각하다 | 礼貌 lǐmào 명 예의 | 注意 zhùyì 동 주의하다 | 右手 yòushǒu 명 오른손 | 刀 dāo 명 칼 | 洗 xǐ 동 씻다

34

茶在中国有上千年的历史，是人们最常喝的饮料。中国人喝茶不喜欢在茶中加牛奶、糖，就喜欢茶的那种自然的香味。

★ 通过这段话，我们可以知道中国人喝茶：

A 很普遍
B 历史不长
C 喜欢加糖
D 喜欢在家喝

차는 중국에서 천 년이 넘는 역사를 갖고 있고, 사람들이 가장 자주 마시는 음료다. 중국 사람은 차를 마실 때 차에 우유나 설탕을 넣는 것을 싫어하고, 차의 자연 그대로의 향을 좋아한다.

★ 이 글에서 중국인이 차를 마시는 것에 대해 알 수 있는 것은:

A 보편적이다
B 역사가 길지 않다
C 설탕 넣는 것을 좋아한다
D 집에서 마시길 좋아한다

시크릿 핵심어 스캔 뜨기 / 대조 작업하기

해설 답이 지문에 직접적으로 표현되지 않은 문제로, 내용을 읽고 유사한 어휘로 전환할 수 있는 능력이 필요하다. 이러한 문제는 먼저 옳지 않은 보기를 하나씩 제거해나가는 방식으로 풀어야 한다.

	보기	지문	해설
B	历史不长 역사가 길지 않다	有上千年的历史 천 년이 넘는 역사를 가지고 있다	천 년이 넘는 역사는 길다고 할 수 있다.
C	喜欢加糖 설탕 넣는 것을 좋아한다	不喜欢在茶中加牛奶, 糖 차에 우유나 설탕 넣는 것을 좋아하지 않는다	중국인들은 차의 자연 그대로의 향을 좋아한다고 했다.

차는 중국 사람들이 가장 자주 마시는 음료라고 말했고, 달리 말하면 보편적이라고(普遍) 할 수 있으므로, 답은 A다.

단어 茶 chá 명 차 | 历史 lìshǐ 명 역사 | 常 cháng 형 늘, 자주 | 喝 hē 동 마시다 | 饮料 yǐnliào 명 음료 | 加 jiā 동 첨가하다, 넣다 | 牛奶 niúnǎi 명 우유 | 糖 táng 명 설탕 | 自然 zìrán 명 자연 | 香味 xiāngwèi 명 향 | 普遍 pǔbiàn 형 보편적이다

一位³⁶父亲很晚才下班回家，非常累。刚进门，发现7岁的儿子还在门口等着他。"爸爸，我可以问你一个问题吗？""什么问题？"父亲很不耐烦。"爸爸，您一小时可以赚多少钱？"儿子问。"我一小时可以赚20元钱。"父亲说。儿子接着又说，"爸爸，可以借我10元钱吗？"尽管父亲不太愿意，但还是给了儿子。"谢谢您，爸爸！"³⁵儿子从自己的兜里拿出了10元钱，加上父亲给的10元钱，把这20元钱一边给父亲，一边说："爸爸，我现在有20元钱了，我可以买您的一个小时吗？明天晚上请早点回家，我想和你一起吃晚饭。"

어떤 ³⁶아버지가 늦게 퇴근해서, 지친 몸으로 집에 도착했다. 막 문을 들어서는데 7살 된 아들이 아직 문 앞에서 그를 기다리고 있는 걸 발견하였다. "아빠 뭐 하나 물어봐도 되나요?" "뭔데?" 아빠는 매우 귀찮았다. "아빠는 한 시간에 얼마를 벌 수 있어요?" 아들이 물었다. "한 시간에 20위안을 벌 수 있어" 아빠가 대답했다. 아들이 이어서 "아버지 저한테 10위안을 빌려주실 수 있나요?"라고 말했다. 아버지는 비록 별로 내키지는 않았지만, 아들에게 10위안을 주었다. "감사해요, 아빠!" ³⁵아들은 자신의 주머니에서 10위안을 꺼내더니 아빠가 준 10위안에 보태서 20위안을 아빠한테 주며 말했다. "아빠 저한테 지금 20위안이 있으니, 제가 아빠의 한 시간을 살 수 있을까요? 내일 저녁 일찍 들어오세요. 저는 아빠와 저녁을 같이 먹고 싶거든요."

단어 父亲 fùqīn 몡 아버지 | 晚 wǎn 혱 늦다 | 才 cái 円 방금 | 下班 xiàbān 동 퇴근하다 | 回家 huíjiā 동 귀가하다 | 刚 gāng 円 막 | 进门 jìnmén 동 문으로 들어가다 | 发现 fāxiàn 동 발견하다 | 门口 ménkǒu 명 현관 | 等 děng 동 기다리다 | 问 wèn 동 묻다 | 问题 wèntí 명 문제 | 不耐烦 búnàifán 혱 귀찮다, 성가시다 | 赚 zhuàn 동 돈을 벌다 | 多少 duōshao 데 얼마나 | 接着 jiēzhe 円 이어서 | 借 jiè 동 빌리다 | 尽管 jǐnguǎn 젭 비록 ~일지라도 | 愿意 yuànyì 동 원하다, 바라다 | 但 dàn 젭 그러나 | 还是 háishì 円 여전히 | 兜 dōu 명 호주머니 | 拿出 náchū 동 꺼내다 | 加 jiā 동 더하다, 보태다 | 晚饭 wǎnfàn 명 저녁밥

35

★ 儿子原来有多少钱?

A 5元
B 10元
C 20元
D 100元

★ 원래 아들은 얼마를 갖고 있었는가?

A 5위안
B 10위안
C 20 위안
D 100위안

시크릿 전체 내용 파악하기 / 간접적인 힌트에 주목!

해설 아이는 아빠의 시급이 20위안임을 알고 나서 아빠에게 10위안을 빌렸다. 원래 자신에게 10위안이 있었기 때문이다. 즉 아이는 아빠의 시급을 아빠에게 주어, 한 시간을 아빠와 함께 보내고 싶어한 것을 알 수 있다.

단어 原来 yuánlái 円 원래

36

★ 通过这段话，我们可以知道父亲:

A 工作很忙
B 不喜欢儿子
C 经常不回家
D 很喜欢工作

★ 이 글에서 아버지에 대해서 무엇을 알 수 있는 것은:

A 일이 바쁘다
B 아들을 좋아하지 않는다
C 집에 자주 들어오지 않는다
D 일을 좋아한다

시크릿 전체 내용 파악하기 / 중요 단어에 주목!

해설 아빠가 항상 바쁘고 피곤해서 자신과 함께 밥을 먹는 시간도 없자, 아들이 아빠의 시간을 사려고 한 것이다.

단어 通过 tōngguò 젠 ~을 통하여, ~에 의해 | 工作 gōngzuò 명 업무, 임무 | 忙 máng 혱 바쁘다 | 喜欢 xǐhuan 동 좋아하다 | 经常 jīngcháng 円 항상, 늘

[37-38]

快过年了，放假的那天，37 老李开着新买的车回家。因为他太着急了，所以开得很快。走到一个十字路口的时候，交通警察让他停车。他一下车，忙向警察道歉：“很抱歉，我开得太快了。”38 警察说：“不是，是你飞得太低了。”

곧 새해를 맞이하는, 연휴가 시작된 날 37 라오리는 새로 산 차를 몰고 고향에 갔다. 그는 너무 급했기 때문에, 차를 빨리 운전했고, 한 사거리에 도착했을 때 교통경찰이 그의 차를 세웠다. 그는 차에서 내려 급히 경찰에게 사과를 하였다. "죄송합니다. 제가 너무 빨리 달렸죠." 38 경찰이 말했다. "아니요. 당신은 너무 낮게 날았습니다."

단어 快…了 kuài…le 图 곧 ~하다 | 过年 guònián 图 설을 쇠다 | 放假 fàngjià 图 방학하다 | 那天 nàtiān 데 그날 | 因为 yīnwèi 젭 왜냐하면, ~때문에 | 着急 zháojí 图 초조하다, 조급하다 | 所以 suǒyǐ 젭 그래서 | 开 kāi 图 운전하다 | 十字路口 shízìlùkǒu 몡 사거리 | 交通警察 jiāotōng jǐngchá 몡 교통경찰 | 让 ràng 图 ~하게 하다 | 停车 tíngchē 图 정차하다, 차를 세우다 | 道歉 dàoqiàn 图 사과하다 | 抱歉 bàoqiàn 图 미안해하다, 미안하게 생각하다 | 飞 fēi 图 날다 | 低 dī 혱 낮다

37

★ 从这段话，我们可以知道老李：

A 很感动
B 错过了航班
C 刚买了新车
D 开车去亲戚家

★ 이 글에서 라오리에 관해서 알 수 있는 것은:

A 감동받았다
B 비행기를 놓쳤다
C 새 차를 샀다
D 차를 몰고 친척집에 간다

시크릿 전체 내용 파악하기 / 중요 단어에 주목!

해설 설을 고향에서 지내기 위해, 휴가가 시작되는 날 라오리는 새로 산 차를 타고 고향으로 가고 있었다.

단어 感动 gǎndòng 图 감동하다 | 错过 cuòguò 图 (시기·대상을) 놓치다 | 航班 hángbān 몡 (비행기나 배의) 정기편, 운항편 | 刚 gāng 图 이제 막, 지금 | 亲戚 qīnqi 몡 친척

38

★ 警察对老李是什么态度？

A 表扬　　　　B 批评
C 怀疑　　　　D 后悔

★ 경찰은 라오리에 대해 어떤 태도인가?

A 칭찬한다　　　　B 비난한다
C 의심한다　　　　D 후회한다

시크릿 전체 내용 파악하기 / 간접적인 힌트에 주목!

해설 속도위반을 한 라오리가 경찰에게 사과하자, 경찰은 不是(아니요)라고 말하고 있다. 왜일까? 경찰이 '你飞得太低了(당신은 너무 낮게 날았어요)'라고 말한 것은 라오리가 잘못을 하지 않았다는 게 아니라 차를 몰던 속도가 비행기처럼 빨랐다는 것을 비꼬아 표현한 것이다. 따라서 경찰은 라오리를 비난하고 있다는 것을 알 수 있다.

단어 态度 tàidu 몡 태도 | 表扬 biǎoyáng 图 칭찬하다 | 批评 pīpíng 图 비평하다, 지적하다 | 怀疑 huáiyí 图 의심하다 | 后悔 hòuhuǐ 图 후회하다

³⁹北风和南风因为争论谁的力量大而吵了起来，于是他们举行了一场比赛，谁能把过路的人的大衣吹下来，谁就是胜者。北风先开始，他用力地吹着，大风让那个人感觉更冷了，所以那个人不是把衣服脱下，而是把衣服裹得更紧了。南风一吹，春暖花开。风轻轻地吹着，太阳暖暖地照着，不久那个人觉得太热了，就把衣服脱了下来。结果就是南风赢了。

³⁹북풍과 남풍이 누구의 힘이 더 강한가에 대해 논쟁을 벌이다가 싸우기 시작하였다. 그리하여 그들은 길가는 사람의 옷을 벗길 수 있는 사람이 승자가 되는 시합을 하게 되었다. 북풍이 먼저 시작하였다. 그(북풍)는 있는 힘껏 불었지만, 큰 바람은 그 사람이 더 춥다고 느끼게 했고, 그 사람은 옷을 벗는 것이 아니라 옷을 더 여미었다. 남풍이 불자 꽃이 피고 날씨가 따뜻해졌다. 바람이 부드럽게 불고 태양도 따뜻하게 비추자 얼마 지나지 않아 그 사람은 너무 더워 옷을 벗었다. 결국 남풍이 이긴 것이다.

단어 北风 běifēng 몡 북풍 ｜ 南风 nánfēng 몡 남풍 ｜ 争论 zhēnglùn 통 논쟁하다, 쟁론하다 ｜ 力量 lìliang 몡 힘 ｜ 吵 chǎo 통 말다툼하다 ｜ 于是 yúshì 젭 그래서 ｜ 举行 jǔxíng 통 거행하다, 실시하다 ｜ 比赛 bǐsài 몡 시합 ｜ 过路 guòlù 통 길을 지나가다 ｜ 大衣 dàyī 몡 외투 ｜ 吹 chuī 통 입으로 힘껏 불다 ｜ 胜者 shèngzhě 몡 승자 ｜ 用力 yònglì 통 힘을 내다(쓰다) ｜ 感觉 gǎnjué 통 느끼다 ｜ 更 gèng 뷔 더욱 ｜ 冷 lěng 혱 춥다 ｜ 所以 suǒyǐ 젭 그래서 ｜ 脱 tuō 통 벗다 ｜ 裹 guǒ 통 (종이나 천 등으로) 싸매다, 휘감다 ｜ 紧 jǐn 혱 (바짝) 죄다, (팽팽히) 잡아당기다 ｜ 春暖花开 chūnnuǎnhuākāi 성어 화창하고 꽃 피는 봄날의 경관 ｜ 暖 nuǎn 혱 따뜻하다 ｜ 热 rè 혱 덥다 ｜ 赢 yíng 통 이기다

39

★ 北风和南风为什么吵了起来?

A 太热了
B 觉得无聊
C 春天来了
D 比谁更厉害

★ 북풍과 남풍은 왜 싸우기 시작했는가?

A 너무 더워서
B 심심해서
C 봄이 와서
D 누가 더 강한지 겨루려고

시크릿 핵심어 스캔 뜨기 / 중요 단어에 주목!

해설 문제에 为什么(왜)가 나올 경우, 지문에서 因为(왜냐하면)를 찾으면 답을 쉽게 찾을 수 있다. 북풍과 남풍은 누구의 힘이 더 강한가에 관해 논쟁을 하고 있었다.

단어 为什么 wèishénme 떼 왜, 무엇 때문에 ｜ 觉得 juéde 통 ～라고 여기다 ｜ 无聊 wúliáo 혱 무료하다, 지루하다 ｜ 春天 chūntiān 몡 봄 ｜ 比 bǐ 통 비교하다, 겨루다 ｜ 谁 shéi 떼 누구 ｜ 厉害 lìhai 혱 무섭다

40

★ 这段话告诉我们做事应该:

A 争吵
B 注意方法
C 注意顺序
D 重视结果

★ 이 글이 우리에게 말해주는 것은 일할 때 마땅히:

A 다퉈야 한다
B 방법에 주의해야 한다
C 순서에 주의해야 한다
D 결과를 중시해야 한다

시크릿 전체 내용 파악하기 / 간접적인 힌트에 주목!

해설 이 글에서 주는 교훈은 북풍처럼 강제로 옷을 벗기는 방법이 아니라, 남풍처럼 사람으로 하여금 스스로 옷을 벗게 만드는 게 효과적이라는 것이다. 즉 어떤 일을 함에 있어 힘이 중요한 것이 아니라, 지혜롭게 문제를 해결하는 방법이 중요하다는 것을 말해주고 있다.

단어 告诉 gàosu 통 알리다, 말하다 ｜ 应该 yīnggāi 조통 마땅히 ～해야 한다 ｜ 争吵 zhēngchǎo 통 말다툼하다 ｜ 注意 zhùyì 통 주의하다 ｜ 方法 fāngfǎ 몡 방법 ｜ 顺序 shùnxù 몡 순서 ｜ 重视 zhòngshì 통 중시하다 ｜ 结果 jiéguǒ 몡 결과

国家汉办/孔子学院总部
Hanban/Confucius Institute Headquarters

新 汉 语 水 平 考 试
Chinese Proficiency Test

HSK（四级）成绩报告
HSK (Level 4) Examination Score Report

姓名：_______________________________
Name

性别：__________ 国籍：_______________
Gender　　　　　　Nationality

考试时间：__________ 年 __________ 月 __________ 日
Examination Date　　　　Year　　　Month　　　Day

编号：_______________________________
No.

	满分（Full Score）	你的分数（Your Score）
听力（Listening）	100	
阅读（Reading）	100	
书写（Writing）	100	
总分（Total Score）	300	

总分180分为合格（Passing Score：180）

主任　　　　　　　　　　　国家汉办
Director ___________________　Hanban　HANBAN

中国 ・ 北京
Beijing・China